METROPOLITAN

In der gleichen Reihe erschienen:

Wir freuen uns über Ihr Interesse an diesem Buch. Gerne stellen wir Ihnen kostenlos zusätzliche Informationen zu diesem Programmsegment zur Verfügung. Bitte sprechen Sie uns an:

**E-Mail: metropolitan@walhalla.de
http://www.metropolitan.de**

Metropolitan Verlag, Uhlandstraße 44, 40237 Düsseldorf,
Telefon: 02 11 / 6 80 42 11, Telefax: 02 11 / 6 80 20 82

ROLF NITSCH

Durchstarten zum Reichtum

ERFOLGSGEHEIMNISSE, WEGE UND STRATEGIEN ZUM FINANZERFOLG

Metropolitan Verlag

Die Deutsche Bibliothek – CIP-Einheitsaufnahme

Nitsch, Rolf: Durchstarten zum Reichtum : Erfolgsgeheimnisse,
Wege und Strategien zum Finanzerfolg / Rolf Nitsch. –
Düsseldorf ; Berlin : Metropolitan-Verl., 2000
(Metropolitan Power-Training)
ISBN 3-89623-226-6 (Metropolitan-Verl.)
ISBN 3-8029-0226-2 (Walhalla-Fachverl.)

Zitiervorschlag:
Rolf Nitsch, Durchstarten zum Reichtum
Düsseldorf, Berlin 2000

Umschlaggestaltung: Gruber & König, Augsburg
Druck und Bindung: Westermann Druck Zwickau GmbH
Printed in Germany
ISBN 3-89623-226-6 (Metropolitan Verlag)
ISBN 3-8029-0226-2 (Walhalla Fachverlag)

Schnellübersicht

Schnellübersicht

Die 13 Erfolgsgeheimnisse des Reichwerdens finden Sie auf
den Seiten 32, 59, 68, 86, 96, 107, 109, 119, 127, 136, 140,
157, 280.

Reichtumskarriere gezielt planen

Es gibt drei Arten des Tuns: Tun im Denken, Tun in Worten und Tun in Werken. Alle drei Formen des Tuns sind wichtig, um reich zu werden. Doch das „Tun im Denken" schafft hierfür die grundsätzliche Basis.

Nur das, was Sie zuvor erdacht haben, kann Wirklichkeit werden. Wenn Sie sich keinen Plan zum Reichwerden im Vorfeld ausdenken, können sich Wohlstand und Luxus nicht einstellen. Denn alles, was existiert, ist zuvor ersonnen worden. Denken ist eine schwierige Arbeit; qualitativ gut und konstruktiv zu denken, vorausschauend, fantasievoll, lebensplanend und konzeptionell zu denken ist noch viel schwieriger. Dies ist der Grund, warum es so viele Arme und Mittellose gibt. Sie haben es nie gelernt, aus ihren Fähigkeiten und Begabungen durch „Tun im Denken" die Voraussetzungen für überdurchschnittliche Einkünfte zu schaffen. Das Wertvollste, was man für die Gesellschaft, für sein direktes Umfeld und für sich selbst tun kann, ist, das Wertschöpfende und Nutzbringende aus sich selbst zu entwickeln. So helfen Sie Ihren Nächsten und sich selbst am wirkungsvollsten.

Der Wunsch nach Wohlstand, Reichtum und Glück ist grundsätzlich positiv und konstruktiv, weil dieser in der Regel zu einer höheren Wohlfahrt führt und Nutzenstiftungen auslöst. Wenn Sie über größere finanzielle Mittel verfügen, können Sie anderen Menschen Dienste leisten und sich selbst einen höheren Zufriedenheits- und Verwirklichungsgrad verschaffen. Es ist absolut nichts Negatives oder Unrechtes daran, materiell reich werden zu wollen. Um ein Leben in Fülle führen zu können, ist in unserer Gesellschaft auch ein Mindestmaß an Einkommen und Vermögen erforderlich.

Der innere Ruf nach Wohlstand und finanzieller Unabhängigkeit

Kreativ ist das Verlangen nach Reichtum, weil es Kräfte und Energien mobilisiert, gesellschaftliche und persönliche Weiterentwicklungen forciert, Neigungen, Berufungen und Intelligenzreserven zur Entfaltung bringt. Das Aufbegehren nach Wohlstand und finanzieller Unabhängigkeit bedingt nicht selten eine völlig neue Standortbestimmung. Es ist ein innerer Ruf, mehr aus sich und seinem Umfeld zu machen, auch wenn alte festgefahrene und bequeme Strukturen dabei verlassen werden müssen. Wenn Sie in Ihrem bisherigen Leben auf Wohlstand und Fülle verzichten mussten, weil Sie mit Ihrem Denken, Sprechen und Handeln kein Fundament für den finanziellen Erfolg legen konnten, dann wird es höchste Zeit, das Alte loszulassen und in eine neue Ära einzutreten.

Leiten Sie Ihren Weg zur finanziellen Freiheit durch das „Tun im Denken" ein, bestimmen Sie Ihre Schlüsselidee(n) und festigen Sie Ihr persönliches Kraftfeld. Schaffen Sie durch das „Tun in Worten" ein förderliches soziales Umfeld und ein ideales Kommunikations- und Unterstützungsnetzwerk für Ihre Reichtumsziele. Vollziehen Sie Ihre Lebensaufgaben und Berufungen mit Konsequenz, Passion und Begeisterung durch das „Tun in Werken", und Sie werden bald Wohlstand magnetisch anziehen.

Ziel dieses Buchs

Dieses Buch zeigt Ihnen Erfolgsgeheimnisse, Wege, Strategien und Grundhaltungen auf, wie Sie finanziellen Erfolg erreichen und/oder verbessern können. Es soll Sie dazu inspirieren, Ihre Talente, Begabungen und Interessen Gewinn bringend einzusetzen, Ihre ökonomische Intelligenz zu schärfen, zusätzliche Einkommensarten zu erschließen und Ihr Lebensglück zielstrebig zu verfolgen.

Dieses Buch verfolgt jedoch nicht das Ziel, Sie zum „Geldfetischisten" zu machen; es soll Ihnen dabei helfen, zuerst in geordnete finanzielle Verhältnisse hineinzuwachsen und dann über die Situation der finanziellen Sicherheit in die finanzielle Freiheit vorzustoßen. Diese finanzielle Freiheit soll ihnen ein bequemeres, ein luxuriöseres, ein persönlichkeitsgerechteres Leben ermöglichen. Insofern sind Geld und Reichwerden lediglich als Mittel zum Zweck zu verstehen.

Eine positive Haltung zum Reichtum ist eine elementare Grundvoraussetzung, um selbst reich werden zu können. Ich bin überzeugt, dass Sie durch dieses Buch in die Lage versetzt werden, lukrative Gelegenheiten zum Aufbau von Reichtum und Wohlstand zu schaffen. Ich wünsche Ihnen eine Reichtumskarriere, in der Sie möglichst viele Reichtumstore aufschließen können und in eine immer größer werdende finanzielle Freiheit hineinwachsen.

Rolf Nitsch

Für Dagmar, Dennis, Corinna

Was Sie in diesem Buch interessieren wird

Das erste Kapitel **„Sind Sie bereit, reich zu werden?"** führt Sie Schritt für Schritt in die Thematik des Reichwerdens ein. Das „Reichtums-Warum", sprich die Sinnhaftigkeit des Reichtumsaufbaus, wird in diesem Kapitel besonders unter die Lupe genommen. Die Antwort darauf ist der Transmissionsriemen zum „Reichtums-Wie". Denn Ihr Reichtumszweck hält Ihre Reichtumsbestrebungen dauerhaft aktiv, lebendig und kraftvoll. Ferner werden in diesem Abschnitt Definitionen, Grundvoraussetzungen und Startbedingungen erörtert.

Im zweiten Kapitel **„Der Weg durch die Reichtumstore"** wird Ihnen ein Orientierungsmodell für die Bewertung Ihrer Kapitalbasis vorgestellt. Die Reichtumstore, vom Eisernen Tor bis zum Diamantenen Tor, sollen Ihnen als Standortbestimmung, Zielvorgabe und Richtschnur dienen. Sie legen den Grad Ihres monetären Wohlstandes fest und fixieren das Niveau Ihrer finanziellen Unabhängigkeit symbolisch. Als Messlatte bzw. Multiplikator für Ihre Vermögensposition wird der monatliche Fixkostenblock herangezogen.

Im dritten Kapitel **„Erfolgsregeln für Ihre Reichtumskarriere"** erfahren Sie, welche Persönlichkeitsmerkmale und Grundhaltungen wichtig sind, um Reichtum aufzubauen und zu erhalten. Persönlichkeitsentwicklung steht hier im Zentrum des Interesses. Die Bedeutung des Geistigen und des Unterbewusstseins für den materiellen Erfolg runden das Kapitel ab.

Im vierten Kapitel **„Die optimale Ausgaben-, Spar- und Einkommenspolitik"** wird Ihnen die Wichtigkeit der Ausgabendisziplin und -kontrolle verdeutlicht. Die Ausgabenseite ist die entscheidendste Justierschraube zum Aufbau von Reichtum. Das, was Sie nicht an Dritte verausgaben, sparen Sie automatisch für sich. Und Sparen heißt in erster Linie, sich selbst bezahlen, Einkommensanteile für sich selbst einbehalten, seine finanzielle Freiheit verbessern, ökonomisch unabhängiger werden. Egal, wie viel Sie verdienen, Sie werden nur reich, wenn Sie regelmäßig weniger ausgeben als einnehmen. Durch eine kluge Sparpolitik bringen Sie sich keinesfalls um Spaß und Vergnügen. Ganz im Gegenteil: Sie stärken Ihr Selbstbewusstsein und Ihre Lebensfreude, wenn Sie neben Ihren langfristigen Sparanlagen gleichzeitig ein Vergnügungssparkonto führen, mit dem Sie die schönen Dinge des Lebens finanzieren. Wie Sie die Einkommensseite stetig verbessern können, erfahren Sie im letzten Abschnitt, über die Einkommenspolitik.

Das fünfte Kapitel **„Die taktisch kluge Investitions- und Kreditpolitik"** fokussiert sich auf die zwei herausragenden Investitionsmöglichkeiten: Erwerb einer selbst genutzten Immobilie und Anlagen in Wertpapieren. Je früher Sie mit Investments in diese beiden Wohlstandsschlüssel beginnen, desto früher kommen Sie in den Bereich der finanziellen Freiheit. Ferner erfahren Sie in diesem Kapitel, welche Kredite sinnvoll sind und welche Sie unbedingt vermeiden müssen, wie Sie mit Bankern bei Kreditaufnahmen richtig umgehen und welche Risiken Sie eingehen, wenn Sie sich auf dem „Grauen Kapitalmarkt" Bargeld beschaffen.

Im sechsten Kapitel **„Die beste Anlage- und Spekulationspolitik für Neueinsteiger"** erfahren Sie, wie Sie Vermögen aufbauen und gleichzeitig sichern, warum Sie einen vertrauenswürdigen und erfahrenen Anlagespezialisten brauchen, warum Sie sich mit Ihrem Risikoprofil auseinander setzen müssen, wie Sie sich auf das erste Anlagegespräch vorbereiten können und warum die ersten Einhunderttausend so schwer zu erreichen sind. Auf die wichtigsten Anlagevarianten wird genauso eingegangen wie auf den Kursbildungsmechanismus, den Inflationseffekt, die Grundrisiken bei der Vermögensanlage, Spekulationsstrategien in Aktien, Anlegergruppen, Analysearten und typische Anfängerfehler beim Wertpapiersparen.

Im siebten Kapitel **„Top-Strategien für Ihre Reichtumskarriere"** werden anschaulich die Arten, wie man grundsätzlich reich werden kann, erläutert. Es wäre leicht, schnell und viel Geld zu verdienen, wenn auf Ethik, Moral und Werteorientierung verzichtet würde. Doch auf diese Möglichkeiten gehen die Ausführungen nicht ein, da solche Wege nicht glücklich, sondern krank und unglücklich machen. Als Dealer, Waffenhändler, Anlagebetrüger, Spion etc. könnten Sie rasch Geld anhäufen. Doch würde Sie eine Tätigkeit, in der mehr oder weniger kriminelle Energie steckt, auch tatsächlich glücklich machen und befriedigen? Für die meisten gilt dies mit Sicherheit nicht. Deshalb plädiere ich für eine Reichtumskarriere, die mit Ihren Anlagen, Werten und Ethikvorstellungen kompatibel ist. Wenn Sie einen falschen Weg einschlagen, vergeuden Sie nur kostbare Zeit, wertvolle Energie und riskieren Krankheiten. Wer Aufgaben und Arbeiten nachgeht, die im Einklang mit seiner Natur, seinen Talenten, seinen Stärken und seinen Werten stehen, kann nicht scheitern. Eine solche Person wird automatisch Wohlstand und Zufriedenheit anziehen, weil sie sich auch in schwierigen Situationen selbst motivieren kann und mit Willensstärke, Ausdauer sowie Fleiß Lösungen finden wird.

Die Schlussbetrachtung **„Sehnsucht nach Lebensglück – materiell und immateriell"** soll Sie dazu sensibilisieren, neben den Bemühungen, finanziell erfolgreicher zu werden, auch den sozialen und gesundheitlichen Reichtum nicht zu vernachlässigen. Denn der materielle Erfolg alleine kann Ihnen keine anhaltende Lebensqualität bieten. Als Fazit daraus folgt, dass Sie nicht nur in materieller Hinsicht, sondern ganzheitlich Fortschritte erzielen sollten. Nur so können Sie wahres Lebensglück erfahren – ein Motivator, hinter dem auch die Sehnsucht nach Reichtum steht.

Jeder Mensch kann reich werden!

Ich gratuliere Ihnen, dass Sie zu diesem Buch gegriffen haben. Sie sollten Ihre Chance am Schopfe packen und sich von niemandem mehr von Ihrem Weg zum Lebensreichtum abbringen lassen. Jeder Mensch, der seinen Verstand in eigener Regie steuern, seine Leistungsreserven mobilisieren und seine Talente Gewinn bringend entfalten kann, ist in der Lage, reich zu werden. Beachten Sie die Gesetzmäßigkeit, dass die Reichen immer reicher werden und Vermögen dazu tendiert, sich progressiv zu vermehren. Nutzen Sie diese Erfahrungsregel und bauen Sie sich mit Vehemenz zuerst einen kleinen Kapitalsockel auf, der Ihnen das Fundament für eine ansehnliche Vermögensakkumulation liefern kann. Egal, ob Sie auf dem Immobilienmarkt, an der Wertpapierbörse, an Warenbörsen spekulieren oder sich als Unternehmer selbstständig machen wollen – in jedem Fall brauchen Sie Kapital. Ohne Liquidität und ohne Kapital haben Sie keine Einsatzmöglichkeiten, kein „Spielgeld" und somit auch keine Gewinn- und Profitchancen. Ein gewisses Eigenkapital brauchen Sie bei jeder Art von Investition, Investment oder Vorhaben. Ein Sockelvermögen ist das Fundament, bildet die ersten Stufen, die zum Tempel des Reichtums hinaufführen. Setzen Sie den Samen des Reichtums früh, damit Sie schnell durch das Tor der finanziellen Freiheit schreiten können.

Für wen dieses Buch geschrieben wurde

Dieses Buch ist für Leute geschrieben worden, die ihre ökonomische Intelligenz und ihr Finanzwissen schärfen wollen. Wer Weisheit in Form von ökonomischer Intelligenz besitzt, kann Wohlstand jederzeit generieren. Viele denken, dass das Reichwerden vor allem vom Glück abhängt. Doch dies ist ein Ammenmärchen. Die Erfahrung lehrt, dass das Glück nur darauf lauert, diejenigen zu beglücken, die ihre Chancen und Gelegenheiten am Schopfe packen. Sie können lernen, reich zu werden, so wie Sie eine Sprache erlernen können. Sie können sogar Ihre Reichtumskarriere selbst planen, organisieren und kontrollieren. Es liegt nur an Ihnen, wann Sie damit beginnen. In jedem Kapitel werden Ihnen Erfolgsgeheimnisse des Reichwerdens präsentiert. Sie sind die Quintessenz aus den jeweiligen Ausführungen und sollten von Ihnen vollkommen verinnerlicht werden. Wenn Sie sie in Ihrem Gedächtnis verankert und Ihr Verhalten danach ausgerichtet haben, werden Sie unwillkürlich Reichtum magnetisch anziehen.

Fast alle der Reichgewordenen haben die Gesetzmäßigkeiten des Finanzerfolges erlernt. Reiche Leute verfügen in der Regel über ein hohes Finanzwissen, haben die Erfolgsgeheimnisse des Reichwerdens intus und mindestens einen oder zwei Berater (Finanzcoach, Anlageberater, Wirtschaftsprüfer, Steuerberater, Banker u. a.) zur Seite. Eine grundlegende Voraussetzung, um reich zu werden, ist es, seine Finanzen in den Griff zu bekommen und seine Finanzarchitektur erfolgreich zu gestalten. Hierzu müssen Sie Ihr Finanzwissen systematisch und nachhaltig erhöhen und Ihr Verhalten entsprechend ausrichten. Als Belohnung werden Sie in eine immer höhere Reichtumsdimension vorstoßen.

Lassen Sie sich nicht von den Schwarzsehern und Pessimisten irritieren, die Ihnen entgegenhalten, dass die Zeiten viel schwieriger geworden sind als früher. Sie sind weder in eine zu frühe noch in eine zu späte Epoche hineingeboren worden, um wohlhabend und glücklich zu werden. Fast alles hängt von Ihrem Glauben, Ihrem Willen, Ihrer Lerndisziplin, Ihrer Kreativität und Ihrem Chancenmanagement ab. Mit der Anschaffung dieses Werkes haben Sie bereits eine wichtige Chance genutzt, und Sie werden sehen, dass Sie diese Buchinvestition tausendfach wieder „einspielen" können, wenn Sie die daraus gewonnenen Erkenntnisse beachten. Wenn Sie stark motiviert sind, reich zu werden, mit Freude den Inhalt dieses Buches erarbeiten und die Erfolgsrezepte konsequent umsetzen, dann werden Sie unwillkürlich mehrere Reichtumstore aufstoßen und Ihr individuelles Reichtumsziel erreichen.

Sind Sie bereit, reich zu werden?

1

Sind Sie bereit?

Im Durchschnitt ist man kummervoll und weiß nicht,
was man machen soll.

Wilhelm Busch

1. Entpuppung der Armut zum Reichtum

Der Gegensatz
von Armut
ist Reichtum

Wer aus seiner Armut oder Durchschnittlichkeit ausbrechen will, muss sich entwickeln bzw. wandeln können. Nur durch Veränderungsbestrebungen können neue und bessere Verhältnisse geschaffen werden. Die Metamorphose der Raupe zum Schmetterling ist ein wunderbares Gleichnis aus der Natur, das die Wandlung von der Armut zum Reichtum darstellen kann.

Die Verpuppung der Raupe zum Schmetterling

Schmetterlinge können fliegen und die Welt aus der Vogelperspektive betrachten; sie sind unabhängig, mobil, schön anzuschauen und ziehen die Blicke auf sich. Sie sind im Gegensatz zu ihrem Vorstadium, der Raupe, schöne Insekten, die von Alt und Jung gleichermaßen wegen ihrer Farbenpracht bewundert werden.

Sich in die
„Lüfte er-
heben" wie
Schmetterlinge

Arme Menschen stehen oft im Schatten, im Dunkeln, werden vielfach übersehen und haben in der Regel nur geringen gesellschaftlichen Einfluss. Wohlhabende Menschen hingegen werden fast immer beachtet und besitzen mehrheitlich Macht und Einfluss; sie sind materiell unabhängig und können sich deshalb freier verhalten und mobiler bewegen. Sie können sich die besten Berater, Trainer und Fortbildungsseminare leisten und ihre Talente und Interessen ganz anders zur Entfaltung bringen als Menschen, die um ihre Grundversorgung kämpfen müssen und für den täglichen Existenzkampf nahezu ihre gesamte Energie verbrauchen. Die Reichen können sich, so oft sie wollen, wie die Schmetterlinge in die „Lüfte erheben", während die Armen wie die Raupen auf dem Boden in ihrem bescheidenen Aktionsradius zurückbleiben müssen.

Der Entpuppungsvorgang zu einem finanziell besseren Leben ist allerdings keine Sache von heute auf morgen, sondern verlangt zunächst Basisarbeit, Willenskraft und Visionsvermögen. Auch die Raupe benötigt Vorbereitungszeit, bevor die Verpuppung beginnen kann.

*Reichtumsver-
puppung nur
mit Willenskraft
möglich*

Reichtumsverpuppung

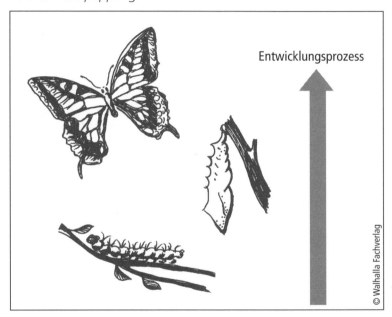

So wie sich die Raupe für eine höhere Daseinsform durch ständige Nahrungsaufnahme vorbereitet, so sollte auch der Arme mit nachhaltiger Beflissenheit an sich arbeiten, um die Wandlung zu einem reichen Menschen erfolgreich zu meistern.

Wichtig: Der entscheidende Befreiungsschlag zum Reichwerden ist die Schaffung einer positiven Grundeinstellung zum Reichtum, zu sich selbst und zu seinen Möglichkeiten, zu seinem Beruf und seinen Berufungen. Wer die Verwandlung zu dieser positiven Geisteshaltung vollzogen hat, besitzt automatisch das Fundament, auf

*Positive Grund-
einstellung
zum Reichtum
ist unerlässlich*

dem alles Weitere aufgebaut werden kann: höhere Einkommen, größerer Wohlstand bis hin zur finanziellen Freiheit. Ferner sind der Wille zur Selbstverwirklichung und der Wille, mehr aus sich machen zu wollen, entscheidende Antriebskräfte für eine bessere Zukunft.

Klären Sie vor dem „Reichtums-Wie" zuerst das „Reichtums-Warum"

„Reichtums-Warum" ist der Transmissionsriemen zum „Reichtums-Wie"

In diesem Buch geht es auch um das „Reichtums-Warum", das heißt um große Lebensideen, Visionen und Grundwerte – in einem Wort: über die Sinnhaftigkeit des Reichwerdens. Das „Reichtums-Wie", die strategische und taktische Vorgehensweise, sprich die Jobstrategie, die Ausgaben-, Einkommens-, Spar-, Investitions-, Kredit- und Anlagepolitik nimmt den größten Raum ein. Nach der bewusst gefassten Entscheidung, reich werden zu wollen, sollten Sie zuerst die Sinnhaftigkeit Ihrer Reichtumsbestrebungen ausleuchten. Denn die klare und schriftliche Sinnformulierung Ihres Reichtumsanliegens ist sozusagen Ihr Leitstern in Ihrem persönlichen Universum, Ihr Bezugsrahmen und Ihr unerschöpflicher Energie- und Motivationslieferant. Überlegen Sie sich bitte vor allem anderen erst einmal die Fragen:

- Warum und wofür will ich reich werden?

- Welcher tiefere Sinn steht hinter meinen Reichtumsbestrebungen?

Was steckt hinter dem Reichtumsbedürfnis?

Werte, Ideen und Visionen als Reichtumszweck

Hinter dem Drang, reich werden zu wollen, verbirgt sich fast immer ein wichtiger Grundwert, eine große Lebensidee oder eine Vision. Grundwerte können beispielsweise materielle Sicherheit, finanzielle Freiheit, Autarkie, Erfolg, Liebe, Harmonie etc. sein; eine große Lebensidee könnte die Gründung eines Unternehmens, der Aufbau einer Karriere als Künstler oder die Erforschung von

Kontinenten bzw. anderen Kulturen etc. sein; eine Vision könnte beispielsweise die Entwicklung eines Multifunktionsgerätes innerhalb von fünf Jahren sein, das sowohl Handy, Rechner, Datenmanager, Fernbediener für alle häuslichen Schaltgeräte, Internet- bzw. E-Mail-Empfänger, Sender, Translater, Diktiergerät, Autoöffner und -starter, Garagen- und Haustüröffner als auch Kreditkarten-Identifikator sein kann.

Die Antwort auf das „Reichtums-Warum" erleichtert das „Reichtums-Wie" entscheidend

Wenn Sie genau wissen, welche Basisbedürfnisse und welche Sehnsüchte hinter dem Reichwerden-Wollen stehen, werden Sie das Wie des Reichwerdens wesentlich leichter und schneller erreichen können. Das „Reichtums-Warum" liefert Ihnen während Ihrer Reichtumskarriere einen ständigen Bezugsrahmen und eine nie versiegende Kraftquelle. Klären Sie deshalb unbedingt diese äußerst wichtige Sinnfrage vorweg. Schreiben Sie die Antwort auf ein Blatt Papier und legen Sie es an einen Platz, wo Sie täglich hinschauen müssen. Verinnerlichen Sie dieses Sinnresultat, machen Sie es sich vollkommen bewusst. Denn das Reichwerden wird mit der Klärung des überaus wichtigen „Reichtums-Warum" simpel.

Das „Simpel"-Theorem

- **S** = Sinnbesetzung
- **I** = Innerer Schweinehund-Überwinder
- **M** = Motivations-Turbo
- **P** = Problemlöser
- **E** = Energiespender
- **L** = Lebenslustförderer

Die Verwirklichung Ihrer Grundwerte, Lebensideen oder Visionen verleiht Ihrem Leben überdurchschnittlich Sinn. Das „Reichtums-Warum" ist Ihr Leit- und Orientierungsbild, das Ihnen den Zweck Ihrer Reichtumsbestrebungen ständig vor Augen hält. Auf Ihrem

Reichwerden mit Sinn macht Spaß

Weg zum Vermögensaufbau werden Sie immer wieder Knüppel in die Beine geworfen bekommen und Hürden zu überwinden haben. Aber die Rückbesinnung auf Ihren Reichtumszweck wird Ihnen ständig helfen, Ihren inneren Motor auf Touren zu halten. Gleichzeitig fungiert Ihr „Reichtums-Warum" als Motivations-Turbo. Sie werden automatisch motiviert bleiben, wenn Sie genau wissen, für was und warum Sie Reichtum aufbauen wollen. Ihr „Leitstern" wird auch dafür sorgen, dass Probleme bewältigt und gelöst werden und Sie ständig Energie mobilisieren können. Ein überdurchschnittliches Durchhaltevermögen wird Sie ebenfalls auszeichnen. Nicht zuletzt wird das Anstreben und Umsetzen Ihrer Reichtums-Zielsetzung Lebenslust und Lebensfreude wecken. Denken Sie stets daran, dass Reichtumsaufbau um seiner selbst willen nicht glücklich macht. Erforschen Sie deshalb unbedingt die Triebfeder, die Sinnhaftigkeit Ihres Reichtumsbedürfnisses.

Machen Sie Ihre inneren Schätze sichtbar

Erfolgs-Tipp:

Wenn Sie wissen, warum und wofür Sie Reichtum aufbauen wollen, und darin großen Sinn sehen, dann werden Sie Ihre Jobstrategie und Taktik dafür wesentlich erfolgreicher umsetzen können. Für die strategische und taktische Vorgehensweise müssen Sie zunächst Ihr Reichtumspotenzial, Ihre Möglichkeiten, Talente, Begabungen transparent und bewusst machen. Erst wenn Sie wissen, was in Ihnen verborgen ist, welche Leistungsreserven und inneren Schätze in Ihnen stecken, können Sie sich auf den Reichtumsweg, auf Ihre Route, begeben. Eine gute und intensive Vorbereitung ist hier der halbe Weg zum Ziel.

Unterschlagen Sie niemals Ihre Reichtums-Sinnfrage

Leider setzen viele Berater unmittelbar bei der Reichtumstaktik an und unterschlagen die Sinnfrage des Reichwerdens. Wenn jemand reich werden will, ohne eine große Idee im Leben damit zu verbinden, ohne einen Lebenszweck damit zu verfolgen, wird er kaum Erfolgsaussichten haben. Erst die Klärung der Sinnfrage macht den

Weg zu einem großen Vermögen frei. Zunächst muss das Fundament, die Basis, sicher wie ein Fels in der Brandung stehen, bevor das taktische Manöver begonnen werden kann. Wenn Sie zu dem Warum eine Antwort haben, ist das Wie keine große Hürde mehr. Arbeiten Sie also vordringlich an Ihrer Reichtums-Sinnfrage, an Ihren Lebensaufträgen, damit aus Ihrem Reichtumseinfall kein Reinfall wird.

Die Entscheidung und der Wille zum Reichwerden sind eine Sache; Ihr Leitstern, Ihre große Lebensidee, für den Sie den Reichtum verwenden wollen, ist das Reichtumskonzept.

Reichtums-konzept entwickeln

Das Lokomotivengleichnis

Projizieren Sie Ihr Reichtumspotenzial gleichnishaft in eine Lokomotive, die am Bahnhof A (derzeitiger Vermögensstatus) steht, eingeheizt und auf die Reise zum Bahnhof B (zukünftiges Zielvermögen) vorbereitet wird. Bei dieser Abenteuerfahrt müssen Sie jetzt nur noch die Route, sprich Reichtumstaktik, und die Reisegeschwindigkeit (die Schnelligkeit Ihrer Vermögensansammlung) bestimmen. Betrachten Sie sich als Lokomotivführer, der den Geldzug ins Rollen bringt, indem er den Gashebel nach vorne drückt. Und genau dies ist der schwierigste Moment. Der Anschub, die Ingangsetzung, ist die größte Herausforderung. Wenn die Maschine jedoch erst einmal ins Rollen gekommen ist, ist sie kaum mehr aufzuhalten. Der fahrende Zug gewinnt immer mehr an Eigendynamik, an Drive. Der auf Touren gekommene Zug benötigt nicht mehr so viel Feuerung bzw. Energie, wie dies beim Anfahren notwendig ist.

Den Geldzug ins Rollen bringen

Jetzt ist es wichtig, die Streckenführung, die Ampel- und Gleisanlagen zu beobachten und den Zug sicher zu führen. Der Zug steht sinnbildlich für Ihre potenziellen Reichtumschancen und -möglichkeiten, die Fahrtstrecke von A nach B für Ihren Vermögenszuwachs, Sie für den Zugführer, die Waggons für die mitfahrenden Reisenden, die Sie in Richtung ökonomische Unabhängigkeit fördern, der Schaffner für Ihren Finanzberater und der Antriebsmotor für Ihren Reichtumssinn. Je mehr Mitmenschen Sie auf dem Weg zur finanziellen Unabhängigkeit unterstützen, desto befriedigender und sinnvoller wird Ihre eigene Reichtumskarriere werden.

Die „Direttissima" ist der gefährlichste Weg!

Allein an Ihnen liegt es, ob Sie überhaupt vom Fleck kommen, beim ersten Dorfbahnhof stehen bleiben, Ihre Idealroute zum Zielbahnhof nehmen oder fahrlässig, ohne die Haltesignale und Gleisanlagen zu beachten, mit Volldampf die direkteste Strecke – die „Direttissima" – zum Zielbahnhof durchrauschen.

Achtung: Übertragen auf die Kapitalvermehrung könnte ein sehr gefährlicher Weg eventuell die Spekulation in Optionsscheinen mit dem gesamten Geldvermögen darstellen. Immer wenn Sie keine Risikostreuung in Ihrer Anlage vornehmen und alles auf eine Karte setzen, können Sie schnell Gefahr laufen, Ihr gesamtes Kapital zu verlieren.

Der pauschale Reichtumsweg ist eine Illusion

Erfolgs-Tipp:

Ich empfehle Ihnen, Ihre individuelle Reichtumsroute und Ihre selbst erarbeitete Strategie sowie Taktik zu wählen, die auf Ihre Möglichkeiten, Ihr Naturell, Ihre Talente, Ihre Interessen und Ihr persönlich festgelegtes Ziel-Vermögen zugeschnitten sind. Lassen Sie sich nicht verführen von den vermeintlichen Gurus, die Ihnen vorgaukeln wollen, dass ganz bestimmte Reichtumswege für jeden richtig wären.

Jede Reichtumskarriere ist individuell, das heißt in puncto Geschwindigkeit des Vermögensaufbaus, der Strategie, der Route, der Taktik usw., unterschiedlich. Den einzig richtigen Weg gibt es nicht.

Du fragst, welches das Maß des Reichtums sei?
Fürs erste zu haben, was nötig ist, nächst dem, was genug ist.

Seneca

2. Balance zwischen immateriellem und materiellem Reichtum

Materieller Reichtum allein garantiert kein Lebensglück

Ich kenne eine Frau, die eine Ferienvilla in St. Moritz, ein Immobilienimperium und millionenschwere Depots ihr Eigen nennt, selbst jedoch sehr unglücklich ist. Sie kreist gedanklich nur um ihr eigenes Leben und hat ständig Angst, ihr Vermögen zu verlieren. Sie ist Gefangene ihres eigenen Reichtums. Sie hat ständig Sorge, dass sie von irgendjemandem übervorteilt werden könnte. Ihr soziales Leben ist total verarmt, und am Leben anderer Menschen nimmt sie so gut wie keine Anteilnahme. In meiner Laufbahn als Kundenbetreuer habe ich einige reiche und superreiche Kunden kennen gelernt, die unglücklich, pessimistisch, unzufrieden, krank, reizbar und sozial verarmt waren. Ich habe mich gefragt, warum diese überdurchschnittlich begüterten Menschen nicht mehr aus ihrem Leben machen können?

Materieller Reichtum kann sozialen Reichtum zurückdrängen

Die zwei Extreme: Abschottung und Jetset-Leben

Viele Multimillionäre führen auf Grund ihres Reichtums ein abgekapseltes Leben oder im anderen Extrem ein Jetset-Leben. Sie sind vielfach durch die Erfahrung geprägt worden, dass einige Mitmenschen es nur auf ihr Geld, ihren Einfluss oder andere Vorteile abgesehen haben. Ehrliche und aufrichtige Freundschaften sind für Superreiche deshalb oft schwieriger aufzubauen als für „Durchschnittsmenschen". Nicht selten sind sie durch ihr Leben so misstrauisch geworden, dass sie sogar bei der Partnerwahl äußerste Vorsicht walten lassen. Sie vermuten auch hier, dass der Besitz von Geld und Vermögenswerten eventuell höher präferiert werden könnte als Freundschaft und Liebe.

Der ideale Weg: Materielle und immaterielle Reichtumsentwicklung im Gleichschritt

Menschen, die in materieller Hinsicht auf Grund ihres Reichtums kaum mehr Wünsche haben können, neigen stark dazu, ihre Persönlichkeit weiterzuentwickeln und sich eher den immateriellen Werten zuzuwenden.

Mit zunehmendem Vermögen steigt oftmals das Bedürfnis, immaterielle Werte zu befriedigen

Viele prominente Reiche aus dem Sport, der Unterhaltungsbranche, der Politik und der Wirtschaft und andere erfolgreiche Persönlichkeiten aus dem öffentlichen Leben verschreiben sich zunehmend einer wohltätigen Aufgabe. Sie gründen allgemein nützige Stiftungen und Organisationen oder bringen sich in Benefiz-Veranstaltungen ein. Natürlich werden jetzt einige denken, dass die Grundmotivation für solche immateriellen Verwendungen nur der Verbesserung der eigenen Publicity oder der Befriedigung von Eitelkeiten und des Egos dient.

Man muss jedoch nicht immer das Schlechteste unterstellen. Aus meinen Gesprächen und Diskussionen mit reichen Menschen weiß ich, dass viele ehrlichen Herzens sind, wenn sie Geld und Zeit in ihre sozialen Aktivitäten investieren. Vielfach besteht kein Widerspruch zwischen dem immateriellen Reichtum und dem materiellen Reichtum, und nicht wenige entwickeln beide Bereiche im Gleichschritt.

Du trägst sehr leicht, wenn du nichts hast,
aber Reichtum ist eine leichte Last.

Goethe

3. Warum Reichsein besser ist als Armsein

Goethe konnte seine langen Reisen auch nur durch sein Vermögen und durch sein überdurchschnittliches Einkommen finanzieren. Er hatte einen ausgeprägten Sinn für die Balance zwischen materiellem Reichtum auf der einen Seite und kulturellem, sozialem und gesundheitlichem Reichtum auf der anderen Seite. Für ihn war der materielle Reichtum Mittel zum Zweck, um sich immaterielle Schätze anzulegen. Von seiner geistigen Inspiration, seinen Reiseeindrücken und seinem Kreativitätspotenzial können wir heute noch profitieren.

Goethe
als Vorbild

Geld macht das Leben komfortabler und chancenreicher

Grundsätzlich glaube ich, dass es einfacher ist, seine Persönlichkeit zur Entfaltung zu bringen sowie seine Leistungs- und Begabungsreserven zu mobilisieren, wenn man über eine bestimmte Kapital- und Einkommensbasis verfügt. Wenn man Vergleiche anstellt, wird es deutlich: Ein kranker Reicher ist beispielsweise besser dran als ein kranker Armer. Reichtum hat seit Menschengedenken eine angenehmere Lebensposition mit mehr Potenzial zur Selbstverwirklichung ermöglicht. Deshalb glaube ich, dass Reichsein in der Regel besser ist als Armsein.

Entscheidend ist die Art und Weise, wie man mit seinem Reichtum umgeht, ihn verantwortet und einsetzt. Cato, ein römischer Staatsmann und Schriftsteller, schrieb einmal: „Gebrauche dein Vermögen, aber missbrauche es nicht." Und Aristoteles formulierte seine Einstellung zum Begütertsein wie folgt: „Indessen ist klar, dass die Glückseligkeit auch der äußeren Güter bedarf. Denn es ist unmöglich oder doch schwer, das Gute zu tun, wenn man keine

Reichtum soll
vor allem
Nutzen und
Unabhängigkeit
schaffen

Mittel hat. Denn vieles lässt sich nur mit Hilfe von Freunden, von Reichtum, von politischem Einfluss, deren wir uns als Werkzeuge bedienen, ausführen." – Ich denke, dass Geld und Reichtum vor allem ökonomische Freiheit und Nutzenstiftungen bezwecken sollen und keinen reinen Selbstzweck darstellen.

Das Damoklesschwert Geldknappheit

Achtung: Geld wird in Ihrem Leben dann besonders wichtig, wenn Sie keines haben. Denn wenn Sie zu wenig oder gar kein Geld haben, dreht sich Ihr ganzes Denken nur noch um Geldsorgen, um die offenen Rechnungen, die ausstehende Mietzahlung, die unbezahlten Ersatzinvestitionen wie Auto, Waschmaschine, Fernseher, PC etc. Wenn Sie im Bann von Geldsorgen stecken, wird Ihr Selbstwertgefühl gedrückt und damit Ihre Einkommenschancen noch mehr gedrosselt. Geldsorgen verschleiern und vernebeln also Ihr Lebensglück und machen Sie unglücklich.

4. Was unter Reichtum zu verstehen ist

Reichtum als subjektiver Begriff

Jeder Mensch definiert Reichsein nach seinem individuellen Reichtumsempfinden. Für den einen ist bereits jemand reich, wenn er ein Vermögen von 100 000,00 Euro besitzt, für den anderen von 250 000,00 Euro oder von einer Mio. Euro etc. Wieder andere sagen, dass jemand nur dann reich ist, wenn er von seinen Einkünften aus Kapitalvermögen leben kann. Der Begriff reich ist also relativ und nur individuell bewertbar. Es ist und bleibt eine persönliche Einschätzungsfrage. Um dennoch Orientierungs- und Arbeitsgrößen für Rechenoperationen zu haben, bediene ich mich des monatlichen Fixkostenblocks, den ich mit verschiedenen Multiplikatoren hochrechne und damit Reichtumsdimensionen bestimme. Diese persönliche Festlegung sei mir im Sinne einer plastischen Veranschaulichung von Reichtum zugestanden. Diese Vorgehensweise hat den Vorteil, dass Sie nach Ihren individuellen Verhältnissen den Grad Ihrer finanziellen Unabhängigkeit festlegen können.

Der Begriff reich lässt sich unter Berücksichtigung von Persönlichkeits-, Sozial- und Gesundheitsaspekten allerdings auch breit gefächerter interpretieren. So ist für mich im weitesten Sinne reich, wer über ausgeprägte geistige und soziale Kompetenz verfügt, dauerhaft einen hohen Zufriedenheitsgrad aufweist, gute Gemeinschaft, Integration, Bestätigung und Akzeptanz im Kreise seiner Familie und/oder Freunde, Verwandten, Kollegen hat, ungehindert seiner Berufung, seinen Aufgaben, seinen Zielen und Visionen nachgehen kann, sich bester Gesundheit erfreut und sich in materieller Hinsicht alles leisten kann, was sein Herz begehrt.

Die Balance zwischen materiellem und persönlichem Erfolg

Jeder, der alles nur darauf reduziert, materiell hinzuzugewinnen, muss sich die biblische Frage gefallen lassen: „Was nützt es dir, wenn du die ganze Welt gewinnst und deine Seele nimmt dabei Schaden?" Mir kommt es darauf an, Leute, die Reichtum anstreben, daran zu erinnern, dass der Materialismus allein kein dauerhaftes Glücksempfinden bieten kann.

Was wirklich lebenswert ist

Ehrliche Freundschaften, wahre Liebe, familiäres Glück sind wichtig

Erfolgs-Tipp:

Menschen brauchen als Gemeinschaftswesen vor allem ein intaktes soziales Umfeld. Bleiben Sie deshalb stets weitsichtig, wenn Sie auf Ihrem Weg zum Reichtum eventuell zu vieles aufs Spiel setzen wollen. Es gibt einige Dinge im Leben, die Sie mit Geld nie wieder repariert bekommen oder die Sie mit Geld niemals erkaufen können. Hierzu gehören ehrliche Freundschaften, wahre Liebe, partnerschaftliches und familiäres Glück, die Gesundheit etc. Versuchen Sie die Balance zwischen materiellem und persönlichem Erfolg zu halten, damit Sie glücklich reich werden und elementar wichtige Werte nicht auf der Strecke bleiben. Erfolg ist alles, was sich dauerhaft günstig und förderlich auf Ihr Leben auswirkt, und dies ist nicht nur der monetäre Zugewinn, obgleich dieser für vieles erst die Grundlage schafft.

5. Reichwerden beginnt mit Selbstfindung

Entdecken Sie Ihr wahres Naturell

Persönlich reifer und materiell reicher werden Sie, wenn Sie sich ständig weiterentwickeln und neue Wege gehen. Wer sich Ziele setzen kann, die mit seinen innersten Anlagen und Begabungen im Einklang stehen, wird diesen Entwicklungsprozess besonders erfolgreich umsetzen können. Nur wer an seinen Zielen, an seinen Herausforderungen und Lebensumständen aktiv und bewusst arbeitet, wird persönliche und materielle Gewinne auf seinen „Konten" verbuchen können. Und Gewinnen fängt mit Beginnen an.

Laufen Sie neue, interessante Häfen an

In unserer heutigen Konsumwelt, die vielfach nur auf kurzfristige Lust- und Bedürfnisbefriedigung ausgerichtet ist sowie das Image- und Prestigedenken in den Vordergrund rückt, ist oft kein Platz mehr für die Innenschau, die Muße und für Neuorientierungen. Um jedoch zu seinen wahren, vorgezeichneten Lebensaufgaben und Berufungen zu finden, ist es wichtig, erst einmal zu sich selbst zu finden und sich klar darüber zu werden, was man aus seinem Leben machen will. Manchmal ist es notwendig, aus gewohnten Bahnen auszubrechen und einen Tapetenwechsel vorzunehmen, um mit Abstand zum Alltag über seine Lebenspläne und Wertehierarchie Klarheit zu bekommen.

Finden Sie Ihre Berufung heraus

Machen Sie aus Ihrem liebsten Hobby einen Beruf

Ihr Verwirklichungspotenzial ist in der Regel vielfach größer, als Sie annehmen. Erforschen Sie Ihre tiefsten Sehnsüchte, Leidenschaften sowie Wünsche und malen Sie vor Ihrem geistigen Auge die entsprechenden Zielbilder, damit Sie Ihr Unterbewusstsein aktivieren können. Überlegen Sie sich genau, was Ihnen besonders wichtig und wert ist, für was Sie sich speziell interessieren und in was Sie in Ihrer Freizeit die meiste Zeit investieren. Vielleicht können Sie aus Ihrem Hobby einen Beruf machen. Wenn Sie Ihren Beruf bzw.

Ihre Berufung mit Leidenschaft, Begeisterung und Hingabe ausüben, dann werden Sie unwillkürlich mehr Geld verdienen und
Vermögen aufbauen können. Überlegen Sie sich, was Sie in Ihrem
Leben alles erschaffen und erreichen wollen. Reflektieren und
meditieren Sie darüber, was Ihnen besonders am Herzen liegt, für
was Sie sich gerne verwenden würden, wo Sie sich bevorzugt einbringen würden etc. Denken Sie darüber nach, wie Sie Ihre laten-
ten, tief schlummernden Anlagen und Leistungspotenziale an das
Tageslicht befördern können.

Wichtig: Stellen Sie sich folgende Fragen: Wo liegen meine besonderen Stärken? Was habe ich bisher Herausragendes geleistet und
geschaffen? In welchen Dingen ernte ich viel Lob und Anerken-
nung? Was fällt mir besonders leicht? Was kann ich, was die meisten anderen nicht können? Was schätzen meine Mitmenschen
besonders an mir? Welche Nutzenstiftungen leiste ich gerne
anderen?

Selbstreflexion bringt Sie weiter

Betreiben Sie über Fragestellungen eine Art von Selbstreflexion.
Nur wenn Sie sich selbst kennen und sich selbst richtig einschätzen, werden Sie auch die adäquaten Ziele, die Sie reich werden lassen, finden. Stellen Sie sich Ihre Selbstfindung wie eine Knospe vor,
die aufgeht und sich zu einer prächtigen Blüte entfaltet, oder wie
ein Saatkorn, das in der Erde Wurzeln fasst und zu einer beeindru-
ckenden Ähre heranwächst.

Fragen sind die „Mütter" der Antworten

Suchen Sie nach Ausdrucksmitteln, die Ihnen liegen und Ihnen helfen, Ihre Talente zuerst sichtbar und dann verwertbar zu machen.
Versuchen Sie es beispielsweise mit Musik, Malen, Töpfern,
Modellieren, künstlerischem Gestalten, Dichten, Philosophieren,
Entertainment, Kommunizieren, Schreiben, Sporttreiben, Managen in Vereinen etc. Ihre besonderen Talente und Begabungen sollten Sie unbedingt herausfinden und nutzbar machen. Sie setzen
damit Ihr Eigenkapital, Ihr Humankapital, in Szene. Jetzt kommt es

Finden Sie Ihre besonderen Begabungen und Talente heraus

Leben Sie Ihr Leben entsprechend Ihren Fähigkeiten

darauf an, dieses Kapital Ertrag bringend einzusetzen. Wenn Sie einen Job machen, der nicht zu Ihren Anlagen und Interessen passt, werden Sie kaum zu hohen Gehaltszuwächsen kommen. Das Glück und der Reichtum werden an Ihnen vorbeigehen. Seien Sie deshalb mutig und couragiert, einen Weg zu gehen, auf dem Sie Wohlstand, Erfolg und Glück ernten können. Leben Sie Ihr Leben entsprechend Ihren Fähigkeiten und besonderen Talenten, auch wenn Sie neue, unbekannte „Häfen" anlaufen müssen.

6. „Wo ein Wille, da auch ein Weg"

Eine positive Grundhaltung zu sich selbst ist Pflicht

Wenn Sie glücklich und reich werden wollen, müssen Sie dies unbedingt auch wollen und von dieser Vorstellung durchdrungen und überzeugt sein. Es gehört eine große Portion psychische und seelische Standfestigkeit dazu, sich damit vollständig zu identifizieren. Glück ist stets ein „Kind" des Willens. Wer sich Werte, Regeln und Prinzipien für sein Leben aufstellt und über den Willen kontrolliert, hat beste Chancen, zu Glück und Zufriedenheit zu finden. Zuversicht und Konstruktivität muss man sich ins Herz schreiben. Man sollte es sich zur täglichen Selbstverpflichtung machen, dass diese Glücksbringer ständig die Oberhand behalten.

Erfolgsgeheimnis Nr. 1 des Reichwerdens

Klären Sie das „Reichtums-Warum" und beschließen Sie für sich, dass Sie reich werden wollen und für dieses Ziel Zeit, Geld und Energie investieren sowie Ihre Talente, Begabungen und Ihre Persönlichkeit entfalten.

Reichtumssonne

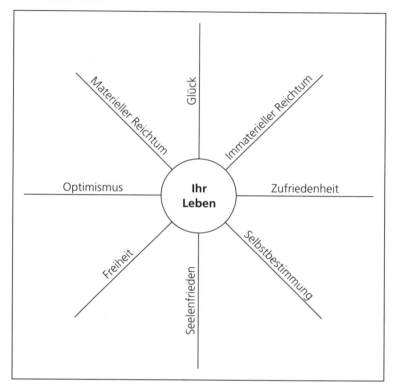

Wenn Sie sich zum glücklichen und sinnerfüllten Reichwerden entschlossen haben, werden Sie wie die Sonne strahlen.

Reichtum und Neid

Wenn Sie reicher und reicher werden, müssen Sie mit vielen Neidern und mit viel Missgunst rechnen. Gehen Sie davon aus, dass Sie oft sogar Stein des Anstoßes sind, wenn Sie glücklich, reich und zufrieden sind. Ihre „lieben" Mitmenschen werden mit größter Akribie nach Fehlern bei Ihnen suchen, und sie werden große Genugtuung haben, wenn Ihnen auch einmal etwas dane-

Neid ist ein völlig normales Phänomen

bengeht. Rechnen Sie also mit solchen Reaktionen, die völlig „normal" sind, und bleiben Sie willensstark, auch wenn Ihnen ab und zu der Wind ins Gesicht bläst. Manche können es kaum ertragen, wenn man glücklich, erfolgreich und wohlhabend ist, weil ihr eigenes Leben völlig missraten ist. Solche Leute haben oft die Tendenz, andere ebenfalls „herunterzuziehen", damit wieder eine oder einer mehr im „Lager" der Gescheiterten ist.

Bauen Sie ein Netzwerk auf

Lassen Sie andere an Ihrem Erfolg teilhaben

Um materiell reich zu werden, sind Sie auch auf die Mithilfe ausgewählter Menschen angewiesen, die mit Ihnen am gleichen Strang ziehen sowie gleiche Interessen und Ziele verfolgen. Im Beruf brauchen Sie genauso Vertraute und Unterstützer wie im Privaten, wenn Sie etwas auf die Beine stellen wollen. Sie müssen demnach bestimmte Menschen für sich gewinnen. Dies erreichen Sie am besten, wenn Sie sie teilhaben lassen an Ihrem Erfolg und sie materiell sowie persönlich mit Ihnen mitwachsen lassen. Pflegen Sie einen intensiven Gedankenaustausch und eine ausgeprägte Informationspolitik mit Ihren Lobbyisten. Sie werden Ihr eigenes Glück und Ihren Wohlstand dadurch mehren, auch wenn Sie anfangs vielleicht den Eindruck haben, dass Sie mehr geben als erhalten.

Betreiben Sie Psycho-Hygiene

Programmieren Sie Ihre Geisteshaltung auf Glück und Erfolg

Glücklichsein heißt auch, sich nicht von den Widrigkeiten des täglichen Lebens, den Widersprüchlichkeiten in den Menschen frustrieren und zermürben zu lassen. Glücklichsein heißt, über den kleinen Dingen zu stehen, die uns Lebensfreude und Fröhlichkeit rauben wollen. Beachten Sie, dass das Glücklichsein in erster Linie in Ihnen selbst entwickelt und entfaltet werden muss und nicht von außerhalb wie „Manna" vom Himmel fällt.

Erfolgs-Tipp:

Machen Sie bewusst Musterunterbrechungen, wenn Sie sich ungut und schlapp fühlen oder sich in einer Krise glauben. Wenn in Ihnen zermürbende Gedanken emporsteigen wollen, sagen Sie frühzeitig „Stopp" zu sich und konzentrieren Sie sich auf konstruktive Gedankeninhalte. Hebeln Sie dort an, wo die Saat für Reichtum, Erfolg und Glück ihren Nährboden hat, und achten Sie vermehrt auf Ihre mentale sowie seelische Verfassung und auf Ihr Selbstwertgefühl.

Achten Sie auf Ihre seelische Verfassung

7. Ihr Vorstellungsvermögen zählt!

Ich kenne einen Multimillionär, der mir einmal erzählte, dass er sich nicht wundere, dass so viele Leute arm oder gar mittellos sind und relativ wenige Menschen zu einem unvorstellbaren Reichtum kommen. Er führte aus, dass viele ein sehr limitiertes Vorstellungsvermögen hätten von dem, was für sie zur Wirklichkeit werden könnte. Sie würden sich von vornherein selbst einschränken, sich selbst nichts zutrauen und damit ihre Entwicklung und Entfaltung auch selbst lähmen. Ganz Extreme würden sich noch bei ihren Mitmenschen indirekt entschuldigen, dass sie überhaupt auf der Welt sind. Sie hätten kein Selbstbewusstsein, kein gesundes Verständnis von Daseinsberechtigung und keinen gesunden Egoismus. Solche Menschen seien nach seiner Meinung von ihren Erziehungsberechtigten oftmals von klein auf unterdrückt worden, was im Erwachsenenalter nur schwerlich und mühsam zu korrigieren sei. Sie würden durch mangelndes Selbstbewusstsein, übertriebener Risikoaversion, geringe Experimentierfreude und ausgeprägte Hemmungen auffallen. Mit einem Erlebnis machte er mir deutlich, auf was er genau abzielte und welchen tieferen Sinn er hinter seiner These verstanden wissen wollte. Er führte aus:

Fantasie öffnet Ihnen neue Horizonte

**Vorstellungs-
kraft und Ideen
zu Kapital
machen**

„Als ich eines Tages von einer Geschäftsreise am Flughafen München ankam, hatte mich ein Bettler am Ausgang auf eine Mark angesprochen. Ich gab ihm die Mark und fragte ihn, wieso er so ge-
nügsam sei. „Wenn sie mich um 50,00 Mark gebeten hätten, ich
hätte sie Ihnen gegeben. Aber angeblich sind Sie mit einer Mark
zufrieden. Sind Sie sich nicht mehr wert als eine Mark, wenn Sie
auf einer gesellschaftlich so tiefen Ebene Ihren Lebensunterhalt zu-
sammenklauben müssen?"

Ich denke, dass dieses Beispiel die Bedeutung des eigenen An-
spruchsdenkens und Vorstellungsvermögens hervorhebt. Wahrscheinlich konnte sich der Bettler nicht vorstellen, dass ihm irgend-
jemand 50,00 Mark gibt, wenn er einen so hohen Betrag erbittet.
Mein Bekannter erklärte mir, dass ein höherer Bettelbetrag eine
höhere Spende abwerfen würde, wenn sich der Bettler eine gute
Geschichte dazu ausdenken würde. Sehr wahrscheinlich hätten
dann die meisten mehr als eine Mark gegeben. Er führte weiter
aus, dass in seinem Unternehmen die Preispolitik ja auch nicht am
untersten Level beginnt, sondern zuerst versucht wird, einen maxi-
malen Preis am Markt durchzusetzen. Er meinte, dass ein Bettler,
der die Szenariotechnik nicht beherrscht, kaum Mitleid bei seinen
Mitmenschen erzeugen und auch keine Betroffenheit auslösen
kann.

Trainieren Sie Ihre Vorstellungskraft

**Weiten Sie
ständig Ihre
Vorstellungs-
dimensionen**

Ihr denkerisches Potenzial bestimmt entscheidend darüber, ob Sie
in Ihrem Leben erfolgreich werden oder eher bei den Bescheidenen
und Erfolglosen verharren. Trainieren Sie deshalb Ihr Vorstellungsvermögen und Ihre geistige Beweglichkeit in vielfältiger Weise.
Entwerfen Sie für sich selbst Wunschszenarien und Zielbilder. Bau-
en Sie sich geistige „Luftschlösser", in denen Sie ein- und ausgehen können, so oft Sie wollen. Durch die Verbesserung Ihrer Imaginationskraft erweitern Sie Ihren Erfolgsradius. Wenn in Ihnen
immer wieder Sehnsüchte bezüglich Ihrer Wunschbilder aufstei-

gen, dann haben Sie eine ausgezeichnete Ausgangsbasis, um zur vollen Fülle vorzustoßen. Zeichnen Sie positive, erfolgreiche und glücksspendende Bilder von Ihrer Zukunft – umso mehr, wenn Sie sich vielleicht gerade in einer misslichen Lage befinden sollten. Lassen Sie sich von den folgenden Szenariobeispielen inspirieren.

Zielbild: Bergvilla

Stellen Sie sich einen frisch verschneiten Skihang vor, auf dem 30 Zentimeter unberührter Pulverschnee liegt. Sie sind soeben aufgestanden und haben in Ihrem Wintergarten mit frischen Croissants und einer Tasse Capuccino sowie frischen Erdbeeren gerade gefrühstückt. Sie haben das wunderbare Bergpanorama und die „puderzucker-bedeckten" Bergkämme auf sich wirken lassen. Sie ziehen die ersten Spuren in die kristalline sonnenreflektierende Schneeoberfläche. Sie schwingen harmonisch und weich wie auf Bettfedern durch leicht rhythmische Kniedreh- und Hochtiefbewegungen den Berg hinunter. Sie halten unten an, begutachten Ihre Tiefschneegirlande, blicken nach oben und sehen eine herrliche Bergvilla mit einer weit auslagernden Sonnenterrasse und einem riesigen Wintergarten. Die Villa hat mehrere Schlafzimmer, drei Bäder, ein Saunabad mit Whirlpool und ein Schwimmbecken, einen großen Wohnraum mit offenem Kamin, eine Wohnküche; sie hat zudem auf jeder Seite einen großzügigen Balkon und zwei Tiefgaragen. Sie schauen nach oben und bewundern dieses herrlich gelegene Objekt: Ihre Bergvilla.

Lassen Sie sich inspirieren ...

Zielbild: Luxusjacht

Stellen Sie sich weiter vor, dass Sie gerade bei der Insel St. Margarete, einer vorgelagerten Insel bei Cannes, vor Anker liegen. Das Wasser ist kristallklar, und Sie können von Bord aus kleine bunte Fische und ganze Fischschwärme beobachten. Die Sonne wärmt angenehm Ihre Haut, und es weht ein leichter wohltuender Wind. Sie sitzen gerade auf dem Achterdeck und speisen mit Ihrem Le-

... und träumen Sie von Meer, Sonne und Champagner

benspartner zu Abend. Die Sonne neigt sich langsam und verwandelt sich langsam am Horizont zu einem feuerroten Ball. Sie trinken gerade ein Gläschen Champagner und lassen die Abendstimmung auf sich wirken. Das leichte Anschlagen der Wellen am Boot verursacht ein vertrautes Geräusch, und der leicht salzige Duft vom Meerwasser zieht Ihnen durch die Nase. Sie sind vollkommen entspannt, und Ihr Blick schweift zum Horizont und zur untergehenden Sonne. Sie fühlen sich mit der Natur und dem Kosmos eins und genießen die zärtlichen Streicheleinheiten Ihres Lebenspartners auf Ihrem Handrücken. Nachdem Sie über eine halbe Stunde in dieser Atmosphäre verbrachten, beschließen Sie, zusammen noch ein paar Züge im glasklaren Meerwasser zu schwimmen. Sie lassen sich von den Wellen an den Inselstrand treiben und machen es sich in einem ausgewaschenen Felsen bequem. Die sanften Wellen spülen über Ihre Körper hinweg, und Sie genießen das prickelnde Salzwasser auf Ihrer Haut. Ihr Blick schweift hinaus auf das Meer und dann zur Nachbarinsel St. Honora. Sie schauen zum Boot, zu Ihrer Luxus-Motorjacht, die Sie erst seit kurzem Ihr Eigen nennen. Ihr Schiff ist mit sämtlichen Raffinessen ausgestattet und verfügt über jeglichen Luxus, den man sich vorstellen kann. Sie haben sich dieses Prachtexemplar geleistet, weil Sie zuvor etwas geleistet haben. Sie sind außergewöhnlich erfolgreich. Sie arbeiten jetzt nur noch zwei Tage in der Woche und üben in dieser Zeit das Controlling über Ihre Unternehmen aus. Sie machen diesen Job nicht, weil Sie ihn machen müssen, sondern weil er Ihnen Spaß und Freude bereitet.

Zielbild: Millionendepot und Finanzerfolg

Trainieren Sie Ihre Vorstellungskraft

Lehnen Sie sich auf Ihrem Lieblingssessel bequem zurück, lassen Sie sich die Sonne auf das Gesicht scheinen und stellen sie sich Folgendes vor: Sie sind eine einflussreiche Persönlichkeit, die Geld und Reichtum magnetisch anzieht. Sie haben gerade die Konto- und Depotauszüge von Ihrer Hausbank erhalten und sehen bei Ihren Aktienengagements wieder einen satten Kursgewinn von über

60 Prozent. Ihr Aktiendepot hat nun einen Wert von über einer Million Mark. Ihre festverzinslichen Wertpapiere schlagen mit über zwei Millionen zu Buche. In laufender Rechnung haben Sie gerade Ihre Zinsgutschriften von 180 000,00 Mark erhalten. Sie heben das Geld ab und setzen es in einen nagelneuen Mercedes Benz 500 um. Sie fahren damit in das exquisiteste Villenviertel der Region und schauen nach dem Bautenstand Ihrer neu entstehenden Luxusvilla. Anschließend fahren Sie zu Ihrer Firma, um die wichtigste Post dort abzuholen. Auf Ihrer Sonnenterrasse öffnen Sie die Briefe und bekommen einen Großauftrag über 7 Millionen von einem bedeutenden Abnehmer bestätigt. Ihre Gewinnmarge daraus beträgt 25 Prozent. Sie lassen sich ein Glas Champagner servieren und lehnen sich dann entspannt und befriedigt zurück, bis Sie in einen langen, tiefen Schlaf fallen.

Chancenfindung hat viel mit Kreativität zu tun

Diese Beispiele sollen Sie dazu animieren, dass Sie sich in Ihren Vorstellungen keinerlei Grenzen setzen. Je enger Sie Ihr Vorstellungsvermögen fassen, desto mehr schränken Sie sich in Ihren Lebensmöglichkeiten ein. Nur das, was Sie zuvor erdacht haben, können Sie auch materialisieren. Seien Sie nicht zu ängstlich oder zu bescheiden, wenn Sie Ihre Visionsbilder vor Ihrem geistigen Auge betrachten. Zeichnen Sie in Ihrer Fantasie Wunschbilder, die Sie aufblühen und aufleben lassen.

Zeichnen Sie sich vor Ihrem geistigen Auge Wunschbilder

Wichtig: Machen Sie, so oft es geht, Kreativitätsübungen und weiten Sie Ihren gedanklichen Spielraum. Setzen Sie sich keine Grenzen in Ihrer Fantasie. Sprechen Sie allerdings nicht mit jedem darüber. Sie werden sonst für einen Schwarmgeist und Utopisten gehalten. Die Übungen dienen lediglich dazu, Ihr persönliches Vorstellungsvermögen zu vergrößern.

Setzen Sie Ihrer Fantasie keine Grenzen

Dem Armen läuft die Armut nach,
dem Reichen der Reichtum.
Jüdisches Sprichwort

8. Ihr finanzieller Aufbruch:
Der Countdown läuft ...

Standortbe-
stimmung und
Stärkenanalyse

Beginnen Sie Ihren Erfolgsweg zuerst damit, dass Sie sich selbst analysieren und über Ihre gesellschaftliche Stellung klar werden. Von dieser Selbsteinschätzung ausgehend, können Sie dann mit Ihrer Aufbauarbeit beginnen. Wenn Sie sich über sich im Klaren sind, und Ihren „Ist-Zustand" kennen, sollten Sie prüfen, ob Ihr Status quo in Harmonie zu Ihrer Werteordnung steht.

■ Entspricht Ihr gesellschaftlicher Stand Ihren Wünschen und Zielen?

■ Stehen Ihre gesellschaftlichen Aktivitäten im Einklang mit Ihren präferierten Werten?

■ Verwenden Sie die meiste Zeit für Ihre höchsten Werte, oder setzen Sie Ihre Zeit falsch ein?

Werteordnung
pflegen und
kultivieren

Sie sollten Ihre Werteordnung so pflegen und kultivieren, dass Sie wie ein Navigator für Sie wirken kann. Wertekonflikte, die sich ständig einschleichen, sollten Sie auflösen, falsch programmierte Glaubensgrundsätze bereinigen und Ihre Wertvorstellungen bezüglich Geld, Reichtum und Macht mit positiven Merkmalen belegen. Denn es ist weder verwerflich noch in irgendeiner Form schädlich oder unmoralisch, wenn Sie überdurchschnittlich viel Geld verdienen und ein Vermögen schaffen.

Nutzenkonzepte sind Vorboten des Reichtums

Erfolgs-Tipp:

Setzen Sie alles daran, Ihr Denken positiv und konstruktiv zu halten. Beenden Sie das „Schwarz-Weiß-Denken" zwischen Arm und Reich. Sehen Sie sich schon heute als Millionär und machtvolle Persönlichkeit. Bleiben Sie Ihren Visionen und Schlüsselideen verbunden und denken Sie stets daran, dass Reichtum und Glück zuerst in Ihrem Vorstellungsvermögen geboren werden müssen, bevor sie Wirklichkeit werden können. Konzentrieren Sie sich in erster Linie darauf, wie Sie Nutzen mehren und den Wohlstand, die Lebensqualität anderer, beispielsweise Ihrer Kunden erhöhen können.

Denken Sie etwa an Steve Jobs, Gründer der Apple Corporation. Er war ein junger Mann, ohne Vermögen und Geld, aber er hatte eine geniale Idee. Er war von der Vision „beseelt", einen Personal Computer mit herausragenden Funktionen zu konstruieren. Unbeirrbar und geradlinig ging er seiner Schlüsselidee nach, bis er einen durchschlagenden Erfolg erzielen konnte. In der Folge entstand der Industriegigant Apple. Oder denken Sie an Ted Turner. Er brachte das Kabelfernsehen zur Blüte und wurde dabei steinreich.

Ich kann Ihnen an dieser Stelle Ihre persönliche Schlüsselidee und Berufung nicht vorgeben. Ich kann Ihnen hierfür lediglich Impulse, Hinweise, Verhaltensregeln, Denkanstöße und Tipps liefern. Ihre persönliche Idee ist Gold wert und bedarf der individuellen Herausarbeitung.

Achtung: Wenn Sie Ihre Schlüsselidee bzw. Ihre Bestimmung generiert haben, können Sie daran gehen, Ihre Ziele zu formulieren.

Ziele klar formulieren

Ziele sind Sinnspender

Träume, Sehnsüchte und Wünsche helfen, adäquate Ziele zu finden

Aus Ihrer Werteordnung, Ihrem Vorstellungsvermögen und Ihrem Kreativitätspotenzial speisen Sie Ihre wertvollen, Ihre persönlichkeitsgerechten Ziele. Auch wenn einige an dieser Stelle vielleicht sagen, dass im Leben sowieso alles anders kommt, als man sich vorgenommen hat, und dass man sich am besten gar keine Ziele setzen sollte, so muss ich entgegenhalten, dass die Gefahr, dass Ihr Leben von Dritten „verunstaltet" wird, höher ist, als wenn Sie Ihr Leben auf eigene Ziele ausrichten. Wenn Sie nicht versuchen, Ihrem Leben durch Ziele Sinn und Orientierung zu geben, werden es andere eigennützig für Sie tun. Und wenn andere Ihr Leben entscheidend bestimmen, müssen Sie außergewöhnlich viel Glück haben, damit Sie nicht ausgenutzt werden und an Ihrer Bestimmung vorbeileben. Lassen Sie sich also weder von anderen Ihre Ziele vorgeben noch durch deren Lebensfrustrationen und Lustlosigkeiten anstecken. Leider gibt es immer mehr Leute, die dazu neigen, alles aus ihrem Verantwortungsbereich zu schieben und stets andere für ihre Fehler zur Rechenschaft zu ziehen. Distanzieren Sie sich am besten von lebensnegierenden, pessimistischen und aktionslosen Menschen. Sie rauben Ihnen Lebensfreude und wollen Ihnen die Bequemlichkeit und die Passivität schmackhaft machen. Doch dauerhaftes Glück ist über diesen Weg nie erfahrbar!

Klare Zielsetzung ist Lebensbejahung

Zielklarheit bedeutet Lebensglück

Ich denke, es ist ganz und gar nicht schlimm, das eine oder andere Ziel nicht zu erreichen; viel schlimmer ist es dagegen, überhaupt keine Ziele zu haben. Sie verwirklichen sich nur, wenn Sie sich sinnvolle Ziele vorgeben. Weil Sie das tun, was Ihrer Natur, Ihren Talenten entspricht, wird Ihre Ausstrahlung charismatischer. Die Aufgaben aus Ihren persönlich gesetzten Zielen werden Sie mit größter Hingabe erfüllen, was Ihnen ein Gefühl tiefster Zufriedenheit vermitteln wird.

Vollidentifiziertes Arbeiten magnetisiert Reichtum

Sie werden erfahren, dass Sie mittel- und langfristig wesentlich mehr Geld mit Aktivitäten verdienen, die Sie gerne machen, als mit Tätigkeiten, die Sie ungern bzw. gezwungenermaßen verrichten. Je mehr Sinn, Befriedigung und Arbeitsfreude Sie bei Ihren Aufgaben und Erledigungen vermittelt bekommen, desto mehr stehen diese im Einklang mit Ihrer inneren Führung und Berufung. Sie werden erfolgreicher als andere, weil Sie Ihre selbst gesteckten Ziele und Aufgaben voll identifiziert annehmen. Wenn Sie Ihre Arbeit, Ihre gesellschaftlichen Funktionen, Ihren Job aufrichtig und innig lieben, werden Ihnen Wohlstand und Reichtum zuteil. Sie werden damit schneller und leichter Geldflüsse zu sich lenken können, als wenn Sie mit Widerwillen und Aversionen Dienste ausführen.

Verrichten Sie Arbeiten mit Liebe und Hingabe

Ihre persönliche Situationsanalyse

Lesen Sie die folgenden Fragen und nehmen Sie sich dann Zeit, um sie zu reflektieren und zu beantworten. Ihre Situationsanalyse ist sehr wichtig, weil Sie darin den Keim für Weiterentwicklungen finden.

Diese Fragen sollten Sie ehrlich beantworten!

Wichtige Fragen zur Situationsanalyse
■ Wo stehen Sie heute beruflich, gesellschaftlich, familiär, gesundheitlich, materiell und sozial?
■ Wie und mit was verbringen Sie Ihre meiste Zeit?
■ Wie stark ist Ihr Entwicklungswille ausgeprägt?
■ Fühlen Sie sich in Ihrem derzeitigen Umfeld wohl?
■ Erledigen Sie die Mehrzahl Ihrer Verpflichtungen mit Liebe und Begeisterung?
■ Was möchten Sie gerne ändern?
■ Wollen Sie Ihren Wohnsitz, Ihre Arbeitsstelle, Ihre Konfession, Ihren Partner, Ihren Freundeskreis wechseln?

Diese Fragen sollten Sie ehrlich beantworten!

noch: Wichtige Fragen zur Situationsanalyse

- Was und wie viel investieren Sie momentan in Ihre Persönlichkeitsentwicklung?

- Haben Sie den Wunsch, etwas Besonderes aus sich zu machen?

- Wollen Sie aus Ihrer Durchschnittlichkeit ausbrechen?

- Haben Sie genügend Standfestigkeit, um die damit verbundenen Veränderungen wegzustecken?

- Welche Außenwirkung besitzen Sie?

- Haben Sie einen großen Freundeskreis?

- Sind Sie beliebt und nachgefragt?

- Sind Sie ein gern gesehener Gast?

- Schätzt man Ihren Rat?

- Wo liegen Ihre Schwächen?

- Können Sie diese vernachlässigen, oder müssen Sie diesbezüglich eine nachhaltige Korrekturarbeit betreiben?

- Wo liegen Ihre besonderen Stärken?

- Wie sieht es mit Ihrem Selbstbewusstsein, Ihrer Beharrlichkeit, Ihrer Ausgeglichenheit, Ihrem Erkenntnisinteresse, Ihrer Auffassungsgabe, Ihrer Teamfähigkeit, Ihrer Begeisterungsfähigkeit, Ihrer Geduld, Ihrer Durchsetzungsfähigkeit, Ihrem Ehrgeiz, Ihrer Zuverlässigkeit, Ihrer Loyalität, Ihrer Treue, Ihrem Forschungsdrang, Ihrer Flexibilität, Ihrer Aufgeschlossenheit, Ihrer Toleranz aus?

- Was haben Sie schon alles in Ihrem Leben erreicht bzw. geschaffen?

- Welche Leistungen besitzen Einmaligkeit, die Sie besonders auszeichnen?

- Was beherrschen Sie besonders gut?

- Worum werden Sie beneidet?

noch: Wichtige Fragen zur Situationsanalyse

- Was haben Sie alles schon geleistet bzw. vollbracht, was viele andere nicht geschafft haben?
- Bei welchen Anlässen und Situationen ragen Sie besonders heraus?
- Welche Charaktereigenschaften sind bei Ihnen besonders ausgeprägt?

Diese Fragen sollten Sie ehrlich beantworten!

Alle Ihre Antworten zu diesen Fragen sollen Sie für Ihre derzeitige Lebenslage sensibilisieren und Sie zu neuen Zielsetzungen animieren. Nehmen Sie sich sehr viel Zeit, wenn Sie sich hinterfragen, und seien Sie dabei ehrlich. Wenn Sie sich selbst etwas vormachen, schlagen Sie vielleicht einen völlig falschen Weg ein, der fatale Folgen für Sie haben könnte. Wenn Sie genau wissen, wo Sie stehen, fällt es Ihnen normalerweise auch leichter herauszufinden, wohin Sie gehen bzw. welchen Weg Sie einschlagen sollen.

Ehrliche Richtungssuche

Wichtig: Bei dieser Richtungssuche spielen die sittlichen Verhaltensregeln Ethik und Moral eine wichtige Rolle. Denn es ist für Sie wichtig, dass Sie nur Ziele für sich vorgeben, die mit Ihrem Überzeugungs- und Wertesystem im Einklang stehen. Nur so finden Sie zu Ihrer Berufung, Vorbestimmung und Mission, durch die Sie zu Geld, Reichtum und Glück kommen können.

Checkliste: Ihr finanzieller Aufbruch

Frühzeitig planen

- Was können Sie heute für Ihre Reichtumskarriere bereits in die Wege leiten?
  - Überlegen, wer für Sie als Finanzberater in Frage kommen könnte.
  - Einen Reichtumsordner anlegen.
  - Tagebuch für Erfolgsvermerke besorgen.
  - Mind-Mapping zum Reichwerden andenken.

Frühzeitig planen

noch: Checkliste: Ihr finanzieller Aufbruch

- Was können Sie in den nächsten 48 Stunden dafür unternehmen?
  - Haushaltsplan aufstellen (Gegenüberstellung Einnahmen/Ausgaben).
  - Buch über Finanzen besorgen und anlesen.
  - Börsenteil in der Zeitung intensiver studieren.
  - Glaubensgrundsätze bezüglich Geld, Macht und Reichtum positivieren.
- Was können Sie innerhalb der nächsten Woche dafür tun?
  - Sparkonzept entwerfen (auf was können Sie ohne großen Nutzenentgang sofort verzichten?).
  - Kosten-Nutzenanalyse über Ihre Geldausgaben zusammenstellen.
  - Autosuggestion für Wohlstand und Wohlbefinden entwerfen.
- Was können Sie innerhalb des nächsten Monats organisieren?
  - Autosuggestion fest in den Tagesablauf integrieren.
  - Zielkatalog schriftlich fixieren.
  - Anlagegespräche mit Hausbank führen.
  - Netzwerkarchitektur aufbauen/Karteikasten kaufen und VIP-Karten anlegen/Kontakte intensiver und besser pflegen.
  - Qualifizierten und seriösen Anlageberater suchen.
- Was können Sie innerhalb des nächsten Quartals veranlassen?
  - Werteordnung aufstellen.
  - Begabungen, Talente bewusst machen.
  - Hobbys, Leidenschaften überprüfen, inwieweit sie eventuell zum Beruf zu machen sind.

46

noch: Checkliste: Ihr finanzieller Aufbruch

- Was können Sie innerhalb der nächsten sechs Monate tun?
  - Seminar zur Persönlichkeitsentwicklung besuchen.
  - Sozialkompetenz und gesundheitliches Wohlbefinden verbessern.
  - Persönlichkeitsstärken weiter ausbauen.
- Was können Sie innerhalb eines Jahres alles erledigen?
  - Zentrale Lebensaufgabe herausfinden.
  - Visionen entwickeln.
  - Über Jobstrategie des Reichwerdens klar werden.
- Überlegen Sie sich, wo Sie in fünf Jahren stehen wollen.
  - Wer wollen Sie in fünf Jahren sein?
  - Was wollen Sie in fünf Jahren tun?
  - Was wollen Sie in fünf Jahren haben?

Der Weg durch die Reichtumstore

2

1. Welche Tore zu durchschreiten sind

Wenn Sie reich werden wollen, müssen Sie mindestens das Bronzene Tor, das Tor zur finanziellen Ordnung, öffnen können. Der Schlüssel für das Bronzene Tor macht Ihnen den Weg frei durch das Silberne Tor, das Tor zur finanziellen Sicherheit, um schlussendlich durch das Goldene Tor, das Tor zur finanziellen Freiheit, zu schreiten.

Multiplikatoren

Der Schlüssel für das Bronzene Tor ist ein Kapitalvermögen des zwölffachen monatlichen Fixkostenblocks. Um das Silberne Tor zu öffnen, brauchen Sie das 24-Fache der monatlichen Kosten. Und um durch das Goldene Tor in die finanzielle Freiheit zu gehen, benötigen Sie das 240-Fache der monatlichen Aufwendungen.

Die Checkliste auf Seite 60 hilft Ihnen bei der Berechnung Ihrer monatlichen Mindestausgaben.

Überschuldete Haushalte

In meiner 20-jährigen Bankerpraxis habe ich sehr viele Haushalte kennen gelernt, die trotz hohen Einkommens Jahr für Jahr tiefer in die roten Zahlen gerutscht sind und durch unsinnige Investitionen einen immer größer werdenden Schuldenberg vor sich her schoben. Steigende Zinslasten verbunden mit Ausgaben, die weit über den Einkommensverhältnissen lagen, führten in vielen Fällen zum finanziellen und persönlichen Ruin.

Andererseits habe ich auch Erfolgsmenschen kennen gelernt, die es geschafft haben, durch das Diamantene Tor zu schreiten und über Generationen hinweg die vollkommene ökonomische Unabhängigkeit zu sichern. Hierfür ist mindestens das 480-Fache der monatlichen Gesamtkosten anzusetzen.

Legen Sie Ihr Reichtumstor fest

Bestimmen Sie Ihren Status und Ihr Ziel

Wie sieht Ihr derzeitiger Finanzstatus aus? Welches Reichtumstor haben Sie bereits durchschritten? Welches möchten Sie noch aufstoßen? Kreuzen Sie auf unten stehender Skala Ihren heutigen Vermögensstand an. Überschlagen Sie bitte Ihre monatlichen Kosten inklusive aller Ihrer Ausgaben, die Sie verteilt über das Jahr haben, und dividieren Sie diese Kosten durch Ihre Vermögensrücklage. Anhand dieser Kalkulation können Sie Ihren derzeitigen Reichtumsstatus bestimmen.

Skala-Aufstellung Reichtumstore

Eisernes Tor	Bronzenes Tor	Silbernes Tor	Goldenes Tor

├──────────────┼──────────────┼──────────────┼──────────────>

6 Kostenblöcke	12 Kostenblöcke	24 Kostenblöcke	240 Kostenblöcke

Fixieren Sie Ihr Reichtumsziel

Ihr Reichtumsziel können Sie genauso wie Ihren Status fixieren. Markieren Sie dieses Ziel ebenfalls auf obiger Skala. Legen Sie anschließend Teilziele und den entsprechenden zeitlichen Horizont fest.

Zeitlichen Horizont festlegen

Beispiel: ─────────────────────────────────────

Eisernes Tor	Bronzenes Tor	Silbernes Tor	Goldenes Tor

├──────────────┼──────────────┼──────────────┼─────────────>

in 1 Jahr	in 2 Jahren	in 3 Jahren	in 10 Jahren
= 1.1.2002	= 1.1.2003	= 1.1.2004	= 1.1.2011

2. Eisernes Reichtumstor: Das Starttor zum finanziellen Erfolg

Wenn Sie sechs Monatsausgaben auf der hohen Kante haben, können Sie ein halbes Jahr Ihre Lebenshaltungskosten aus Ihren Reserven bestreiten. Dieses Geld dürfen Sie keinesfalls mittel- oder langfristig in Fonds oder Aktien binden. Auch wenn Ihnen eine kurzfristige Anlage bzw. Barbestände kaum bzw. keine Rendite

Schnelle Verfügbarkeit des Kapitals ist entscheidend

bringt, Sie sollten diese Rücklage schnell verfügbar machen können. Am besten legen Sie einen Teil in Termingeldanlagen (ein bis drei Monate), einen Teil in einen Geldmarktfonds an und einen Teil sollten Sie sogar bar zu Hause haben.

An den „Notgroschen" denken

Achtung: Der Sechs-Monats-Sockel ist ein „Notgroschen", ein unbedingtes Muss. Mit diesem Kapital können Sie lediglich eine kurze Zeit überbrücken. Außerordentliche Ausgaben dürften hier nicht anfallen.

Bedenken Sie, dass Sie vielleicht länger brauchen, um wieder einen geeigneten Job zu finden. Oder wenn Sie sich selbstständig machen, die gewinnlose Startphase eventuell länger dauern kann, als Sie kalkuliert haben. Das Sechsfache Ihrer Fixkosten eröffnet Ihnen keinesfalls geordnete finanzielle Verhältnisse. Sie haben hierfür allerdings beste Voraussetzungen, da Sie es bereits im Gegensatz zu der großen Masse geschafft haben, Geld auf die hohe Kante zu legen. Mit dem Eisernen Tor haben Sie nur das Starttor zum finanziellen Erfolg aufgestoßen.

Wecken Sie Ihre ökonomische Intelligenz

Misswirtschaft kommt in allen Gesellschaftsschichten vor

Als Banker habe ich schon so viele Privatkonten gesehen, die mehr als das Sechsfache der Monatsausgaben überzogen und wo keinerlei Sparrücklagen vorhanden waren. Hierbei ist zu berücksichtigen, dass über alle Gesellschaftsschichten hinweg dieses Phänomen zu verzeichnen ist. Also nicht nur bei gering verdienenden Personen. Auch Rechtsanwälte, Ärzte und Banker sind von total chaotischen finanziellen Verhältnissen nicht ausgenommen. Diese Leute gehören zu der Kategorie, die nur mit Mühe ihre Rechnungen begleichen können, den Sollsaldo auf ihrem Girokonto sukzessive in die Höhe treiben, immer mehr leasen müssen, weil keine Guthaben vorhanden sind, und Monat für Monat durch die ungeordneten Verhältnisse tiefer und tiefer in finanzielle Abhängigkeiten kommen. Wenn Sie zu diesem Kreis gehören, dann wird es höchste Zeit, dass Sie Ihre ökonomische Intelligenz wecken und entwickeln. Ihr vorrangiges Ziel müsste es sein, durch das Eiserne Tor zu kommen, um überhaupt eine Ausgangsbasis für den Finanzerfolg zu haben.

Egal, ob Sie vor oder zwischen dem Eisernen und Bronzenen Tor stehen, ich möchte allen Mut machen, den Blick nach vorne zu richten und eine finanziell erfolgreiche Persönlichkeit aus sich zu machen. Schaffen kann es jeder, auch wenn er jetzt noch Schulden hat. Entscheidend ist der Wille und das Vorwärtsstreben.

Entscheidend: Wille und Vorwärtsstreben

Erkenntnisstufen des Reichwerdens

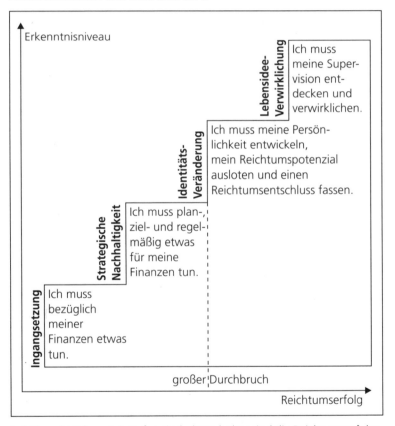

Je höher die Erkenntnisstufen sind, desto höher sind die Reichtumserfolgschancen.

Ich kenne einige, die hoch verschuldet waren und erst aus tiefer Verzweiflung heraus ihre ökonomische Intelligenz entwickelt und es noch bis zum Millionär gebracht haben. Diese Menschen haben es verstanden, Veränderungsschritte auf mehreren Ebenen vorzunehmen. Über den reinen Bewusstseinsschritt: „Ich muss bezüglich meiner finanziellen Verhältnisse etwas tun" kam die Erkenntnisstufe hinzu: „Ich muss plan-, ziel- und regelmäßig dafür etwas tun." Aufbauend auf diesen beiden Einsichten war jedoch noch ein weiterer, ganz entscheidender Veränderungsschritt für den Finanzerfolg entscheidend, nämlich die Höherentwicklung in der Persönlichkeit, verbunden mit der Entwicklung einer großen Idee oder, wie manche sagen, einer Vision.

Persönlichkeits-formierung

Persönlichkeitsentwicklung ist ein wichtiger Erfolgschlüssel zur Öffnung höherer Reichtumstore, auch wenn dies im ersten Moment vielleicht nicht sehr plausibel erscheint. Doch eine beeindruckende und einflussreiche Persönlichkeit mit einem hohen Selbstwertgefühl besitzt automatisch ein hohes Humankapital, aus dem sie stets Profit herausschlagen kann.

3. Bronzenes Reichtumstor: Das Tor zur finanziellen Ordnung

Schnelle Liqui-disierbarkeit der Rücklagen ist wichtig

Sie werden nur reich durch das, was Sie von Ihrem Einkommen zurückbehalten, und nicht durch das, was Sie absolut verdienen. „Zahlen Sie sich zuallererst selbst" ist der wichtigste Grundsatz beim Reichwerden. Menschen, die durch regelmäßiges Sparen bereits über Sicherheitsrücklagen von mehr als dem Zwölffachen ihrer monatlichen Aufwendungen verfügen, halten ihre Finanzlage in geordneten Bahnen.

Dieses Geldvermögen können Sie zur Hälfte analog dem Vorschlag für das Eiserne Tor (siehe Seite 51 ff.) und zur Hälfte in Termingelder (drei bis sechs Monate), bonifizierte Sparguthaben (drei bis sechs Monate) oder auslaufenden festverzinslichen Wertpapieren (maximal sechs Monate) anlegen. Auch hier gilt die Devise einer schnellen und unkomplizierten Liquidisierbarkeit der Anlagen. Wenn alle Einkommensquellen versiegen würden, könnten Sie sich ein Jahr über Wasser halten, ohne dass Sie sich über Ihren Lebensunterhalt Sorgen machen müssten. Ich bezeichne diesen Finanzstatus als geordnet, jedoch noch nicht als gesichert!

4. Silbernes Reichtumstor: Das Tor zur finanziellen Sicherheit

Mit dem 24-fachen Monatssatz als Rücklage haben Sie den Schlüssel für dieses Tor bereits in Händen. Dieses Kapital können Sie zur Hälfte – soweit Sie über eine entsprechende Wertpapierreife verfügen – auch in risikoreichere Anlagemedien wie Bonds, Fonds und Aktien (nur erstklassige Titel) investieren. Um den großen Sprung zum Goldenen Tor zu schaffen, ist es notwendig, mit einem Teilbetrag Renditen von 10 Prozent im Jahr und mehr zu erzielen. Mit Aktienfonds konnte diese Durchschnittsperformance in den letzten Jahren gut erreicht werden. Es darf an dieser Stelle jedoch nicht verhehlt werden, dass es auch schon Jahre mit einer negativen Performance gab und manchmal mehr als zwei Jahre notwendig waren, um den oben genannten Renditesatz wieder zu erreichen. Hinsichtlich der zügigen Liquidisierbarkeit Ihrer Anlagen dürfen Sie mit einem Teilbetrag, der sich jeweils nach Ihrem Sicherheitsbedürfnis richtet, etwas höhere Risiken eingehen. Legen Sie jedoch mindestens 60 bis 70 Prozent sicher und schnell verfügbar an.

Setzen Sie Akzente bei Ihrer Geldanlage

Wenn Sie das Silberne Tor geöffnet haben, sind Sie für zwei Jahre finanziell abgesichert und könnten sich bei einem Unfall oder bei einer schweren Krankheit in Ruhe erholen, ohne sich über den Lebensunterhalt sorgen zu müssen. Diese Zeit gibt Ihnen genug Spielraum, um sich einen anderen Job zu suchen, sich für die

Finanzielle Absicherung für zwei Jahre

Selbstständigkeit vorzubereiten, Schicksalsschläge zu verkraften etc. Ihr finanzielles Auffangnetz ist mit dem 24-fachen Monatssatz so engmaschig, dass Sie sich für eine genügend lange Periode in Sicherheit wiegen können. Mit dem Durchschreiten des Silbernen Tores bekommen Sie einen ersten Vorgeschmack der finanziellen Freiheit.

5. Goldenes Reichtumstor: Das Tor zur finanziellen Freiheit

Finanzielle Sorglosigkeit

Wenn Sie dieses Tor durchschreiten, dann verstehen Sie es, bei Anschaffungen Kosten-Nutzen-Überlegungen vor Statusgedanken zu stellen, Sparkonzepte, Vermögensaufbaustrategien sowie Anlageziele zu verfolgen und Ausgabendisziplin an den Tag zu legen. Sie haben vielfach bereits mehrere Einkommensquellen erschlossen, kennen Ihre große Vision und Ihre Lebensziele genau. Sie wissen, was Sie wollen, und gehen geradlinig Ihren Weg.

Ich spreche von Menschen, die das Goldene Tor zur finanziellen Freiheit bereits aufgestoßen und mit einer Kapitalbasis des 240-Fachen des monatlichen Kostenblocks ein hohes Maß an ökonomischer Freiheit realisiert haben. Mit diesem Geldvermögen dürften Steueraufwendungen sowie Ausgaben für Unvorhergesehenes durch Zinseinnahmen und Kursgewinne sicherlich mehr als abgedeckt sein, soweit das Kapital zum Lebensunterhalt herangezogen wird. Über 20 Jahre könnten Sie ohne finanzielle Sorgen leben.

Selbstbestimmung ist Trumpf

Wenn Sie den Schlüssel für das Goldene Tor in Händen haben, gehören Sie zu den Menschen, die die hohe Schule des Reichwerdens voll verinnerlicht haben. Ihr finanzieller Rückhalt ist mit diesem Status auf einem weit überdurchschnittlichen Niveau. Sie haben die besten Voraussetzungen, auch noch eine Dimension höher zu kommen: Durch das Diamantene Tor.

6. Diamantenes Reichtumstor: Das Tor zur vollkommenen ökonomischen Unabhängigkeit

Vom Goldenen Tor zum Diamantenen Tor vorzustoßen ist oft nur noch eine Frage der Zeit. Die zentralen Erfolgsgeheimnisse des Reichwerdens haben Sie mit dem Goldenen Tor voll verinnerlicht. Sie beherrschen sowohl das kleine als auch das große Einmaleins des Geld- und Anlagewesens. Sie fühlen sich sicher und haben sich bereits an Ihre relativ hohe Reichtumsdimension gewöhnt. In Ihrem finanziellen Auffangnetz gibt es keine Lücken mehr. Niemand kann Ihnen mehr etwas anhaben, Sie gängeln oder gar drücken. Mit dem Durchschreiten des Diamantenen Tores sind Sie frei und unabhängig.

Kapitalaufbau für zukünftige Generationen

Ich nenne es deswegen das Tor der vollkommenen ökonomischen Unabhängigkeit. Als Vermögensrücklage habe ich hierfür den 480-fachen Monatssatz angesetzt. Dieses Geld reicht über 40 Jahre, und Sie könnten sich jederzeit getrost zurücklehnen.

Wichtig: Ordnen Sie Ihre Verhältnisse so, dass Sie in den Start-löchern zum Finanzerfolg stehen bzw. das Eiserne Tor aufgeschlossen bekommen. Das Sechsfache Ihrer Monatsausgaben ist bei etwas Willenskraft und Disziplin schnell angespart. Das Zwölffache Ihres Fixkostenblocks öffnet Ihnen den Weg durch das Bronzene Tor, das Tor zur finanziellen Ordnung.

Goldesel erfolgreich züchten

Der 24-fache Satz bietet Ihnen finanzielle Sicherheit. Der Schlüssel hierfür passt in das Silberne Tor. Die Geister scheiden sich aber auf dem Weg vom Silbernen Tor zum Goldenen Tor, dem Tor zur finanziellen Freiheit. Hierfür ist der 240-fache Monatssatz notwendig. Etliche mit Reichtumsbestrebungen bleiben am Silbernen Tor hängen, weil sie die Bedeutung der Persönlichkeitsentwicklung und das Festhalten an der Höherentwicklung der ökonomischen Intelli-

Schlüssel für das Diamantene Reichtumstor

genz unterschätzen. Diese Menschen haben angefangen, Goldesel zu züchten, haben es aber nicht verstanden, sie so aufzuziehen, dass sie regelmäßig große Goldtaler fallen lassen. Nur wenige sind es, die diesen Sprung schaffen, und dieselben sind es dann auch, die das Diamantene Tor aufstoßen können, das Tor zur vollkommenen ökonomischen Unabhängigkeit.

Goldesel

© Walhalla Fachverlag

Ziehen Sie Ihren Goldesel (Kapital) so auf, dass er nachhaltig und immer größer werdende Goldtaler (Kapitaleinkünfte) produziert.

Energiefelder aktivieren

Imaginieren Sie Ihr Vermögensziel

Überlegen Sie sich, wo Sie im Moment stehen. Fragen Sie sich, für welche Tore Sie bereits einen Schlüssel besitzen. Denken Sie darüber nach, wie lange Sie sich über Wasser halten könnten, wenn Ihre derzeitigen Einkünfte ausfallen würden. Setzen Sie sich Ziele, welche Tore Sie noch durchschreiten wollen und innerhalb welcher

Zeit Sie das tun wollen. Sie sollten Ihren persönlichen Reichtumsstatus, sprich Ihr individuelles Vermögensziel, klar bestimmen. Dadurch können Ihr Unterbewusstsein, Ihr Geist und universelle Kräfte im Hintergrund für Sie arbeiten. Wenn Sie diesen Energiefeldern keine deutlichen Wohlstandsbilder liefern, lassen Sie die effizientesten und stärksten Unterstützer zur Förderung Ihrer Reichtumskarriere ungenutzt.

Individuelles Vermögensziel klar bestimmen

Erfolgs-Tipp:

Fixieren Sie Ihr Ziel-Geldvermögen betraglich und vor allem bildhaft. Wenn Ihnen kein besseres Bild für Ihr Wohlstandsziel einfällt, stellen Sie sich Ihr persönliches Reichtumstor vor. Malen Sie es sich aus, wie es beispielsweise mit Goldornamenten verziert ist. Verinnerlichen Sie dieses Bild so lange, bis Sie es in Ihrem Gedächtnis verankert haben. Lassen Sie es vor Ihrem geistigen Auge immer größer, bunter und klarer entstehen.

Wenn Sie nicht genau wissen, was Sie wann haben und sein wollen, wird Sie das Leben auch nicht beschenken können. Wenn Sie ein Auto kaufen, wissen Sie in der Regel auch, welche Automarke, welches Modell, welche Ausstattung es unter anderem haben muss. So wie bei einem Einkauf oder einer größeren Anschaffung sollten Sie auch beim Reichwerden eine klare Vorstellung darüber haben, was Sie erreichen wollen.

Sie müssen wissen, was Sie erreichen wollen!

Erfolgsgeheimnis Nr. 2 des Reichwerdens

- Bestimmen Sie Ihr Reichtumstor bzw. Ihr Ziel-Geldvermögen, das Ihnen für einen festgelegten Zeitraum so viel Rendite abwerfen kann, dass Sie davon gut leben könnten.

- Schreiben Sie einen Scheck aus, den Sie auf sich selbst ziehen, zu Ihren Gunsten ausstellen, mit Betrag, Ort, Tag der Ausstellung sowie mit einem Fälligkeitsdatum versehen und auf Ihrem Nachttisch deponieren.

Klare Anweisungen an Ihr Unterbewusstsein senden

Schreiben Sie das Drehbuch für Ihr Leben selbst

Unser Unterbewusstsein, unsere Gehirnzellen brauchen Orientierungshilfen und klare Arbeitsanweisungen, damit Sie im Verborgenen für uns tätig werden können. Wenn Sie diese nicht liefern, ignorieren Sie Ihre wertvollsten Unterstützer, Zuarbeiter bzw. Arbeitsgehilfen für Ihre Zielerfüllungen.

Malen Sie sich Ihre Reichtumskarriere in Ihrer Fantasiewelt – und Ihr Unterbewusstsein wird unermüdlich darauf hinarbeiten. Haben Sie den Mut und schreiben Sie das Drehbuch für Ihr Leben selbst.

Kalkulieren Sie nicht zu knapp

Checkliste: Der Weg durch die Reichtumstore

■ Wie hoch sind Ihre monatlichen Mindestausgaben?

- Lebenshaltungskosten
  Nahrungsmittel/Genussmittel DM ......
  Ausgehen DM ......
  Kleidung DM ......
  Hobbys DM ...... insgesamt: DM ......

- Wohnen
  Miete bzw. Kreditabzahlung DM ......
  Miet- bzw. Hausnebenkosten DM ......
  Heizung/Strom/Gas/Wasser DM ......
  Telefon/Müllentsorgung DM ......
  Sonstiges DM ...... insgesamt: DM ......

- Kraftfahrzeuge
  Steuern DM ......
  Versicherungen DM ......
  Abschreibungen DM ......
  Sprit/Service/Reparaturen DM ...... insgesamt: DM ......

- Gesamte Monatsausgaben insgesamt: DM ......

www.metropolitan.de

noch: Checkliste: Der Weg durch die Reichtumstore

■ Wie würde Ihr individueller Finanzstatus aussehen?

Fixkosten mtl.	Multiplikator		Betrag	Reichtumstore
DM	x	6	= DM	Eisernes Tor (Starttor)
DM	x	12	= DM	Bronzenes Tor (Finanzielle Ordnung)
DM	x	24	= DM	Silbernes Tor (Finanzielle Sicherheit)
DM	x	240	= DM	Goldenes Tor (Finanzielle Freiheit)
DM	x	480	= DM	Diamantenes Tor (Vollkommene ökonom. Unabhängigkeit)

■ Wo stehen Sie im Moment?

....

■ Für welche Tore haben Sie bereits einen Schlüssel?

....

■ Wie lange könnten Sie sich über Wasser halten, wenn Ihre derzeitigen Einkünfte ausfallen würden?

....

■ Bei welchem Geldvermögen ist Ihr persönliches Reichtumsbedürfnis befriedigt?

....

■ Welches Tor möchten Sie gerne noch aufstoßen? Innerhalb welchen Zeitraums?

....

Erfolgsregeln für Ihre Reichtumskarriere

3

Erfolgsregeln

1. „Geld stinkt nicht"

Freude an der Reichtums-mehrung

Eine negative Grundeinstellung zu Geld, Reichtum und Macht verbaut Ihnen von vornherein jegliche Chance, ein Vermögen aufzubauen. Wenn Sie reich werden wollen, müssen Sie Ihren Geist auch positiv auf Reichtum einstellen.

Wenn Sie Vorurteile oder Aggressionen gegen reiche Leute bzw. mächtige Leute hegen, müssen Sie diese zuerst eliminieren bzw. überwinden. Sie müssen Freude und Begeisterung für Geld, Macht und Vermögenswerte entwickeln, und dazu brauchen Sie unbedingt eine positive Einstellung zu diesen Werten. Neiden Sie niemandem etwas, der mehr hat als Sie oder über ein höheres Einkommen verfügt. Gönnen Sie allen Menschen ihre Reichtümer und Einkünfte, und seien Sie dankbar für die Dinge, die Sie besitzen.

Geldbewusstsein fördern

Denken Sie zum Reichtum hin, nicht davon weg

Sorgen Sie für ein positives Geldbewusstsein. Ihre Beziehung zum Geld muss von negativen Altlasten befreit sein. Sie müssen lernen, gerne über Vermögen und Macht verfügen zu wollen. Denken Sie daran, dass Geldakkumulation anstrebenswert ist, weil damit das Ausleben Ihrer Anlagen, Talente, Interessen und Berufungen in vielen Fällen erst möglich wird. Verdeutlichen Sie sich, dass Geld Reisen, Vergnügungen, Ideenrealisierungen, Unabhängigkeiten etc. ermöglichen kann. Geld ist nützlich und förderlich für Sie. Wenn Sie gegenüber Geld eine gesunde Einstellung haben, werden Sie es automatisch anziehen.

Negative Geld-erfahrungen nicht bedeu-tend machen

Wenn Sie von Ihrer Kindheit bis heute zurückblicken und dabei feststellen, dass Sie in der Vergangenheit Fehler im Umgang mit Geld gemacht haben, verzeihen Sie sich selbst und legen diese Kapitel Ihres Lebens ein für allemal in die Schublade „Erledigtes".

Oft höre ich in meinem Freundeskreis und von meiner Kundschaft Sätze wie: „Auch meine Eltern konnten mit Geld nie richtig umgehen", „meine Eltern hatten nie Geld für mich und meine Wünsche übrig", „die Basis für meinen finanziellen Misserfolg wurde bereits in meiner Erziehung gelegt", „wenn ich die Grundstücke am See vor 20 Jahren gekauft hätte, wäre ich heute mehrfacher Millionär", „wenn ich die Maschineninvestition vorletztes Jahr getätigt hätte, hätte ich heute den doppelten Ausstoß und müsste nicht so viele Aufträge fremd vergeben", „wenn ich die 100 000,00 Mark meinem Freund nicht geliehen hätte, wäre ich heute um einige Probleme verschont geblieben". Streichen Sie diese negativen „Wenn-dann-Aussagen" aus Ihrem Wortschatz und versuchen Sie, sich immer auf erfolgreiche Erinnerungen zu konzentrieren.

Positive Gelderfahrungen in den Fokus rücken

Jeder Mensch hat in seinem Leben mehr oder weniger herausragende Erfahrungen mit Geld gemacht. Erinnern Sie sich schwerpunktmäßig an Situationen, in denen Sie Ihr Geld klug und Gewinn bringend investierten oder sehr schöne Dinge mit Geld kauften, die Ihnen einen nachhaltigen Nutzen und viel Freude brachten. Machen Sie sich bewusst, dass die negativen Gelderfahrungen, die Sie in der Vergangenheit gemacht haben, oft Ihr Vorstellungsvermögen bezüglich zukünftigen Gewinn- bzw. Einkunftschancen einschränken. Ihr Entwicklungspotenzial kann dadurch stark gehemmt werden.

Geben Sie negativen Gelderfahrungen keine Chance

Wenn Sie in Ihrer Kindheit von Ihren Eltern sehr kurz gehalten wurden, oder Ihre Eltern an chronischem Geldmangel litten, stellen Sie sich einfach vor, dass Ihre Eltern sehr klug und wirtschaftlich mit Geld umgegangen sind und in Ihrer Familie immer ausreichend Geld zur Verfügung stand. Lassen Sie dem Gefühl der Fülle stets den Vorrang, damit Sie ein positives Geldbewusstsein erlangen.

Mentales Umerleben

Persönliche Gelderfahrungen

Arbeit hat noch nie geschadet!

Ich kann mich noch heute an mein erstes selbst verdientes Gehalt als Schüler erinnern. Mit 14 Jahren arbeitete ich in den Ferien bei einer Fensterputzerfirma und verdiente in der Stunde im Akkordputzen 5,00 Mark. Dies war für damalige Verhältnisse ein guter Stundenlohn. Bei meinem ersten Zahltag deckte ich mich mit so vielen Süßigkeiten ein, dass ich überglücklich die Pralinenschachteln und Nougatstangen vor mir aufschichtete. Meinen ersten Kapitalstock baute ich aus einem Gewinn beim Prämienlossparen auf. Bereits im darauf folgenden Jahr war mir der Glücksgott wieder positiv gesonnen, und ich gewann diesmal bei der Hauptziehung 5 000,00 Mark. Meine Kollegen bei der Sparkasse konnten mein Gewinnglück kaum fassen. Bereits beim ersten Gewinn meinten viele, dass dieser Treffer mit Sicherheit der erste und letzte gewesen sein dürfte. Das Gewinngeld war mein Startkapital für ein Wertpapierdepot. Fast immer hatte ich ausgesprochenes Glück, wenn es um Geld bzw. um Geldvermehrung ging.

Bereits als Zehnjähriger fand im beim Wurzelsammeln im Garten einen Golddukaten. Dies war der Anfang meiner Münzsammlung. Auch im Studium wurde ich von meinen Kommilitonen beneidet, weil ich immer Geld für ausgiebige Fernreisen und Skiurlaube hatte. Pro Jahr fuhr ich für zehn Tage zusätzlich mindestens zweimal an die Côte d'Azur. Doch meine größten Neider vergaßen, dass ich in jedem Studienjahr acht Wochen meistens im Nachtdienst bei der Post arbeitete und ständig in meiner Fakultät als wissenschaftliche Hilfskraft jobbte. Im Winter verdiente ich Geld als Skilehrer und im Hauptstudium arbeitete ich nebenher in einem Textverarbeitungsbüro und tippte Dissertationen. Immer sorgte ich dafür, dass mehr Geld hereinkam, als hinausging, ohne dass ich dabei auf Lebensqualität und Luxus verzichten musste. Mich reizten die Aufgaben, die Lernmöglichkeiten, die Herausforderungen und die unterschiedlichen Persönlichkeiten, mit denen ich es zu tun hatte.

Finanzerfolg durch positive Geldeinstellung

Versuchen auch Sie, Ihre „Highlights" bezüglich Geld in den Mittelpunkt Ihrer Aufmerksamkeit zu stellen und Ihre Konzentration darauf zu richten, was Sie mit Geld alles bewegen und welche Nutzen Sie damit stiften können. Hören Sie damit auf, über Leute mit Geld herzuziehen oder neidisch Ihre Blicke auf sie zu richten. Gönnen Sie jedem, aber auch sich selbst ein großes Geldvermögen und freuen Sie sich regelmäßig, wenn jemand Geld gewonnen oder viel Geld durch wohlfahrtsstiftende Investitionen gemacht hat. Den positiven Einfluss auf Ihr eigenes Leben werden Sie sehr schnell bemerken. Wenn Sie Ihre Wertvorstellungen und Überzeugungen bezüglich Geld und Wohlstand positiv ändern, ändern Sie damit automatisch auch Ihre finanzielle Situation.

Konzentrieren Sie sich auf Ihre Gelderfolge

Langfristkapital ist Pflicht

Legen Sie sich so früh wie möglich einen Kapitalstock, ein Anlageportefeuille, an. Betrachten Sie diese Anlagesumme wie das Eigenkapital eines Unternehmens. Erziehen Sie auch Ihre Kinder bereits dazu, einen Kapitalstock zu bilden und diesen als „guten Freund" zu betrachten. Übertragen Sie Ihren Kindern möglichst früh im Jugendalter Verantwortung für die Verwaltung dieses Kapitals. Wenn Sie spüren, dass Ihre Kinder am Finanzsektor Interesse zeigen, erklären Sie ihnen, dass der Kapitalstock nur zur Mehrung und Akkumulation da ist, um für die ganz großen Ziele eingesetzt zu werden. Erklären Sie Ihren Kindern, dass dieses Kapital als Unabhängigkeits- und Freiheitssymbol verstanden werden soll. Sagen Sie ihnen, dass dies der Grundbaustein, das Fundament, für einen eventuellen Hausbau oder für eine Unternehmungsgründung oder für eine wertvolle Spezialausbildung Verwendung finden soll. Die Erfahrungswerte, die man mit einem Kapitalstock machen kann, sind von unschätzbarem Wert.

Langfristiges Kapitalbecken ist für Ihre Unabhängigkeit unverzichtbar

Wichtig: Erläutern Sie Ihren Kindern, dass abgesehen von der Inflation über den Zinseszinseffekt langfristig ein wesentlich größerer Anlageerfolg erzielbar ist, wenn man sehr früh mit der Sparbildung beginnt.

Geschickte Risikostreuung

> **Erfolgs-Tipp:**
>
> Seien Sie aber äußerst vorsichtig und tätigen Sie nur solche Anlagen, die Sie vom Prinzip und Risiko her auch wirklich gut verstanden und durchschaut haben. Überlegen Sie sich immer sehr genau, welches Risiko Sie eingehen wollen, und setzen Sie nie das gesamte Kapital auf eine Karte. Betreiben Sie eine geschickte Risikostreuung und splitten Sie Ihr Anlagekapital in verschiedene Fristigkeiten, Branchen und Anlagemedien. Schärfen Sie Ihr Bewusstsein für die Geldakkumulation und nutzen Sie die Gelegenheiten, die sich Ihnen bieten, um Geld zu mehren.

Monetäre Flutzeiten

Schauen Sie auch in der Realität darauf, dass sich in Ihrem Leben wenig Ebbe und viel monetäre Flutzeiten ergeben. Lassen Sie sich das Bild der ansteigenden Geldflut vor Ihrem geistigen Auge so oft wie möglich vorüberziehen. Wenn Sie sich entspannen und sich auf Ihren Atem konzentrieren, sagen Sie sich beim Einatmen: „ich atme Reichtum ein", und beim Ausatmen, „ich atme Armut aus".

> **Erfolgsgeheimnis Nr. 3 des Reichwerdens**
>
> Sorgen Sie für eine vollkommen positive Grundeinstellung zu Geld, Reichtum und Macht. Betrachten Sie Geldvermögen als eine stark unterstützende Kraft für die Verwirklichung Ihrer Lebensziele und als Stabilisator Ihres Selbstwertgefühls.

2. Auf eine gute Selbsteinschätzung kommt es an!

Eine falsche oder unvollkommene Selbsteinschätzung und gravierende Persönlichkeitsdefizite sind Hemmfaktoren für Ihre Finanzkarriere. Wenn Sie gravierende Fehler in Ihrem Charakter haben, müssen Sie mit Hochdruck an deren Behebung arbeiten. Wenn Sie reich werden wollen, müssen Sie unbedingt mit sich selbst und mit anderen richtig umgehen können. Wenn Sie mit Menschen nicht zurechtkommen, werden Sie Probleme bekommen, sich selbst, Ihre Dienstleistungen oder Waren und Ihre Arbeitskraft lukrativ zu vermarkten. Erkennen Sie Ihre Persönlichkeitsdefizite, indem Sie sich Feedback von Ihren Nächsten holen.

Persönlichkeitsarbeit

Bringen Sie Ihr Eigenbild und Ihr Fremdbild zur Deckungsgleichheit, damit Sie im Außenverhältnis keine bösen Überraschungen erleben. Ein Mensch, der seine Nächsten oft befremdet oder kompromittiert, Ihnen unfreundlich oder launisch gegenübertritt, wird auf Dauer keinen Erfolg haben und Reichtum sowie Glück nicht mehren können. Überhebliche, arrogante oder voreingenommene Menschen haben es schwer, bei anderen anzukommen. Sollten Sie diesbezüglich Ansätze haben, versuchen Sie, diese negativen Eigenschaften zu eliminieren.

Fremdbild und Eigenbild

Ihr persönliches Leistungspotenzial richtig einschätzen

Wenn Sie Ihre Gesundheit falsch einschätzen, werden Sie ebenfalls Schiffbruch erleiden, wenn Sie zu große Herausforderungen annehmen. Sie müssen genau wissen, was Sie sich zumuten können und was nicht. Wenn Sie momentan angeschlagen sind, macht es wenig Sinn, gerade zu diesem Zeitpunkt sich als Unternehmer selbstständig zu machen. Wenn Sie Ihre Ausdauer, Ihre Geduld, Ihre Beharrlichkeit und Zähigkeit überschätzen, werden Sie ebenfalls wenig Erfolg erzielen können. Seien Sie also ehrlich zu sich selbst und nehmen Sie Ihre Selbsteinschätzung so objektiv wie möglich vor.

Was und wie viel können Sie sich zumuten?

> **Erfolgs-Tipp:**
> Erfolgreiche Menschen zeichnen sich gerade dadurch aus, dass sie durchhalten und aushalten können. Nehmen Sie sich also zuerst kleine Dinge vor, um Ihre Zähigkeit und Ausdauer zu trainieren. Wenn Sie für eine neue Chance über mehr Fachwissen verfügen müssen, besuchen Sie die nötigen Kurse und besorgen Sie sich die entsprechende Fachliteratur. Überschätzen Sie sich nie, unterschätzen Sie sich jedoch auch nicht.

3. Pflegen Sie Ihre Kontakte

Ein förderliches soziales Netzwerk

Viele Menschen drehen sich im Kreis, weil sie kein förderliches soziales Umfeld haben. Die einen haben einen Partner, der entwicklungshemmend ist; die anderen halten sich vielleicht in einem falschen Freundeskreis auf und werden dadurch in ihrem Streben nach Selbstverwirklichung sowie Reichtum unterdrückt. Wieder andere arbeiten eventuell mit den falschen Geschäftspartnern zusammen oder sind fehlgeleitet, weil sie den falschen Vorbildern nacheifern.

Überprüfen Sie Ihren Bekannten- und Freundeskreis

Achten Sie darauf, dass Sie Ihr soziales Umfeld so gestalten, dass es nicht zum Fallstrick für Ihren eigenen Karriere- und Erfolgsweg wird. Wenn Ihr Privatleben nicht in Ordnung ist und Sie daraus nicht Kraft und neue Energie tanken können, werden Sie nur schwer Wachstumsergebnisse erzielen. Bewegen Sie sich in einem für Sie förderlichen Umfeld. Suchen Sie sich Kreise, in denen überwiegend Optimisten, gut gelaunte Menschen und Innovatoren sind. Pflegen Sie Kontakte zu Menschen, die Ihnen wertvolle Impulse sowie Gedankenanstöße gegeben haben und die Sie als persönlichkeitsstark einschätzen.

Achtung: Meiden Sie auf alle Fälle Pessimisten, Kleindenker, Schwarzseher und Armutsfetischisten. Solche Leute treiben Sie in den Misserfolg und lenken Sie von Ihren wahren Bestimmungen ab.

4. Bestimmen Sie Ihr Risikoprofil

Ich kenne Menschen, die ihr gesamtes Hab und Gut verloren haben, weil sie ihr Risikoprofil falsch eingeschätzt haben. Gehen Sie nur solche Wagnisse ein, die Sie auch einigermaßen kalkulieren können. Die Risiken, die Sie eingehen, müssen für Sie überschaubar und vertretbar bleiben. Wenn Sie beispielsweise keine Ahnung von derivaten Instrumenten haben und Sie legen Ihr gesamtes Kapital in diesen riskanten Anlagen an, werden Sie sehr wahrscheinlich eine volle Bauchlandung machen. Dosieren Sie deshalb die Risiken und vermeiden Sie blauäugige Wagnisse.

Risikoprofil-Check

Rationalisieren Sie Ihre Ängste

Das Eingehen oder Vermeiden von Risiken hängt sehr eng mit verschiedenen Ängsten zusammen. Insbesondere die Angst vor neuen Situationen, vor Veränderungen kann ziemlich stark lähmen. Angst auslösendes Moment kann eine einschneidende Veränderung im Berufs- oder Privatleben, beispielsweise bei den Einkommens- und Vermögensverhältnissen sein. Solche Veränderungen können dann negativ oder gar bedrohlich empfunden werden, weil sie einen hohen Grad an Ungewissheit für die Zukunft aufweisen.

Angstursachen

Wichtig: Rationalisieren Sie aufkommende Ängste, die beispielsweise durch Einschüchterungstaktiken von Vorgesetzten oder Menschen, die versuchen, Macht über Sie auszuüben, angewendet werden. Seien Sie auf der Hut, wenn Ängste Sie zu ergreifen drohen. Angst ist die lähmendste und gefährlichste Empfindung im menschlichen Leben. Sie kann so weit führen, dass Sie überhaupt kein Risiko mehr eingehen und sämtliche Chancen und Gelegenheiten ungenutzt an sich vorbeiziehen lassen. Innovativ eingestellte Menschen sind grundsätzlich weniger anfällig für Ängste. Sie sind auf Neues und Veränderungsprozesse positiv programmiert. Doch ist ein gesundes Maß an Angst förderlich, denn die

Ängste rationalisieren

Angst besitzt eine Frühwarnfunktion für potenzielle Gefahren. Achten Sie aber darauf, dass Ängste Sie nicht überrollen.

Angst und Einbildung

Wenn Sie aufkommende Ängste nicht gleich rationalisieren, kann es sein, dass sie chronisch werden und Sie von viel versprechenden Gelegenheiten abhalten. Viele Ängste sind vollkommen irrational und zerplatzen später wie Seifenblasen in der Luft; meistens werden sie nur über Ihr negatives Einbildungsvermögen kreiert.

So überwinden Sie Ihre Angst

Steuern Sie Ihre Empfindungen

Die Herrschaft über Ihren Geist bekommen Sie am einfachsten dadurch, dass Sie Ziel fokussierend agieren. Zweifel und Unentschlossenheit bleiben außen vor. Versuchen Sie stets, Ihre Gefühlswelt positiv und konstruktiv zu halten, denn damit ersticken Sie Ängste bereits im Keim. Der menschliche Geist kann positive und negative Empfindungen nicht zur gleichen Zeit haben, immer wird eine Empfindungsseite die Vorherrschaft besitzen.

Wenn Sie sich in Ihrem Leben für das Reichwerden entschieden haben, dann haben Sie automatisch die beste Waffe gegen Furcht, Angst und Armut. Denn mit dem Willen und den Bestrebungen, wohlhabend und ökonomisch unabhängig zu werden, haben Sie sich unwillkürlich für den Vollzug Ihrer Reichtumspläne entschieden.

5. Erfüllen Sie Ihre Aufgaben mit Liebe und Hingabe

Arbeitsfreude

Verrichten Sie Ihre Aufgaben, Ihre Ziele und Dienste, Ihren Job mit Liebe, Begeisterung und Hingabe. Ein großes Grundübel unserer Zeit besteht darin, dass viele Menschen ihre Aufgaben und Verpflichtungen des Alltags und des Berufslebens nicht mehr gerne und mit Hingabe sowie Enthusiasmus erledigen wollen. Und weil sie keinen Fokus auf ihre Arbeiten mehr haben, verkümmern sie seelisch und geistig immer mehr, bis sie in eine lethargische Haltung verfallen. Sie merken erst, wenn es zu spät ist, dass sie ihre Gesundheit mehr als ruiniert haben und weder sich selbst noch ihren Mitmenschen damit einen Gefallen getan haben. Dabei sind doch gerade die Aufgaben und Arbeiten, die wir vollbringen müssen, die primären Glücks- und Zufriedenheitsbringer. Wenn Sie Ihre Aufgaben mit Leidenschaft erledigen, sind Sie immer in einer überlegeneren Position. Jede Tätigkeit, die Sie gut machen, mehrt auch Ihren Erfolgsreichtum. Führen Sie deshalb jede Aufgabe, die Sie erledigen müssen, auf wirkungsvolle und liebevolle Art aus. Seien Sie konzentriert bei Teilaufgaben und geben Sie sich selbst auch gute Belohnungen, wenn Ihnen etwas ganz besonders gut gelungen ist. Selbst bei vermeintlich primitiven Arbeiten können Sie Begeisterung entwickeln und Erkenntnisreichtum erlangen, wie Ihnen folgendes Beispiel zeigen wird.

Ich erinnere mich noch heute ganz genau an meine Dienste, die ich meinem Vater im Garten leisten musste. Dieser Job war nicht gerade einer der begehrtesten bei meinen Geschwistern, und mein Vater bevorzugte besonders mich bei den Gartenarbeiten, weil ich mit Freude und Hingabe bei der Sache war. Ich war fasziniert von der Kraft und der Energie, wie mein Vater den Spaten in den Boden wuchtete, ohne seine Beine dabei einzusetzen. Allein mit Technik und Kraft aus dem Oberkörper und den Armen zog er eine bewundernswerte Flucht beim Umgraben. Die Präzision in der Breite des Spatenstiches und nicht zuletzt die anhaltend gleichmäßige Geschwindigkeit beim Spatenwurf hielten das Interesse am Wurzelauflesen lange wach. Er arbeitete wie eine Maschine, bis das vorgenommene Terrain bestellt war. Ich interessierte mich für die unterschiedlichen Arten der Wurzeln und Engerlinge. Es war für mich hochinteressant zu sehen, was für eine Vielfalt an Wurzelwerken der Boden beim Umgraben freigab. Meine Motivation, im Garten mitzuhelfen, wurde noch größer, als ich eines Tages eine sehr wertvolle Goldmünze fand. Allein der Goldwert der Münze betrug damals über 300,00 Mark. Mit diesem Fund wurde meine

Von jeder Arbeit können Sie profitieren

Leidenschaft für das Münzsammeln geweckt. Ich wurde also durch meine motivierte Grundhaltung beim Arbeiten mehrfach belohnt. Ich war der beliebteste Hilfsarbeiter meines Vaters, weil ich Interesse und Engagement für die Sache zeigte. Auch später, als ich von meinem Bruder ein paar Mark für das Austragen von Werbeblättern bekam, konnte ich mich daran freuen, meinen Aktionsradius sukzessive ausweiten zu können. Ich lernte neue Stadtteile und Wohnviertel kennen, die ich zuvor noch nie betreten hatte. Ich selbst war auch motiviert, den Leuten Sonderangebots-Prospekte in den Briefkasten zu werfen, dass sie auf günstige Angebote zurückgreifen konnten. Es freute mich, draußen im Freien sein zu können und dabei noch Geld zu verdienen. Denken Sie immer an etwas Nützliches, wenn Sie vermeintlich geringwertige Arbeiten verrichten müssen.

Energien aktivieren

Erfolgs-Tipp:

Wenn Sie derzeit vielleicht einen Job ausüben, der Sie nicht erfüllt, versuchen Sie, der Tätigkeit positive Aspekte abzugewinnen, und machen Sie sich mental erst stark, bevor Sie in andere Geschäftsfelder wechseln. Machen Sie sich bewusst, dass alle Erfahrungen, die Sie auch mit „geringwertigen" Arbeiten bisher gemacht haben, doch wertvolle Fertigkeiten und Kenntnisse gebracht haben und eventuell auch Chancen sowie Gelegenheiten begründeten. Aus jeder Erfahrung, auch wenn sie augenscheinlich vielleicht noch so beschwerlich von Ihnen gesehen wurde, können Sie neue Energie ziehen.

Stehen Sie über den Widrigkeiten des Alltags

Überlegen Sie sich deshalb bei jeder Gelegenheit, welchen Nutzen und welche Erfahrungsbereicherung Sie durch Ihre Tätigkeiten gewinnen können. Wenn Sie sich oft zur Erfüllung Ihrer Aufgaben zwingen müssen, kann es sein, dass Sie nicht Ihrer inneren Führung folgen. Hierbei meine ich jetzt nicht die im Alltag auftretenden Unpässlichkeiten und Widrigkeiten, sondern ständig schlechte Gefühle und Unbefriedigtheiten. Wenn Sie Ihr Leben nach Ihrer inneren

Stimme, Ihren Anlagen, Talenten und Neigungen ausrichten, müssen Sie trotzdem gewisse Hürden und Stolpersteine überwinden. Kein Mensch bleibt von Unannehmlichkeiten – auch wenn er in seinem Element arbeitet und mit voller Freude seine Aufgaben managt – verschont. Die Belohnungen und das Früchteernten kommen nicht sofort, sondern mittel- und langfristig.

Finden Sie Ihre Berufung heraus

Wenn Sie Ihr Leben auf dem richtigen bzw. persönlichkeitsgerechten Kurs ausrichten, werden Sie automatisch von Wohlgefühlen und Glücksempfindungen begleitet. Achten Sie sich und nehmen Sie sich auch in Situationen an, in denen es Ihnen schwer fällt, Ihre Dienste auszuführen. Überlegen Sie sich gerade in solchen Situationen, warum es Ihnen schwer fällt, Ihren Dienst zu verrichten. Oftmals können Sie aus solchen Hinterfragungen versteckte Botschaften entnehmen, die Ihnen Impulse geben, Ihr Leben besser und persönlichkeitsgerechter zu gestalten. Wenn Sie ständig mit Zwang und Missmut an Ihre Aufgaben herangehen, reflektieren Sie, ob Sie noch am richtigen Arbeitsplatz, in der passenden Gemeinschaft, im richtigen Verein etc. sind.

Persönlichkeitsgerechte Arbeitsfelder schaffen

Erfolgs-Tipp:

Versuchen Sie, Ihre momentane Lage zu analysieren und aus der Vogelperspektive zu begutachten. Sie verlieren Ihre Selbstachtung, Lockerheit und Lebensfreude, wenn Sie ständig mit Widerwillen Ihre Aufgaben erledigen. Sie werden mittel- und langfristig nur dann viel Geld verdienen können, wenn Sie die Dinge, die Sie machen, mit Freude, Leidenschaft und Hingabe angehen. Betätigen Sie sich in Ihren Hauptaufgaben nur in einem Feld, das Ihnen nachhaltig Freude bereitet und zu dem Sie sich durch Ihre innere Stimme und Führung berufen fühlen.

Widerwille schadet nur!

6. Lernen Sie, den „inneren Schweinehund" zu überwinden

Suchen Sie die Lust in der Anstrengung

Denken Sie immer: „Von nichts kommt nichts". Und nur was Sie zuvor gedacht haben, kann real werden. Demnach verändern Sie gar nichts, wenn Sie nicht zuvor intensive Denkanstrengungen unternommen haben. Nur über intensives und zielgerichtetes Nachdenken sowie über Visions- und Ideenentwicklungen können Sie Ihren inneren Antrieb reaktivieren und die so geliebte Bequemlichkeit überwinden. Im Sport sagt man, dass man den „inneren Schweinehund" überwinden muss, um Höchstleistungen vollbringen zu können. Beim Reichwerden ist es genau dasselbe. Wenn Sie Ihren „inneren Schweinehund" nicht überwinden, werden Sie kaum in den Club der Millionäre aufsteigen.

Nehmen Sie Neues begeistert an

Zeigen Sie Aufgeschlossenheit

Versuchen Sie, ständig den Überblick zu behalten, vernetzt zu denken und sich für Ihre Umwelt sowie die Natur zu interessieren. Wenn Sie durch Wälder laufen, versuchen Sie, die unterschiedlichen Baumsorten zu unterscheiden. Wenn Sie einen Vogel am Himmel sehen, versuchen Sie herauszufinden, an welchen Merkmalen man ihn von anderen Vögeln unterscheiden kann. Wenn Sie Interesse am Spekulieren haben, versuchen Sie, sich damit intensiv auseinander zu setzen; beschaffen Sie sich Fachliteratur und verfolgen Sie die Wirtschaftspresse mit besonderer Aufmerksamkeit. Wenn Sie sich für das Programmieren interessieren, versuchen Sie, eine Programmiersprache zu erlernen.

Lernen Sie, wieder neugierig zu werden

Wenn Sie sich für Geschichte interessieren, nehmen Sie sich eine bestimmte Epoche vor und eignen Sie sich hierüber detailliertes Wissen an. Denken Sie daran: „Halbwissen ist kein Wissen". Sie sollten sich mindestens in einem Gebiet sehr gut auskennen und damit glänzen können. Wenn Sie sich für Rhetorik interessieren, besuchen Sie beispielsweise Sprachseminare, um Ihre Sprechfertigkeit ständig zu verbessern.

Wichtig: Übernehmen Sie Verantwortung und bringen Sie sich ein. Dadurch werden Sie reifer und persönlichkeitsstärker. Wenden Sie sich ab vom bequemen und zurückgezogenen Leben. Nachlässige und scheue Menschen werden kaum zu Glück und Reichtum finden. Sie werden an Sympathie und Charisma gewinnen, wenn Sie sich neuen Herausforderungen gestellt und die damit verbundenen Anstrengungen in Kauf genommen haben. Sie werden eine höhere Akzeptanz und eine gefragte Persönlichkeit werden, wenn Sie mit Mut und Zielstrebigkeit nach vorne schreiten. Alle erfolgreichen Menschen haben Lustgewinne in Anstrengungen, wenn sie ihren wertvollen Zielen nachgehen.

Sich einbringen bedeutet, vorwärts zu schreiten

Auch ein Sportler, der sich die Teilnahme an den Olympischen Spielen zum Ziel gesetzt hat, wird dies nur erreichen, wenn er sich im Training besonders anstrengt und seine Trainingseinheiten regelmäßig durchführt. Ein Klavierspieler wird ein Musikstück nur dann perfekt präsentieren können, wenn er sich zuvor beim Üben voll engagiert hat.

Ohne Fleiß kein Preis

> **Erfolgs-Tipp:**
>
> Wenn Sie etwas Einzigartiges oder Herausragendes erreichen wollen, ist es notwendig, sich selbst herauszufordern und sich über Anstrengungen zielorientiert zu mobilisieren. Diese Anstrengung wird umso intensiver und lustbetonter ausfallen, je mehr Ihre Aktivitäten auf Ihre Talente und Interessen zugeschnitten sind.

7. Schaffen Sie sich Freiräume zum Denken

Denkfaulheit ist ein Grundübel unserer Zeit. Wir werden von so vielen Reizen aus den Massenmedien und der Freizeit- und Werbeindustrie überflutet, dass kaum mehr Zeit für die wirklich wertvollen und wichtigen Dinge des Lebens übrig bleibt. Wenn Sie sich nicht bewusst Freiräume zum intensiven Nachdenken schaffen, werden Sie niemals eine gute Ausgangsposition zum Reichwerden erreichen. Denkfaulheit bedeutet gleichzeitig Lethargie, die ihre Schatten für Misserfolge und Armut vorauswirft. Der Mensch ist in erster Linie das, was er selbst „ersinnt". Unser Leben wird von unserem Denkvermögen und unseren Gedanken gelenkt und grundlegend bestimmt. Alles, was Sie bisher in Ihrem Leben erreicht bzw. nicht erreicht haben, war Ausfluss Ihres Denkens.

Ihr Denkapparat ist Ihre Ideenschmiede

Denken bedeutet auch Selbstschutz

Denken ist schwierig, weil es die gesamte Aufmerksamkeit und Konzentration erfordert. Denken heißt, seine gesamte Wahrnehmung auf ganz bestimmte Punkte, Inhalte oder Fragen zu richten, um Verbesserungen, Erleichterungen oder Nutzensteigerungen zu erzielen. Reich und glücklich können Sie nur werden, wenn Sie Ihren Denkapparat in Bewegung setzen und Ihr Denken in konstruktive sowie gesunde Bahnen lenken.

Achtung: Je weniger Sie denken, umso mehr denken andere für Sie und benutzen Sie als Spielball für ihre eigenen Interessen. Je weniger Sie über Ihr eigenes Leben nachdenken, desto wahrscheinlicher ist es, dass Sie fremdbestimmt werden und in ein hohes Abhängigkeits- und Ausbeutungsrisiko hineinlaufen.

Ideen können zu Kapital werden

Reichwerden hat viel mit Nachdenken und visionärem Denken zu tun. Managen Sie deshalb Ihre Ideen. Unter Ideenmanagement verstehe ich das Festhalten, Ordnen, Weiterentwickeln, Verfeinern und Selektieren von Einfällen mit dem Ziel, Schlüsselideen für das persönliche Fortkommen und Reichwerden im materiellen, sozialen und gesundheitlichen Sinne zu generieren.

Erfolgs-Tipp:

Legen Sie sich ein kleines Taschenbüchlein zu, in das Sie Ihre spontanen Einfälle eintragen. In bestimmten Abständen sollten Sie die Idee dann etwas ausgereifter formulieren und auf eine Karteikarte übertragen. Am besten deponieren Sie an geeigneter Stelle einen kleinen Karteikasten, in dem Sie Ihre Ideenkarten sammeln. Auch wenn eine Idee im Moment vielleicht noch keine Aktualität besitzt, so kann sie eventuell später zu einer Schlüsselidee avancieren. Achten Sie darauf, dass Ihre Ideenkartei niemand außer Ihnen einsehen kann; denn diese beinhaltet Ihren ganz persönlichen Gedankenreichtum. Wenn Sie später zu bereits festgehaltenen Ideen weitere Gedanken oder zusätzliche Überlegungen haben, halten Sie diese ebenfalls auf einem Blatt Papier fest und heften Sie dieses an die entsprechende Ideenkarte.

Persönlichen Gedankenreichtum schriftlich festhalten

So verfeinern und vertiefen Sie Ihr Gedankengut nachhaltig und filtern Sie Ihre wertvollste Schlüsselidee aus dieser Sammlung heraus. Seien Sie sich darüber im Klaren, dass kein Mensch auf dieser Welt Ihnen diese persönlichkeitsfördernde Geistesarbeit abnimmt. Nur Sie selbst sind es, der den eigenen Weg zu Reichtum und Glück herausfinden kann.

Ideenselektion

Ihre Schlüsselidee ist deshalb so wertvoll, weil sie einzigartig und Ausfluss Ihrer Persönlichkeit ist. Nur deshalb können Sie aus Ihrer zentralen Idee Kapital schlagen. Nur mit einer eigenen Idee beweisen Sie Exklusivität und Innovationsvermögen. Lassen Sie sich auch von Freunden und Bekannten inspirieren, mit denen Sie offen diskutieren können. Holen Sie sich so viel Input wie möglich von Dritten, damit Ihre Inspirationskraft und Ihre Fantasie ständig gestärkt werden. Auch aus den geringsten Gedanken, die Sie in anschei-

Ihre Schlüsselidee muss exklusiv sein

nend hoffnungslosen Situationen entwickeln, können großartige Dinge entstehen.

Kreativitätstechniken voll nutzen

Kreativität kann jeder lernen. Schaffen Sie sich hierzu ein kreativitätsförderndes Umfeld und entwickeln Sie eine Vorliebe für Innovationen. Trainieren Sie alle Sinne, um eine gute Aufnahmefähigkeit zu erreichen. Nutzen Sie Assoziationen und Eselsbrücken und versuchen Sie, so viel wie möglich zu visualisieren.

Hilfskonstruktionen für das tägliche Leben

Ich habe mir persönlich für die ersten 100 Zahlen ein System entworfen, bei dem ich jeder Zahl ein Tier, ein Ereignis oder einen Gegenstand zugeordnet habe. Dieser Aufwand hat sich schon tausendfach bezahlt gemacht. Jede Geheimzahl, jede wichtige Kunden- oder Telefonnummer habe ich bildhaft in meinem Gedächtnis gespeichert und nie Probleme, die richtigen Zahlenkombinationen bei Bedarf abzurufen.

Ideen in Konzepte umsetzen

Der wahre Schatz heißt geistiger Reichtum

Am Anfang steht immer ein Gedanke, der sich zu einer greifbaren Idee entwickelt und schlussendlich durch Aktionen und Taten materialisiert wird. Würdigen Sie Ihre Gedanken und Ideen, indem Sie sie in Ihre Ideendatenbank aufnehmen und ständig verfeinern. Wer keine Ideen und keine Fantasie entwickeln kann, wird kaum reich und glücklich werden können. Grenzen Sie sich von den handlungsunfähigen Träumern ab und verwandeln Sie Ihre Ideen in bare Münze, indem Sie aus ihnen mit Entschlusskraft, Umsetzungsgeschick und Enthusiasmus ein klares Konzept entwerfen. Werden Sie Ihres eigenen Glückes Schmied und nehmen Sie Abschied von der vielfach vertretenen Meinung, dass man nur durch Knochenarbeit und Volltreffer im Glücksspiel reich werden kann. Bei einem Glückstreffer im Lotto oder anderen Glücksspielen gilt oft das Motto: „Wie gewonnen, so zerronnen." Wir haben von Geburt an einen Verstand, einen Geist, bekommen, den wir auch aktiv nutzen und nicht verkümmern lassen sollten. Wenn wir materiell reich werden wollen, sollten wir zuerst geistig reich werden; denn geistiger Reichtum kann jederzeit materiellen Reichtum begründen.

Mit Fantasie verkaufen

Wohlstand, Zufriedenheit und Glück erreichen Sie nur durch die Beachtung und Umsetzung bestimmter Erfolgsregeln. Das Ideenmanagement ist eines dieser Erfolgsgeheimnisse. Nehmen Sie selbst Gedankenblitze wichtig, denn aus einem Gedankenfunken entpuppt sich erst eine Idee. Die Idee wiederum regt Ihre Fantasie an und sendet über Ihre Geistestätigkeit Impulse an Ihren Verstand weiter. Über den Verstand wird dann die Materialisierung der Idee durch konkrete Handlungen und gezielte Aktionen vollzogen.

Erfolgsgeheimnis Ideenmanagement

Als Vertriebsprofi für Bankprodukte mit über 20-jähriger Erfahrung weiß ich, dass selbst gute Bankprodukte nur in Verbindung mit einer guten Idee erfolgreich abgesetzt werden können. Die Produktsortimente und die Preise sind bei den Kreditinstituten nahezu identisch. Sie können sich heute nur noch erfolgreich am Markt behaupten, wenn Sie Ihre Sozialkompetenz und Ihre individuellen Nutzen bringenden Ideen bei Ihren Akquisitionsbemühungen in den Vordergrund stellen.

Schlüsselideen zu Erfolgsideen designen

Schlüsselideen oder nutzbringende Ideen bekommen bei Ihren Realisierungen eine ungeheure Dynamik. Wenn eine Idee sich erst einmal in konkreten Handlungen niederschlägt, beschleunigt sich ihre komplette Umsetzung immer stärker. Denken Sie nicht an die potenziellen Widerstände und Widrigkeiten, auf die Sie bei der Ideenrealisierung stoßen werden. Denken Sie einzig und allein an Ihre Erfolgsidee und deren Verwirklichung. Schlüsselideen können Energien und ungeahnte Kräfte mobilisieren, die über das eigene Leben hinaus und viele Generationen hinweg lebendig und aktiv

Dynamik von Schlüsselideen nutzen

bleiben. So wie der Begründer von Lego, Ole Kirk Christiansen, eine Basisidee geboren hatte, so hat sie sich über Generationen hinweg weiter dynamisiert und zu unglaublichen Erfolgsdimensionen geführt. Das Familienvermögen von Kjeld Kirk, Enkel des Existenzgründers, wird derzeit auf mehrere Milliarden Mark geschätzt. Die heutigen Lego-Produkte stiften nahezu in jedem Familienhaushalt der Industrienationen einen Entwicklungs- und Entfaltungsnutzen für die Kinder. Ist das für die Produzenten nicht zusätzlich eine riesengroße Befriedigung?

8. Stiften Sie Nutzen

Helfen Sie, die Probleme Ihrer Zielgruppe zu lösen

Unser Wohlfahrtsgewinn hängt davon ab, wie viel der Einzelne bereit ist, Nutzen zu stiften. Denken Sie immer erst an die Nutzenstiftung, bevor Sie an irgendetwas anderes denken. Wenn Sie als Verkäufer nur abstrakt Ihre Produkte absetzen, ohne bei der Zielperson als Problemlöser zu agieren, wird Ihr Verkaufserfolg schnell versiegt sein. Wenn Sie aber darum bemüht sind, Ihren Kunden erstmals Nutzen zu stiften, indem Sie ihre Probleme lösen, befinden Sie sich unwillkürlich auf der Erfolgsstraße. Wenn Sie ein Produkt herstellen oder eine Dienstleistung offerieren und nicht an den Nutzeneffekt derer denken, die das Produkt konsumieren oder in Gebrauch nehmen bzw. die Dienstleistung in Anspruch nehmen sollen, werden Sie nicht lange am Markt etabliert sein. Wenn Sie wirklich große Geldquellen zum Sprudeln bringen wollen, dann müssen Sie vor allen Dingen überdurchschnittlichen Nutzen stiften können.

Rechnen Sie nicht auf

Geben Sie mehr, als Sie nehmen

Geben Sie immer mehr Nutzen an Ihre Mitmenschen ab, als Sie zurück erwarten können; geben Sie auch absolut uneigennützig. Fragen Sie sich jeden Abend, wie viel Nutzen Sie heute in Ihr Umfeld abgegeben haben. Wenn Sie einer alten ängstlichen Frau über die

Straße helfen, kann dies ebenso starke Glücksschwingungen auslösen, wie wenn Sie Ihren Kollegen am Arbeitsplatz decken, weil er
im Moment Probleme in seiner Beziehung hat.

Wenn Sie die Erfolgsregel der Nutzenstiftung beachten und täglich
anwenden, werden Sie nicht nur reich, sondern auch glücklich
und zufrieden werden. Hierin liegt ein feiner, aber außerordentlich
wichtiger Unterschied. Viele Menschen sind nur bereit, so viel Nutzen an die Allgemeinheit zu stiften, wie sie Gegennutzen erhalten.
Sie bekommen jedoch tausendfach Nutzen in anderer Form zurück, wenn sie im Augenblick mehr geben als nehmen.

Erfolgsregel der Nutzenstiftung

Achtung: Den größten Fehler, den Sie machen können, ist, eine
Strichliste zu führen, wer Ihnen wie viel Nutzen gestiftet hat, um
später einmal eine entsprechende Gegenleistung zu erbringen.

All solche Aufrechnungen und Vergleiche führen nur in ein Konkurrenzdenken, und Sie verbrauchen viel zu viel Energie für unnüt-
ze Überlegungen.

Beachten Sie das Gesetz der Rückkoppelung

Das „kollektive Unterbewusstsein" koppelt stets zurück, auch
wenn es oft zeitverzögert oder manchmal auch unmerklich ge-
schieht. In einer Partnerschaft ist es beispielsweise sehr wichtig,
immer wieder als Erster zu geben, um die Beziehungsqualität zu
verbessern. Wenn Sie sich selbstständig machen wollen, überlegen
Sie sich in erster Linie, welchen Nutzen Sie Ihren Kunden oder Ihrer
Klientel geben können.

Ihr kollektives Unterbewusst-sein

Wichtig: Reflektieren Sie täglich, welchen Nutzen Sie heute Ihrem
Lebenspartner, Ihren Kindern, Ihren Freunden und Arbeitskollegen,
Ihren Kunden oder Ihren Vorgesetzten gestiftet haben.

Denken Sie nie zuerst monetär, sondern denken Sie stets an Nutzenstiftungen, dann kommt das Geld von ganz allein. Denken Sie
daran, so wie Sie sich geben, so kommt es zu Ihnen auch wieder

Bumerang-effekt

zurück. Wenn Sie freundlich zu den Leuten sind, werden Sie auch freundlich behandelt. So wie Sie in den Wald hineinschreien, so schallt es auch wieder zurück. Verhalten wirkt wie ein Bumerang. Lassen Sie sich jedoch nicht ausnutzen. Behalten Sie sich die Initiative für Ihre Nutzenabgaben vor und bestimmen Sie selbst, was vertretbar ist und was nicht. Denn um erfolgreich zu werden, müssen Sie auch eine gesunde Portion Egoismus haben.

Wagen Sie den Sprung über den eigenen Schatten

Segnen Sie Ihre Feinde

Früher hasste ich Menschen, die mich verletzt oder aggressiv behandelt hatten. Mit diesem Hass verstärkte ich nur meinen inneren Groll und blockierte meine Offenheit, Freundlichkeit und Nutzenorientiertheit. Heute habe ich gelernt, sofort eine Musterunterbrechung einzuleiten, wenn ich merke, dass solche negativen und destruktiv wirkenden inneren Stimmungen in mir aufsteigen wollen. Ich gehe sogar so weit, dass ich diese Menschen gedanklich aufwerte und mir überlege, in welcher Weise ich ihnen Nutzen gewähren kann. Mit dieser Methode habe ich bereits Feindschaften in Freundschaften verwandelt. Einmal hatte ich eine Person, die mich besonders geschnitten und mir negativ gesonnen war, so lange freundlich gegrüßt, bis sie eines Tages „einen Fehler machte" und mich freundlich zurückgrüßte. Ab diesem Zeitpunkt war das Eis gebrochen und auf Grund meiner inneren positiven Einstellung zu diesem Menschen musste er auch sein Feindbild mir gegenüber aufgeben, weil er es durch mein konsequentes Freundbild-Verhalten nicht mehr länger aufrechterhalten konnte.

Vergessen Sie nicht, Nutzen anzunehmen

Nutzenempfang

Wahres Glück hängt davon ab, Nutzen abzugeben, aber auch Nutzen zu empfangen. Ihr Nutzengeber wird in seinem Verhalten gestärkt und motiviert, wenn Sie den erhaltenen Nutzen dankbar annehmen und ihm somit Wertgefühl und Wertschätzung vermitteln. Wenn Sie Nutzen stiften, dürfen Sie auch Nutzen von anderen in Hülle und Fülle entgegennehmen. Dieser Mechanismus funktioniert so sicher, wie die Nacht durch den Tag abgelöst wird. Indem Sie Ihren Mitmenschen viele Dinge gönnen, mehren Sie auch den Wohlfahrtsgewinn für sich selbst.

Wichtig: Lernen Sie, in Fülle zu nehmen, aber vor allem auch in Fülle zu geben.

Als Student lernte ich einmal eine fünfköpfige Pfarrersfamilie kennen, die nur von ihren Gemeindemitgliedern Geld für den Lebensunterhalt bekam. Aus einem Gespräch bekam ich mit, dass das Pfarrerehepaar sehr verzweifelt war, weil sie eine offene Rechnung über 100,00 Mark, die überfällig war, noch nicht bezahlen konnten. Mir taten die Eheleute sehr Leid, weil ich sah, wie selbstlos und aufopferungsvoll sie nicht nur für die Gemeindemitglieder da waren, sondern auch für Menschen aus den gesellschaftlichen Randgruppen. Ich entschloss mich, ihnen zu helfen, und warf ihnen in einem Briefumschlag das Geld anonym in den Briefkasten. Zwei Wochen später bekam ich von einem befreundeten Sportladenbetreiber ein fast neues Rennrad geschenkt. Ich stiftete Nutzen und bekam einen multiplikativen Nutzen zurück, ohne dass ich damit gerechnet hatte.

Wenn Sie anderen helfen, helfen Sie sich damit auch selbst

Konkurrenzdenken ausschalten

Die Konzentration auf das Nutzenstiften ist gleichzeitig die Abkehr vom Konkurrenzdenken. Wenn Sie über viel Macht verfügen, stiften Sie automatisch viel Nutzen, wenn Sie mit dieser Macht sorgsam und verantwortungsvoll umgehen. Reich und glücklich zu werden und zu bleiben geht unwillkürlich mit Nutzenstiftungen einher. Nutzen zu spenden ist mächtiger und Erfolg bringender als alles andere auf dieser Welt, weil Nutzenstiftung Energien aktiviert und Kräfte freisetzt sowie Lebensfreude, -bestätigung und -sinn vermittelt.

Nutzenstiftung vermittelt mehr Lebensfreude

> **Erfolgsgeheimnis Nr. 4 des Reichwerdens**
>
> Betreiben Sie ein ausgeklügeltes Chancenmanagement mit einer intensiven Netzwerkpflege und Ideensuche. Stiften Sie exklusiven Nutzen für Ihre Kunden, Vorgesetzten, Geschäftspartner, Kollegen, Familienmitglieder und Freunde.

9. Gehen Sie mit anderen und mit sich selbst überlegt um

Dominanz-verzicht bei Konflikten

Ein Mensch hat im Grunde genommen nur zwei entscheidende Basisprobleme zu lösen: Erstens mit sich selbst verantwortungsvoll, gesund und klug umzugehen; zweitens mit seinen Mitmenschen in förderlicher und wertschätzender Weise zu kommunizieren. Wenn Sie mit sich selbst im Reinen sind und wissen, was Sie wollen, Ihre Stärken genau kennen und Ihre Schwächen bewusst eliminieren, werden Sie automatisch auch erfolgreicher mit Ihren Mitmenschen umgehen können. Ein völlig konfliktfreies Leben wird es nie geben. Entscheidend bei Auseinandersetzungen ist, wie Sie mit Ihren Nächsten dabei umgehen. Wenn Sie eine Streitkultur pflegen, die nicht unter die „Gürtellinie" geht, haben Sie schon das schlimmste Konfliktpotenzial ausgeschaltet. Wählen Sie aber stets eine Form der Kommunikation, die ein faires Streiten möglich macht.

Vergebungen machen Sie mental frei und stark

Hegen Sie keine Hassgefühle gegen die entsprechende Person, wenn Sie einmal verletzt worden sind. Im Gegenteil: Versuchen Sie, diesem Menschen zu verzeihen. Vergebung wirkt wie eine gute Arznei, die eine Krankheit vollkommen besiegt. Hass, Zorn und Wutausbrüche errichten innere Sperren, die Ihnen bei Ihrer Persönlichkeitsentwicklung und auf Ihrem Weg zu Reichtum und Glück entscheidende Energien und gesundheitliche Stabilisatoren rauben. Versuchen Sie, bei Ihrem Nächsten immer das Gute und die Vorzüge zu sehen.

Erfolgs-Tipp:

- Erzählen Sie nicht über jemanden etwas Schlechtes, wenn der Betreffende nicht selbst dabei ist.

- Versuchen Sie, selbst ein solches Verhalten an den Tag zu legen, was Sie gerne auch von Ihren Nächsten empfangen wollen.

- Begrüßen Sie Ihre Kolleginnen und Kollegen jeden Morgen mit guter Laune und verabschieden Sie sich in den Feierabend ebenfalls mit guter Laune.

- Zeigen Sie sich vor allem heiter, locker und gelassen. Denken Sie stets daran: Verhalten ist ein Bumerang.

Wenn Sie sich nicht überfordern, aber auch nicht unterfordern und eine gesunde Lebenseinstellung zu sich haben sowie Ihre Mitmenschen stets wichtig und gut sein lassen, beugen Sie grundsätzlich positiv vor und gehen vielen Schwierigkeiten von vornherein aus dem Weg. Vorbeugen bedeutet in letzter Konsequenz, dass Sie Probleme verhindern, bevor sie entstehen können. Sie bekommen dadurch Freiräume, um sich mental auf Ihre Vermögensbildung und Einkommensverbesserung zu konzentrieren.

Vorbeugungs-effekt

Befreien Sie sich auch aus Begrenzungen

Je öfter Sie über Limitierungen und Handicaps nachdenken, umso stärker wirken diese negativ auf Ihren Geist ein. Deshalb müssen Sie solche Einschränkungen sofort beseitigen. Ausschließlich Gedanken, die von Freiheit und Unabhängigkeit durchdrungen sind, stärken Ihr Selbstbewusstsein, bereichern Ihre Kreativität und machen Sie unternehmungsfreudiger.

Gedanken-führung

10. Fangen Sie an, unabhängig zu denken und zu entscheiden

Unabhängig wohnen

Richten Sie Ihr Leben so aus, dass Sie möglichst unabhängig von Vermietern, Arbeitgebern und Geschäftspartnern oder Kollegen sind, die Sie potenziell unter Druck setzen könnten. Seien Sie jedoch vorsichtig, wenn Sie Kredit aufnehmen. Am besten ist es, wenn Sie bereits 40 bis 50 Prozent Eigenmittel haben, bevor Sie ein Investitionsobjekt beginnen. Der erste große Schritt in die Unabhängigkeit ist immer, in einem schuldenfreien Wohneigentum zu leben.

Abhängig beschäftigt versus Selbstständigkeit

Überlegen Sie sich auch gut, ob Sie weiterhin als abhängig Beschäftigter tätig sein wollen oder lieber als Unternehmer selber das Zepter in die Hand nehmen möchten. Auch dieser Schritt muss sehr gut überlegt sein, denn gerade die Startphase birgt sehr viele Risiken in sich: Man muss sehr gut vorbereitet und finanziell „gepolstert" sein, um alle Klippen heil zu umschiffen. Denken Sie bei allen wegweisenden Entscheidungen darüber nach, ob Sie sich nicht versehentlich in eine schlechtere Position manövrieren. Meiden Sie Situationen, in denen Sie in zu große Abhängigkeiten geraten könnten.

Werfen Sie allen unnötigen Ballast ab

Lean Management im Privatsektor

Ich kenne einige Millionäre, die zum Sklaven ihrer eigenen Vermögenswerte geworden sind. Sie müssen sich so intensiv um ihre Villa, ihre Ferienhäuser und ihre Luxusgüter kümmern, dass sie kaum mehr Zeit zum Genießen finden. Sie fühlen sich eingezwängt durch die Verpflichtungen, die mit zunehmendem Reichtum größer und größer werden. Viele, die sich nicht für das Börsengeschehen interessieren, leiden auch unter chronischen Ängsten, von Vermögensverwaltern oder Bankern übervorteilt zu werden. Sie können gar nicht mehr unbeschwert leben, weil sie vor lauter Sorgen und Bedenken über potenzielle Verlustrisiken nicht mehr zur Ruhe kommen.

Wichtig: Halten Sie sich deswegen von Anfang an „ballast-schlank" und werfen Sie alles ab, das Ihnen nicht dauerhaft und überproportional Nutzen stiftet. Mieten Sie lieber ein Boot, wenn Sie es nicht mindestens 15-mal im Jahr benutzen können. Quartieren Sie sich in ein Luxushotel ein, bevor Sie ein Feriendomizil im Ausland erwerben, das Sie vielleicht nur für zwei oder drei Wochen im Jahr bewohnen. Legen Sie sich eine Penthousewohnung zu, bevor Sie ein freistehendes Einfamilienhaus mit einem riesigen Garten bearbeiten müssen, für den Sie weder Muße noch Talent zur Bewirtschaftung besitzen. Seien Sie von vornherein auf der Hut, damit Sie nicht zum Sklaven Ihres Reichtums werden. Werden Sie zu einem glücklichen Millionär, indem Sie Ihre Freiheit, Ihren Freiraum und Ihre Unabhängigkeit so groß wie möglich halten.

Sozialen Reichtum mehren

> **Erfolgs-Tipp:**
>
> Je freier Sie sich bewegen können und je weniger Güter Sie bewirtschaften und verantworten müssen, umso mehr haben Sie den Kopf frei, das Leben wirklich zu genießen und sozial reich zu gestalten.

11. Trimmen Sie Ihren Geist auf materiellen Erfolg

Wenn Sie materiell erfolgreich werden wollen, müssen Sie hierüber zuerst geistige Vorstellungsbilder entwickeln. Erst danach fungieren diese Gedanken als energiegeladene Informationsträger und verstärken sich durch weitere Gedankenpflege selbst. Es entstehen positive Kraftfelder, die eine magische Anziehungskraft bezüglich der Gedankeninhalte entwickeln. Letztendlich materialisieren sich die Gedanken.

Vorstellungs-bilder des Reichwerdens

Positive Denkstrukturen schaffen

So wie Sie denken, so werden Sie

Betreiben Sie ständig Denkhygiene und halten Sie Ihr Denken unter strenger Kontrolle. Alle Ihre Gedanken streben danach, sich zu verwirklichen. Stellen Sie deshalb stets einen Wächter vor das Tor Ihres Denkens, damit negative sowie belastende Gedanken erst gar nicht dominieren können und sich vorwiegend solche Gedanken entfalten, die für Sie förderlich sind. Achten Sie immer darauf, dass Sie durch Ihr Denken positive Energiefelder begründen. Erzwingen Sie nichts, werden Sie nicht aggressiv und bemühen Sie sich, auch in schwierigen Situationen liebevoll und geduldig zu bleiben. Erkennen Sie den Wert des Denkens und halten Sie Ihre Geistestätigkeit kontrolliert.

Entwerfen Sie Ihr „Lebenshaus" selbst

Erfolgs-Tipp:

Werden Sie Ihr eigener Lebensarchitekt durch intensives Nachdenken über Ihre Lebensziele. Bauen Sie Ihr „Lebenshaus" auf einem festen sicheren Fundament, auf einer eigenen „Denkstatik" auf. Lassen Sie sich von destruktiv denkenden Bekannten, Verwandten und Freunden nicht beirren. Gehen Sie Ihren vorgezeichneten Weg, Ihre persönlichkeitsgerechte Route und planen Sie Ihr Lebenskonzept autark.

Am Erfolgsweg festhalten

Erkennen Sie Ihre Einzigartigkeit

Festigen Sie sich für Ihren persönlichen Erfolgsweg, indem Sie ständig an Ihrem Selbstbild arbeiten, um das Mögliche möglich zu machen. Ihre Geisteshaltung sollte immer auf das Endresultat fokussiert sein und nicht auf die Hürden bzw. Hindernisse. Entscheiden Sie sich in Zweifelssituationen immer für den harmonischeren Weg:

- Kooperieren Sie lieber, als dass Sie konkurrieren.

- Arbeiten Sie lieber zusammen als gegeneinander.

- Agieren Sie lieber, als zu reagieren.

- Stiften Sie lieber Nutzen, als Nutzen zu zerstören.

- Schenken Sie anderen lieber Fülle als Mangel.

Denken Sie stets daran, dass Sie positive Energiefelder zum Aufbau von Reichtum und Glück brauchen. In der Grundschule gehörte ich beispielsweise im Unterrichtsfach Deutsch nicht gerade zu den „Leuchten". Ich hatte mir in meiner Gedankenwelt deswegen ausgemalt, mich so weit zu entwickeln, dass ich sogar Bücher schreiben kann. Heute hat sich dieses Zielbild bereits mehrfach materialisiert.

Wichtig: Halten Sie an Ihrer Erfolgsstory fest und sprechen Sie nur mit absolut vertrauenswürdigen Menschen über Ihre intimsten Wünsche. Meiden Sie Gespräche mit solchen Menschen, bei denen Sie davon ausgehen müssen, dass sie neidisch und eifersüchtig reagieren oder Sie als Spinner abtun. Ihr innerer Reichtum wird zum äußeren Reichtum, wenn Sie fest daran glauben und mit strategischem sowie taktischem Geschick Ihre Teilziele umsetzen.

Schreiben Sie Ihre eigene Erfolgsstory

Fluten Sie Ihr Kapitalkonto

Lassen Sie Ihr Geld fließen. Legen Sie es nicht unter Ihr Bett oder in andere Verstecke, sondern geben Sie Ihr Geld in den volkswirtschaftlichen Kreislauf zurück. Geld muss arbeiten und in Investitionen oder Wertpapieranlagen fließen. Nur Geld, das Erträge abwirft und Ihnen Nutzen stiftet, hilft Ihnen, Ihren Reichtum zu sichern und zu mehren. Schauen Sie darauf, dass sich in Ihrem Leben wenig Ebbe und viel Flut in Ihrer Kasse vorfinden. Stellen Sie sich Ihre Kasse als langen breiten Fluss vor, der ständig in Bewegung ist und die meiste Zeit mit viel Wasser versorgt wird, dass zeitweise sogar über die Ufer tritt. Lassen Sie das Bild der übertretenden Flut oft vor Ihrem geistigen Auge Revue passieren. Gewöhnen Sie sich an, besonders abends beim Einschlafen und morgens beim Aufwachen an Ihr übervolles Flussbecken zu denken. Mit Flut können Sie auch assoziieren, dass der Geldzugang wesentlich höher liegt als der Geldabgang.

Nicht Sie sollten arbeiten, sondern Ihr Geld

12. Nutzen Sie die Kraft Ihres Unterbewusstseins für Ihre Ziele

Das Unter-
bewusstsein:
Ihr bester
Zuarbeiter

Ihr Unterbewusstsein ist so etwas Ähnliches wie der Zentralrechner einer Datenverarbeitungsanlage, der alles speichert, was ihm als Input gegeben wird. Alles, was Sie in Ihrem Leben bisher empfunden und gedacht haben sowie als für Sie verbindlich und wichtig wahrgenommen haben, wurde in Ihrem Unterbewusstsein abgelegt. Ihr Unterbewusstsein ist keine Prüfungsinstanz, sondern eine reine Datenbank, die nur Informationen, Eindrücke, Erlebnisse und Empfindungen aufzeichnet. Ihr Unterbewusstsein nimmt alles auf, was es vorgesetzt bekommt – gleichgültig, ob richtig oder falsch, positiv oder negativ, wichtig oder unwichtig, förderlich oder hinderlich. Es arbeitet rund um die Uhr und wird besonders für emotional besetzte Wünsche und Ziele aktiv; es übernimmt aus Ihrem Bewusstsein alle Zielvorstellungen und ist im Hintergrund die treibende Kraft, die dabei hilft, Ihre Wünsche und Ziele umzusetzen.

Zielbildklarheit

Wichtig: Je klarer Ihre Ziele definiert sind, desto effizienter und schneller wird die Kraft Ihres Unterbewusstseins auf die gewünschten Endresultate hinwirken.

Beeinflussen Sie Ihr Unterbewusstsein

Passen Sie auf,
wem und
was Sie sich
aussetzen

Seien Sie stets auf der Hut, denn Ihr Unterbewusstsein arbeitet unermüdlich. Wenn Sie ihm keine guten Gedanken zuspielen, wird es sich auf alles Zufällige ausrichten. Wenn Sie beispielsweise morgens griesgrämig den Tag beginnen und Sie sich schon beim Verlassen des Hauses einen Wortwechsel mit Ihrem Nachbarn liefern, sich tagsüber an Verschwörungen und Tratschrunden beteiligen, sich abends Horrorfilme anschauen und Querelen mit Ihrem Partner austragen, dann müssen Sie sich nicht wundern, dass sich bei Ihnen keine Hochgefühle einstellen. Denn Ihr Unterbewusstsein hat den ganzen Tag nur negative Impulse und belastende Gefühlsregungen empfangen. Wenn Sie Ihrem Unterbewusstsein dagegen

92

gezielt positive Reize und frohe, lebensbejahende Gedanken und Emotionen zuspielen, so werden sich sicherlich die entsprechenden Hochgefühle einstellen. Nur Sie selbst können in direkter Weise auf Ihr Unterbewusstsein einwirken und es konstruktiv oder destruktiv programmieren. Beide Zustände können nie gleichzeitig in Ihrem Geist existieren! Eine Seite behält immer die Vorherrschaft. Es wird Ihnen zwar nicht gelingen, dass ständig das positive und optimistische Gedankengut die Oberhand behält, aber Sie können durch aktive Prioritätensteuerung sowie durch Autosuggestionen sicherstellen, dass diese Geisteshaltung dominant bleibt.

Erfolgs-Tipp:

Durch eine bewusste Lebensgestaltung entscheiden Sie in den meisten Fällen selbst, was vor dem Tor des Bewusstseins bleibt, und was Sie hineinlassen und damit zu Ihrem Unterbewusstsein durchleiten. Filtern Sie ab sofort aus Ihrem Tageswerk das Negative. Entscheiden Sie bewusst darüber, was Sie in welcher Dosierung konsumieren, was Ihnen förderlich ist und gut tut und was nicht. Eliminieren Sie belastende, freudlose und Ihren Zielvorgaben zuwiderlaufende Handlungen aus Ihrem Leben und ersetzen Sie sie durch positive zielorientierte Denkweisen sowie Aktivitäten.

Lebensführung bewusst gestalten

Denken Sie sich reich, glücklich und gesund

Denken Sie ab heute nur noch das, was Ihnen hilft, ein konstruktiverer, besserer, gesünderer, beliebterer, erfolgreicherer und glücklicherer Mensch zu werden. Beachten Sie ständig Ihre positive Geisteshaltung und ignorieren Sie Ihre negativen Stimmungen. Denn was Sie beachten, verstärken Sie, und was Sie ignorieren, verliert an Bedeutung.

Über Autosuggestion verstärken Sie Ihren positiven Geist, weil die ständig gesprochenen konstruktiven Formelsätze Ihrem Bewusstsein eingeprägt und anschließend mit Präferenz in Ihr Unterbe-

Autosuggestion effektiv anwenden

wusstsein transportiert werden. Am wirkungsvollsten sind Auto-suggestionen, wenn Sie dabei mehrere Sinne einsetzen:

- Sprechen Sie Ihre Formelsätze auf Band und stellen Sie sich vor Ihrem geistigen Auge zu den einzelnen Sätzen Bilder vor.

- Assoziieren Sie mit den einzelnen Formeln auch Gefühlszu-stände und Hochgefühle.

- Verknüpfen Sie bestimmte Sätze mit erfahrenen Glückszu-ständen.

- Trainieren Sie beim Repräsentieren Ihrer Formelsätze Ihre Imaginationskraft.

Grollgefühle nicht in den Schlaf mitnehmen

Vielleicht haben Sie einen Lieblingssessel, in dem Sie gut entspan-nen und Ihre Autosuggestion besonders gut vornehmen können. Sprechen oder denken Sie Ihre wichtigsten Sätze auf alle Fälle am Abend, vor dem Einschlafen im Bett. Über Nacht können die Ge-dankeninhalte sich in Ihrem Unterbewusstsein richtig breit und vordergründig machen. Ihre letzten Gedanken vor dem Einschla-fen sollten auf alle Fälle sehr förderlich und positiv auf Ihre Geistes-verfassung wirken. Wenn Sie eine Auseinandersetzung mit Ihrem Partner gehabt haben, versöhnen Sie sich unbedingt noch am glei-chen Abend. Nehmen Sie Grollgefühle nie mit in den Schlaf. Hal-ten Sie Ihren Geist und Ihre Seele frei von Kummer und unnötigen Beschwernissen. Sie brauchen alle Ihre Energien, um Ihre Haupt-ziele zu erreichen!

Autosuggestion kreieren

Autosuggestio-nen wirken in Ihrem Unter-bewusstsein

Autosuggestionen sind willentlich herbeigeführte Aktionen der Selbstbeeinflussung mit der Intention, die Formelinhalte in den tie-feren Schichten der Psyche zu verankern. Dies wiederum soll Ihr positives Grundverhalten festigen, verbessern und zu schnelleren Ergebnissen bei der Zielrealisierung führen. Die positiven Formel-sätze oder Affirmationen helfen Ihnen, Ihre Talente und Begabun-gen voll zur Geltung zu bringen.

Wichtig: Wenn Autosuggestionen großen Nutzen für Sie bringen sollen, müssen sie individuell auf Ihre Wortpräferenz und Ihr Empfindungsvermögen ausgerichtet sein. Es dürfen keine abstrakte Formulierungen darin enthalten sein, mit denen Sie nichts Konkretes anfangen können und deren Worte Sie eher abstoßen als begeistern. Die Mehrzahl der Formelsätze beginnen mit „Ich bin …". Damit wird Ihre Trinität von Körper, Geist und Seele angesprochen. Benutzen Sie nie eine Affirmation, die im Widerspruch zu einer anderen steht. Alle Ihre Affirmationen sollten in einem widerspruchslosen Kontext zu Ihrer Werteordnung stehen.

Trinität von Körper, Geist und Seele

Affirmationen richtig verwenden

Je stärker Sie an Ihre Formelsätze glauben, und je öfter Sie sie wiederholen, desto schneller werden Sie sie materialisieren. Lernen Sie Ihre Affirmationen so lange, bis Sie sie auswendig können. Vertiefen Sie die Affirmationen bei jeder Gelegenheit und programmieren Sie sie Ihrem Bewusstsein und Unterbewusstsein dadurch ein. Sämtliche Energien und Kräfte fokussieren sich nunmehr auf die Realisierung Ihrer Wunsch- bzw. Zielbilder. Erst wenn Sie die Kraft Ihres Unterbewusstseins zur vollen Blüte gebracht haben, werden Sie Quantensprünge auf Ihrem Weg zu Reichtum und Glück erfahren.

Kreieren Sie deshalb eine auf Sie passende Autosuggestion, die Ihnen durch ständiges Wiederholen und Imaginieren in „Fleisch und Blut" übergeht. Vergessen Sie beim Repetieren nicht Ihre Leidenschaft, Emotionalität, Rhetorik und Hingabe. Nachstehende Affirmationen sollen Ihnen Anregungen zu einer eigenen Formulierung liefern:

Beispielhafte Affirmationen

- Ich bin die Quelle von Reichtum und Glück. Nur ich selbst kann mir den Anstoß zur vollen Fülle geben.

- Ich komme zu Reichtum und Glück, wenn ich meine Lebensaufgaben mit Hingabe erfülle. Meine innere Stimme führt und leitet mich, und ich gebe nur ab und verändere mich, wenn etwas Besseres folgt.

Beispielhafte
Affirmationen

- Ich kann alles schaffen und erreichen, was ich will. Ich konzentriere mich stets auf das, was ich liebe, anstrebe und was Nutzen stiftet.

- Ich pflege und entwickle ständig meine Werteordnung, mein Zielmanagement und gesunde Denkweisen. Ich bin vom gesunden Denken vollkommen durchdrungen.

- Ich sichere und mehre meinen Reichtum durch vollkommene Zielausrichtung. Dies bedeutet, dass ich meine Zeit, meine Energie und meine Ideen in der produktivsten Form umsetze.

- Geld, Wohlstand und Glück ziehe ich automatisch an, und Reichtum sucht mich. Dieser Magnetismus wird von Tag zu Tag stärker.

- Täglich schreite ich in allen Lebensbereichen voran und erlebe Fülle. Ich bin reich, gesund und glücklich.

Erfolgsgeheimnis Nr. 5 des Reichwerdens

Nutzen Sie die Kraft Ihres Unterbewusstseins und Ihres Geistes für Ihre Reichtumsziele, indem Sie eine passende Autosuggestion kreieren und sie täglich dreimal hintereinander laut sprechen.

Die optimale Ausgaben-, Spar- und Einkommenspolitik

4

Ausgaben und Einnahmen

1. Ausgabenpolitik: Mit „Köpfchen" Kosten senken

*Finanzver-
stand ist
unverzichtbar*

Ich kenne Anwälte, Ärzte und hoch dotierte Manager, die ärmer sind als eine Kirchenmaus. Verstrickt in viele Steuersparobjekte, die viel zu teuer eingekauft wurden, hohe Schuldenlasten, „Nachwehen" von Scheidungen und überflüssige Verpflichtungen, verbunden mit viel zu hohen Lebenshaltungskosten rutschen sie Jahr für Jahr immer tiefer in die Schuldenfalle. Von ökonomischer Intelligenz war bei diesen Leuten nicht viel zu spüren. Sie haben es nie für nötig befunden, sich in Finanzangelegenheiten zu bilden. Und genau dies ist ein Kapitalfehler, wenn man finanzielle Freiheit anstrebt. Denn wer ein bisschen Finanzverständnis besitzt, weiß, dass eine Ausgabenpolitik, die über dem verfügbaren Einkommen liegt, für die Finanzlage „tödlich" ist. Und ein Finanzkollaps bedeutet für ein Unternehmen genauso wie für eine Privatperson das Ende der ökonomischen Unabhängigkeit.

Vorsicht vor Geldabsauginstitutionen!

*Behalten
Sie so viel
Einkommens-
anteile wie
möglich selbst*

Achten Sie darauf, dass die meisten Einkommensanteile, die Sie monatlich erwirtschaften, bei Ihnen selbst verbleiben. Sie werden nur dann reich, wenn Sie diesen Basisgrundsatz vollkommen verinnerlichen und ständig berücksichtigen. Geldabsauginstitutionen, beispielsweise Lebensversicherungen, Bausparkassen, Leasingfirmen, Sport- und Freizeitclubs, Gastronomiebetriebe, Spielhallen, Spielcasinos, Reisebüros, Kaufhäuser, Boutiquen etc., sind nur darauf aus, möglichst viele Einkommensanteile von Ihnen zu erhaschen. Denken Sie daran, diese „Geldsauger" haben das Prinzip des Geldmagnetismus schon so intus, dass die breite Masse dem schon gar nichts mehr entgegensetzen kann und mit Freuden die unsinnigsten Ausgaben tätigt. Glauben Sie nicht, dass diese „Geldabsauginstitutionen" an Ihrem persönlichen Wohl interessiert wären. Nein, diese monetären „Kraken" sind nur auf eine Sache aus: Möglichst viel aus Ihrem Geldbeutel zu sich zu saugen –

und hierbei werden die raffiniertesten Werbestrategien verwendet und die besten Verkäufer eingesetzt!

Geldabsaugkrake

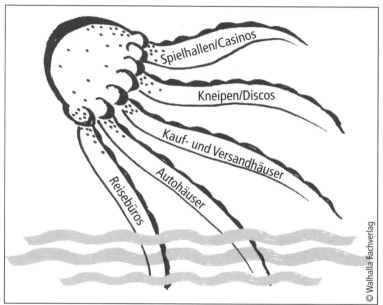

Meiden Sie diese Geld-absaugkrake!

Die verschiedensten Institutionen schaffen es mit Leichtigkeit, Ihnen Monat für Monat Ihr gesamtes Geld aus der Tasche zu ziehen, wenn Sie nicht vorweg einen Teilbetrag Ihres Einkommens automatisch sparen.

Wichtig: Gehen Sie Ihre Versicherungsverträge nochmals alle durch und überprüfen Sie sie nach Notwendigkeit. Überlegen Sie sich, ob Sie bestimmte Güter tatsächlich leasen müssen oder ob ein Kauf mittelfristig nicht einkommensschonender wäre. Prüfen Sie alle Sektoren, in die Anteile Ihres Einkommens fließen. Wenn Sie in fünf Vereinen gleichzeitig sind, ziehen Sie einen Schlussstrich bei denen, die Sie nicht oft aufsuchen. Betreiben Sie in Ihrer eigenen Haushaltspolitik „Lean Management"; dies sind Rationalisierungs- und Umstrukturierungsbemühungen, um Kosten zu sparen und sich so „schlank" wie möglich zu halten.

Sinn und Unsinn von Ausgaben

Konsumrausch: Der Anfang vom Ende einer Finanzkarriere

Überziehen Sie Ihre Konten nicht

Wenn ich in die Lastschriftlisten und Kontokorrent-Überziehungslisten Einsicht nehme und sehe, wie viele Menschen auf „Pump" leben und mitunter ihre Reisen, den Fernseher, das Faxgerät, das Handy, das Auto und vieles mehr auf Kredit kaufen bzw. leasen und die gesamten Fixausgaben nahezu das ganze Nettoeinkommen aufzehren oder gar darüber liegen, dann wundert es mich nicht mehr, dass sie sich aus ihrer Armut kaum befreien können. Wenn sie ihre Grundsituation reflektieren würden, müssten sie eigentlich schnell zu der Erkenntnis gelangen, dass sie sich am Rande einer negativen Spirale befinden. Denn so wie der Zinseszinseffekt auf der Kreditseite eine negative Sogwirkung hat, so besitzt er auf der Guthabenseite eine positive Akkumulationswirkung. Doch solche notorischen Kontoüberzieher und Konsumneurotiker sind nur selten zu belehren!

Als ich nach meiner Bankausbildung als Kundenberater im Privatkundengeschäft arbeitete, musste ich öfter langfristig überzogene Kontokorrentkonten kreditmäßig ordnen. Bei den Kreditgesprächen fragte ich dann die Kunden, wieso sie so viel Geld ausgeben und in finanziellen Engpasssituationen noch unnötige Investitionen tätigen. Die Antwort war ganz lapidar: „Das haben wir eben gebraucht, und was man braucht, muss man eben anschaffen." Über so viel Naivität war ich bereits als 18-Jähriger befremdet. Manche Kunden waren wirklich absolut hoffnungslose Fälle, bei denen nicht einmal der Gerichtsvollzieher Eindruck hinterlassen konnte. Die vielen Erfahrungen, die ich mit solchen notorischen Überziehern machen musste, hatten mich zu der Einsicht gebracht, dass zur Bildung von Reichtum unbedingt eine gewisse ökonomische Grundintelligenz gehört, die dafür sorgt, dass eine gewisse Ausgabendisziplin verbunden mit einer bestimmten Sparquote eingehalten wird.

Askese hat nichts mit ökonomischer Vernunft zu tun

Achtung: Selbstverständlich sollen Sie nicht in Askese verfallen. Dies wäre ein völlig falsches Verständnis von dem Kerngedanken, den ich vermitteln will. Sie sollen sich die schönen und angenehmen Dinge des Lebens nach wie vor leisten und einen hohen

Lebensstandard anstreben. Doch dieser sollte sich stets aus Ihren laufenden Einnahmen unter Berücksichtigung einer bestimmten Sparquote finanzieren lassen. Das heißt, Ihre Ausgaben sollten sich nur im Rahmen Ihres freien Budgets bewegen.

Auch ein Aristoteles Onassis hatte stets darauf geachtet, dass trotz seiner Millionenausgaben, die er für seinen Luxus aufwendete, immer noch genügend Überschüsse auf seinem Konto verblieben. Bereits als Schüler beachtete er den Überschussgrundsatz. Er war sich für keinen Handel zu schade, wenn er genügend Profit abwarf. Die Geschichte mit den aufpolierten Bleistiften und dem anschließenden Verkauf an seine Mitschüler spricht hier Bände.

Gewöhnen Sie sich an Überschüsse

Ausgaben ständig kontrollieren

In dem Moment, in dem Sie die Herrschaft über Ihre Ausgaben gewonnen haben und Sparen nicht mehr negativ assoziieren, ab diesem Moment beginnt Ihr erfolgreicher Weg zum Reichtum. Lassen Sie sich dabei von Ihren Neidern nicht provozieren und beirren. Viele Menschen, die ihre Ausgaben nicht im Griff haben, sind hervorragende Spezialisten, den Menschen, die volle Kontrolle über ihre Ausgaben haben, Geiz, Knausrigkeit und mangelnde Lebensqualität anzudichten. Glauben Sie mir, die meisten Millionäre, die ihr Vermögen selbst aufgebaut haben und nicht durch eine Erbschaft übertragen bekommen haben, achten stets darauf, dass die Einnahmenseite mindestens um 10 bis 20 Prozent größer ist als die Ausgabenseite. Solche Millionäre sind in der Regel auch keine Menschen, die ein Jetset-Leben führen wollen oder größte Freude daran haben, im Luxus zu schwelgen. Sie sind normalerweise unternehmerisch oder in gehobenen Positionen tätig, gehen in ihrer Arbeit bzw. Berufung voll auf, arbeiten mehr als zehn Stunden am Tag, führen ein glückliches Familien- und Freizeitleben und sind mit ihrer Situation sehr zufrieden. Diese Millionäre haben früh verstanden, dass viele Bedürfnisse künstlich durch Werbung und Suggestionen geschaffen werden, deren Befriedigung jedoch keinen

Lassen Sie sich nicht von Verschwendern provozieren

nachhaltigen Nutzen stiftet. Sie wissen genau, was sie wirklich brauchen und was unnötig ist. Sie sind nicht geizig, sondern ökonomisch sehr intelligent, weil sie viele Verführungsmechanismen durchschaut haben und deswegen in der Lage sind, viele Einkommensanteile bei sich selbst anzusammeln.

Ausgaben-neurotiker

Es gibt aber auch viele vermeintlich Reiche und Superreiche, die auf Grund ihrer Position oder ihrer gesellschaftlichen Stellung ein überdurchschnittliches Einkommen erzielen, das aber nie ausreicht, um ihre Ausgaben zu decken. Sie glauben bei jeder Einkommenskategorie, dass sie immer noch zu wenig Geld verdienen. Jede Gehaltserhöhung ist im Vorhinein schon verplant oder gar kreditiert. Deshalb kommt es immer wieder vor, dass Reiche oder sehr berühmte Menschen sich mit Geldsorgen herumschlagen müssen. Nicht selten liest man in einschlägigen Zeitschriften, dass Adlige oder andere Berühmtheiten alte Familienbesitztümer und manchmal sogar generationsweise übertragenen Familienschmuck, Silberbesteck, antike Möbel, Münzsammlungen, Bilder und andere Wertgegenstände verkaufen müssen, um ihre Schulden zu begleichen. Solche Menschen sind notorische Geldausgeber, ohne Budgetüberlegungen anzustellen. Alles, was sie sehen, müssen sie haben und stellen hierbei keine Kosten-Nutzen-Überlegungen an.

Nur wenige können mit wenig das Leben genießen

Ausbildungs-jahre sind oft Spar-Lernjahre

Manchmal scheint mir, dass insbesondere Leute, die sich ihr Studium oder ihre Ausbildung selbst verdienen mussten, ein besonders ausgeprägtes Kosten-Nutzen-Denken haben. Vielfach mussten sie mehrere Jobs neben ihrem Studium oder Ausbildungsgang machen, um sich über Wasser halten zu können. Andere wiederum, die gleich nach der Schule einen Job aufnahmen, verfügten schon früh über ein gutes Gehalt und pflegten einen entsprechenden Lebenswandel, ohne etwas auf die hohe Kante zu legen. Die gleichaltrigen Studenten mussten mit geringen finanziellen Mitteln ihren

Lebensunterhalt bestreiten und lernten dabei, sehr ökonomisch vorzugehen. Dadurch haben sie viele Gesetzmäßigkeiten einer klugen Haushaltspolitik verinnerlicht. Sie haben gelernt, nur die Dinge anzuschaffen, die sie wirklich unbedingt brauchen.

Auch ich habe bis zu meinem 27. Lebensjahr immer nur in einem gemieteten Zimmer gelebt. Mein Studium musste ich mir selbst finanzieren, und mein aktives und sehr mobiles Leben hätte eine Wohnung auch gar nicht rentabel für mich gemacht. Entweder war ich jobben oder bei Vorlesungen an der Universität oder in einem Verein tätig. Die halbe Semesterferienzeit ging ich arbeiten, um die andere Hälfte in Urlaub fahren zu können. Mir mangelte es in meinem ganzen Leben noch nie an Geld. Ich lebte zwar zeitweise relativ einfach, verzichtete aber auf die schönen Dinge des Lebens nie.

Trainieren Sie Ihre Ausgabendisziplin

Schauen Sie bei Ihren Investitionen stets darauf, ob sie sinnvoll sind bzw. so viel zusätzliche Lebensqualität bieten, dass die Kosten im Verhältnis zum Nutzen in einer guten Relation stehen. Bei der Ausgabenkontrolle geht es nicht darum, schöne Dinge, die Sie gern anschaffen wollen, zu unterbinden, sondern um die Sicherstellung sinnvoller, Nutzen bringender Investitionen und deren Finanzierbarkeit.

Ausgabendisziplin schafft große Investitionsmöglichkeiten

Diese ökonomische Autarkie erreicht man am besten durch Sparen – so schlicht dies auch klingen mag. Je früher Sie mit der Kapitalbildung anfangen, umso mehr Vermögen werden Sie bilden können. Der geringe Konsumverzicht, den Sie vielleicht jetzt im Moment haben, bringt Ihnen später eine tausendfach höhere Konsummöglichkeit, wenn Sie das ökonomische Prinzip der Ausgabendisziplin anwenden. Wenn Sie heute Einkommensanteile bei sich behalten, werden Sie morgen freier, unabhängiger und reicher sein. Und genau das soll sich in Ihrem Unterbewusstsein so verfestigen, dass Sie gar nicht mehr anders können, als Kapital zu bilden.

Sparen: Weg zur ökonomischen Autarkie

> **Erfolgs-Tipp:**
>
> Wenn Sie Probleme mit der Ausgabenseite haben, entwickeln Sie eine Autosuggestion, in die Sie den Satz mit aufnehmen, dass Sie nur noch das anschaffen, was Ihnen wirklich einen sehr hohen Nutzen liefert und gut im Rahmen Ihres Budgets liegt. Sinnvolle Großinvestitionen, wie die Anschaffung einer Immobilie etc., sind davon natürlich ausgeschlossen. Formulieren Sie folgende Sätze:
>
> ■ „Vor jedem potenziellen Spontankauf frage ich mich, ob das entsprechende Gut im Rahmen meiner Einkünfte liegt und mir einen entsprechenden Nutzen liefert."
>
> ■ „Ich spare monatlich mindestens 10 Prozent meines Einkommens."

Wichtig:
Kontrolle über
Ihre Ausgaben

Ich habe die Ausgabenseite bewusst vor der Spar- und Einkommenspolitik beschrieben, weil im Ausgabenblock fast immer die entscheidende Justierschraube zur Trendumkehr steckt und meines Erachtens ab einem bestimmten Einkommensniveau wichtiger ist als der Einkunftsblock. Ich kenne Leute, die über eine Million Mark im Jahr verdienen und ca. genauso viel ausgeben. Der entscheidende Punkt zur Vermögensbildung besteht also nicht in der Höhe der Einnahmen, sondern in der Kontrolle über die Ausgaben.

Geldmagnetismus wirken lassen

Kapital magne-
tisiert stets
neues Kapital

Wenn Sie erst einmal die Erfahrung gemacht haben, wie sich Kapital selbst akkumuliert, indem Sie die Zinsen und die Dividenden aus Kapitalanlagen jeweils reinvestieren und langsam spüren, wie sich sukzessive eine neue Einkunftsquelle auftut, dann werden Sie immer mehr verstehen, was ich mit dem Geldmagnetismus meine. Dort, wo Geld und Vermögen ist, kommt immer mehr dazu; dort, wo wenig Geld ist, wird das Wenige noch genommen. Schauen

Sie deshalb stets, dass Sie auf der Siegerseite stehen und die Dynamik der Geldvermehrung und die Anziehungskräfte des Reichtums in sich tragen. Bauen Sie einen Kapitalstock auf, indem Sie weniger ausgeben, als Sie einnehmen, und schlagen Sie die verdienten Kapitalerträge Ihrem Grundstock ständig zu, so dass sich Ihr Geld selbst vermehrt.

Ausgabenpolitik bewusst steuern

Eine bewusst gesteuerte Ausgabenpolitik ist die Erfolgsbasis zum Vermögensaufbau schlechthin. Egal, wie viel Sie im Moment auch verdienen, beginnen Sie auf alle Fälle, einen Teil Ihrer Einkünfte auf die Seite zu legen. Sie werden sukzessive resistenter und krisensicherer, je stärker Ihre Rücklagen anwachsen. Hören Sie damit auf, Ihr gesamtes Geld zu konsumieren bzw. umzusetzen. Auch wenn Sie einen Teil ansparen, werden Sie Ihren gewohnten Standard nicht oder nur sehr unbedeutend reduzieren müssen. Auch wenn in Ihnen bei dieser Aussage vielleicht Protest „hochkommt", versuchen Sie es, bevor Sie die Dinge wieder auf die lange Bank schieben. Bei genauer Prüfung können Sie sicherlich die eine oder andere Dauerausgabe eliminieren und als regelmäßigen Anlagebetrag verwenden. Überlegen Sie sich, ob Ihre finanziellen Verpflichtungen (Versicherungsprämien, Bausparvertragszahlungen, Mietzahlungen, Leasingzahlungen, Vereinsbeiträge etc.) im Einklang mit Ihren wertvollsten persönlichen Zielen stehen. Überlegen Sie sich anschließend, was Sie tun müssen, um Ihre Ausgabenpolitik mit Ihren Zielvorgaben in Übereinstimmung zu bringen.

Bringen Sie Ihre Ausgabenpolitik in Einklang mit Ihren wertvollsten Zielen

Erfolgs-Tipp:

Wenn Sie Probleme haben, Ihre Kreditkarten unter Kontrolle zu halten, geben Sie sie einfach zurück. Erstens gehen die meisten Leute mit Bargeld wesentlich zurückhaltender um, und zweitens sparen Sie die Kartengebühren.

Verzichten Sie lieber auf Kreditkarten

Wenn Sie oft voreilig Käufe tätigen, die Sie anschließend bereuen, schreiben Sie auf eine scheckkartengroße Karte die Worte:

- Kosten-Nutzen-Verhältnis überlegt?
- Investition sinnvoll?

Stecken Sie das Kärtchen so in Ihren Geldbeutel, dass Sie die mahnenden Worte bei jedem Öffnen lesen müssen.

Der Griff in die (Erziehungs-)Trickkiste

Lernen Sie, sich durch Finanztricks zu disziplinieren

- Wenn Sie notorisch unnötig Geld ausgeben, lassen Sie Ihren Geldbeutel bewusst so lange zu Hause, bis Sie sich selbst diszipliniert haben.

- Stecken Sie täglich nur so viel Geld ein, wie Sie sich am Morgen vorgenommen haben auszugeben.

- Wenn Sie Schwierigkeiten mit Ihrer Kontoführung haben, widerrufen Sie Ihre Einzugsermächtigungen, stellen Sie keine Schecks mehr aus und verfügen Sie mehrheitlich mit Überweisungen. Dadurch können Sie Höhe und Zeitpunkt von Zahlungen genau steuern und Überziehungszinsen vermeiden.

- Wenn Sie grundsätzlich Ausgabenprobleme haben, machen Sie sich durch einen Ausgabenplan bewusst, in welchen Sektoren das meiste Geld versickert und wie groß das Einsparungspotenzial bei einer Budgetplanung wäre.

- Verordnen Sie sich ein striktes Limit für die einzelnen Ausgabenbereiche und schreiben Sie Ihre täglichen Ausgaben so lange auf, bis Sie Ihre Ausgabenseite vollständig geordnet bzw. unter Kontrolle gebracht haben.

Verwechseln Sie Ihre Wünsche nicht mit Ihren notwendigen Ausgaben

Oft höre ich den Satz: „Wie kann ich einen Teil meines Einkommens sparen, wenn das gesamte Einkommen nicht einmal die nötigen Ausgaben abdeckt? Glauben Sie mir, das, was Sie als nötige Ausgaben bezeichnen, korreliert immer mit Ihrer Einkommenshöhe, wenn Sie sich nicht etwas anderes vorgenommen haben.

Wenn Sie kein festes Sparziel haben und daran festhalten, bleibt das Reichwerden nur eine Hypothese. Verwechseln Sie Ihre notwendigen Ausgaben nicht mit Ihren vielfältigen Wünschen. Erfüllen Sie sich Ihre Wünsche im Rahmen dessen, was Ihr Einkommen nach Abzug Ihres Sparbeitrages hergibt. Planen Sie Ihre Ausgaben so, damit Sie Geld für die Regulierung Ihrer notwendigen Lebenshaltungskosten und Ihre Lebensinvestitionen haben. Und betreiben Sie Ihre Ausgabenpolitik nicht so, wie Walter Winchell es einmal sagte: „Man gibt Geld aus, das man nicht hat, für Dinge, die man nicht braucht, um Menschen zu imponieren, die man nicht mag."

Suchen Sie sich Menschen mit ökonomischer Intelligenz

Distanzieren Sie sich, soweit es geht, von allen Menschen, die ökonomisch unintelligent sind. Sie zerstören nur Ihre positiven Kraftfelder, die Reichtum und Unabhängigkeit generieren. In jeder Einkommensperiode sollten Ihre Einnahmen über Ihren Ausgaben liegen. Denn die einbehaltene Differenz ist der Wert, den Sie sich selbst zumessen. Dieser Überschuss stellt Ihre Selbstbezahlung dar: Ihr persönliches Gehalt.

Leben Sie nicht über Ihre Verhältnisse

> **Erfolgsgeheimnis Nr. 6 des Reichwerdens**
>
> Geben Sie stets weniger aus, als Sie einnehmen. Halten Sie Ihre Ausgaben unter Kontrolle, indem Sie den einzelnen Ausgabenbereichen strikte Limits setzen.

Das Kapitalbecken macht Sie stark

Sie sollten immer eine Reservekasse oder einen gewissen Kapitalstock haben, die bzw. der Ihnen stets das Gefühl von Fülle und Sicherheit vermittelt. Wenn Sie aus Ihrem Einkommen zunächst ein kleines Vermögen gemacht haben, lernen Sie es optimal zu mana-

Streben Sie finanzielle Freiheit an

4 Die optimale Ausgaben-, Spar- und Einkommenspolitik

Warum die Reichen immer reicher werden

gen. Lassen Sie nie zu, dass Sie während einer Einkommensperiode mehr konsumieren, als Sie Einkünfte erzielen. Ein solches Verhalten ist nicht nur vermögenspolitisch belastend, sondern auch mental. Und für Ihre Reichtumskarriere ist es außerordentlich wichtig, dass Sie sich mental stark fühlen, ein hohes Selbstwertgefühl besitzen und von niemandem mehr gedrückt werden können. Je mehr Sie sparen und je höher Ihre Rücklagen werden, desto größer wird Ihre finanzielle Freiheit. Diese Erkenntnis haben sich alle reichen Menschen, die ihr Vermögen selbst aufgebaut haben, zu Eigen gemacht. Sie geben stets weniger aus, als sie einnehmen. Dies ist auch eine der Ursachen, warum die Reichen immer reicher werden.

Checkliste: Ausgaben kontrollieren

- Kennen Sie Ihre monatlichen Gesamtausgaben?

- Haben Sie Ihre Ausgabensektoren unter Kontrolle?

- Wie ist es um Ihre Ausgabendisziplin bestellt?

- In welchen Bereichen könnten Sie spürbare Einsparungen vornehmen?

- Liefern Ihre Geldausgaben tatsächlich den Nutzen, den Sie sich vorweg dafür überlegt haben?

- Wie stark lassen Sie sich vom Image und Status bei Ausgaben beeinflussen?

- Geben Sie stets weniger aus, als Sie einnehmen?

- Haben Sie Ihre Kreditkartenausgaben, Lastschrifteneinzüge und Ihre Kontoführung stets unter Kontrolle?

- Wäre durch ein Ausgabenbudget Ihre Ausgabendisziplin verbesserungsfähig?

- Können Sie zwischen Ihren notwendigen Ausgaben und Ihren Wunschbedürfnissen strikt trennen?

---

2. Sparpolitik: „Goldesel" züchten

Sparen institutionalisieren und automatisieren

Sie werden nicht nur dadurch reich, dass Sie mehr verdienen, sondern vor allem durch die Einkommensanteile, die Sie für sich selbst einbehalten. Bevor Sie irgendwelche Dritte bezahlen, sollten Sie sich vorweg zuerst bezahlen. Denn keiner ist wichtiger als Sie selbst. Steuern Sie deshalb einen Teil Ihres Einkommens per Dauerauftrag oder Lastschrifteinzug auf Ihre Anlagekonten. So wie Ihre Steuern und Sozialbeiträge direkt von Ihrem Lohn abgezogen werden, so sollten Sie auch die Sparbildung automatisieren. Denn der durchschlagende Erfolg kommt mit dem regelmäßigen und langfristigen Sparen. Wenn Sie das Sparen nicht institutionalisieren, bleibt es nur bei sporadischen Versuchen, ohne System und Nachhaltigkeit.

Denken Sie an sich selbst

Erfolgsgeheimnis Nr. 7 des Reichwerdens
Bezahlen Sie sich durch Einkommenseinbehalte zuallererst selbst, bevor Sie Dritte bezahlen.

Reichtum sprießt aus kleinen Anfängen – so wie ein Samenkorn, das in die Erde fällt und zu einer prächtigen Ähre heranreift. Aus kleinen Saatkörnern bzw. aus kleinen regelmäßigen Sparbeiträgen kann ein ertragreiches Kornfeld bzw. ein lukratives Kapitalbecken entstehen, aus dem Sie sich langfristig ernähren können bzw. das sukzessive Erträge abwirft. Eine ansehnliche Kapitalrücklage ist wie eine sprudelnde Geldquelle, aus der Sie ständig schöpfen können. Je früher Sie mit dem Säen, mit der Sparbildung beginnen und das aufbrechende Feld bewirtschaften und hüten, desto mehr Früchte können zur Erntezeit eingebracht werden. Indem Sie auf überflüssigen Konsum in der Gegenwart verzichten, haben Sie in absehbarer Zeit eine wesentlich größere Konsum- bzw. Investitionsmöglichkeit geschaffen. Je früher Sie mit dem Sparen beginnen, desto früher können Sie aus den Einkünften aus Kapitalvermögen profitieren.

Aus kleinen Anfängen eine Geldquelle erschließen

Sparerfolg mit dem Drei-Konten-Modell

Sparquote und Sparsystem

Kapital ist die Lebensader der finanziellen Freiheit. Sparen Sie mindestens 15 Prozent Ihres verfügbaren Einkommens konsequent und unumstößlich. Ein gutes Sparsystem bedingt mindestens drei Konten:

- Gehaltskonto

- Vergnügungskonto

- Kapitalanlagekonto

Gehaltskonto

Als Gehaltskonto dient naturgemäß ein Girokonto bzw. ein Kontokorrentkonto, auf dem Sie Schecks gutschreiben und belasten, Lastschrifteinzüge, Überweisungen, Kartenverrechnungen und Daueraufträge vornehmen und für kurzfristige Dispositionsüberschneidungen sogar ein Kreditlimit eingeräumt bekommen können.

Vergnügungskonto

Auf Ihr Vergnügungskonto sollten Sie mindestens 5 Prozent Ihres Nettoeinkommens per Dauerauftrag übertragen. Als Vergnügungskonten sollten Sie vorzugsweise ein Sparkonto mit gesetzlicher Kündigungsfrist und/oder für größere Beträge ein Termingeldkonto und/oder ein Geldmarktfondskonto haben.

Kapitalanlagekonto

Sichern Sie sich eine gute Rendite

Mindestens 10 Prozent Ihres Nettoeinkommens sollten Sie monatlich auf ein Konto überweisen, das Ihnen eine gute Rendite sichert. Präferieren Sie hierfür ein Investmentfondskonto (bereits ab 100,00 Mark monatlich bei den meisten Fonds möglich), und/oder ein Verrechnungskonto für Depotanlagen. Betrachten Sie den Zehnten

Ihres Einkommens als vorläufig nicht antastbares Aufbaukapital. Sie sollten es Ihren ganz großen Vorhaben und Investitionen vorbehalten und deswegen langfristig entbehren können. Binden Sie es in Anlageformen, die mindestens 10 Prozent Rendite abwerfen. Viele Aktieninvestmentfonds und Anlagen in Blue Chips haben in den letzten Jahrzehnten durchschnittlich über 10 Prozent pro Jahr Performance gebracht. In Aktienanlagen sollten Sie allerdings nur dann investieren, wenn Sie Ihr Kapital langfristig entbehren können und persönlich aktienreif sind.

Sind Sie reif für Aktien?

Sparmodell

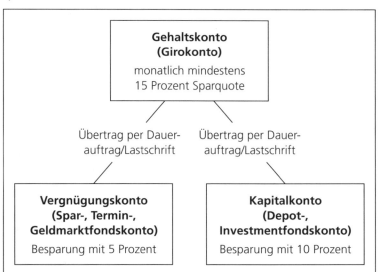

Versuchen Sie, mindestens 15 Prozent Ihres Einkommens für sich auf die „hohe Kante" zu legen. Wenn Sie auf gegenwärtige überflüssige Ausgaben verzichten, können Sie zukünftig enorme Konsum- und Investitionspotenziale ausschöpfen.

Kaufmännisches Rechnen beherrschen

*Rechenfähig-
keiten müssen
Sie sich
aneignen*

Lernen Sie unbedingt die Zins- und Zinseszinsformel. Fangen Sie an, am mathematischen Modellieren Freude zu entwickeln. Motivieren Sie sich zum Sparen, indem Sie Ihr Geldvermögen auf Zukunftstermine mit folgender Zinseszinsformel hochrechnen:

$$Z = K (1 + i)^n$$

(Z = Zukunftswert; K = aktueller Kapitalbetrag; i = Zinssatz/100; n = Anzahl der Perioden)

Fühlen Sie sich heute schon als Millionär, auch wenn Ihr Kapital noch zu gering ist. Sie werden es schaffen, wenn Sie an Ihren Sparzielen festhalten und eine kluge, risikobewusste Anlagestrategie betreiben (siehe auch Kapitel 7).

Sparbeiträge automatisch umbuchen lassen

*Vereinnahmen
Sie Ihre Spar-
beiträge stets
im Vorhinein*

So unglaublich es auch klingen mag, wenn Sie 15 oder gar 20 Prozent Ihres Einkommens sparen, werden Sie Ihr Leben entweder gar nicht oder nur marginal ändern müssen. Wenn Sie sich erst einmal daran gewöhnt haben, am Stichtag Ihrer Lohnzahlung automatisch Ihre Sparbeiträge per Lastschrift oder per Dauerauftrag abbuchen zu lassen, passen Sie den verminderten Auszahlungsbetrag schnell Ihren Ausgaben an. Sie werden dann unwillkürlich dazu diszipliniert, unsinnige oder unwichtige Investitionen wegzulassen. Probieren Sie es aus, Sie werden erfahren, wie leicht es geht. Leisten Sie Ihre Sparrate unbedingt an dem Tag, an dem Sie Ihr Einkommen ausbezahlt bekommen oder sich als Freiberufler oder Unternehmer selbst ein Gehalt auf Ihr Privatkonto überweisen. Ihr Sparkonzept geht schief, wenn Sie das zurücklegen wollen, was am Monatsende noch übrig bleibt. Sparen Sie im Vorhinein, planerisch und konsequent, und Sie werden mit Reichtum belohnt werden.

Systematisches Sparen

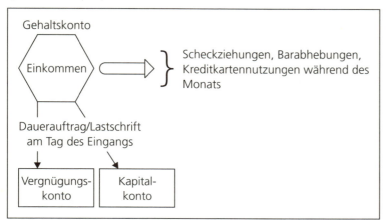

Achten Sie darauf, dass Sie Ihre Sparbeiträge regelmäßig und automatisch am Tag des Gehaltseingangs erbringen.

Testen Sie Ihren Reichtumswillen

Wie können Sie sich dazu verpflichten, schnellstmöglich einen Kapitalsockel aufzubauen? Fangen Sie radikal damit an, indem Sie in den ersten vier Monaten Ihre Sparrate jeweils verdoppeln, in den nächsten vier Monaten jeweils um 25 Prozent und in den darauf folgenden vier Monaten jeweils um 10 Prozent erhöhen. Starten Sie mit 50,00 Mark, die Sie auf ein Sparkonto einbezahlen. Der Einzahlungsplan für ein Jahr hätte dann folgendes Bild:

Der radikale Weg zum Kapitalstock

- 1. Monat: DM   50,00 ⎫
- 2. Monat: DM   100,00 ⎬ Verdoppelung
- 3. Monat: DM   200,00 ⎪
- 4. Monat: DM   400,00 ⎭
- 5. Monat: DM   500,00 ⎫
- 6. Monat: DM   625,00 ⎬ + 25 Prozent
- 7. Monat: DM   781,00 ⎪
- 8. Monat: DM   976,00 ⎭

- 9. Monat: DM 1 074,00
- 10. Monat: DM 1 181,00
- 11. Monat: DM 1 299,00 } + 10 Prozent
- 12. Monat: DM 1 429,00

- DM 8 615,00 Gesamtrücklage im ersten Jahr

An Sparrate festhalten

Halten Sie anschließend an Ihrer erreichten monatlichen Sparrate ein Jahr lang fest. Sie haben dann DM 1 429,00 x 12 = DM 17 148,00 plus DM 8 615,00 =

DM 25 763,00 Gesamtrücklage nach dem zweiten Jahr ohne Verzinsung

Wenn Sie nun diesen Betrag mit einer durchschnittlichen Rendite von 10 Prozent anlegen, hätten Sie nach:

- 10 Jahren: DM   66 822,59
- 20 Jahren: DM 173 320,58
- 30 Jahren: DM 449 548,95

Wäre dies nicht ein ansehnliches Ergebnis, um sich besondere Wünsche erfüllen zu können?

Mit der Sockelkapitalbildung im zweiten Jahr hätten Sie sehr wahrscheinlich das Eiserne Tor und vielleicht schon das Bronzene Tor aufgestoßen. Wenn Sie die erste Hürde nach zwölf Monaten und die zweite Herausforderung nach einem weiteren Jahr erfolgreich bewältigt haben, halten Sie an einer Sparrate fest, die mindestens 15 Prozent Ihres Gesamteinkommens entspricht und absolut nicht unter 500,00 Mark liegen sollte.

Aktienfondssparen per Dauerauftrag

Wenn Sie davon monatlich 300,00 Mark in einen erfolgreichen Aktienfonds mit einer durchschnittlichen Rendite von 12 Prozent investieren würden, hätten Sie allein mit diesem Anlagemedium nach:

www.metropolitan.de

- 120 Monaten: DM 69 701,51
  (DM 36 000,00 effektive Einzahlung)

- 240 Monaten: DM 299 744,38
  (DM 72 000,00 effektive Einzahlung)

- 360 Monaten: DM 1 058 974,13
  (DM 108 000,00 effektive Einzahlung)

Zugrunde gelegte Rechnung

Der Zukunftswert (= Z) einer n-mal (Ratenanzahl) vorschüssig er-
brachten Ratenzahlung (= R) errechnet sich bei einem unterstellten
Renditesatz (= p) (bei einer monatlichen Ratenzahlung = p durch
1200 zu dividieren/bei jährlicher Ratenzahlung durch 100) nach
der Formel:

$$Z = \frac{R(1+p/1200)\left((1+p/1200)^n -1\right)}{(1+p/1200) - 1}$$

Zinseszinseffekt

Erfolgs-Tipp:

Der Zinseszinseffekt macht sich im fortschreitenden Sparvoll-
zug und bei höher werdenden Sätzen immer stärker bemerk-
bar. Je früher Sie also damit beginnen, regelmäßig in lukrative
Anlageformen zu investieren, desto schneller kommen Sie in
den Genuss des Akkumulationseffektes.

Gewinnchancen erhöhen durch Anlagestreuung

Wenn Sie im vorgenannten Anlagebeispiel allerdings nur 3 Prozent
Zinsen (beispielsweise auf einem Sparkonto oder Termingeldkonto)
vergütet bekämen, hätten Sie nach:

- 10 Jahren: DM 42 027,23
  (DM 36 000,00 effektive Einzahlung)

- 20 Jahren: DM 98 736,83
  (DM 72 000,00 effektive Einzahlung)

- 30 Jahren: DM 175 258,12
  (DM 108 000,00 effektive Einzahlung)

Anlage-
diversifikation

Achtung: Dieses Beispiel soll Folgendes deutlich machen: Wenn Sie anlagemäßig in einem kalkulierbaren Rahmen nichts riskieren, riskieren Sie wegen des Inflationseffektes, dass Ihr Kapital sukzessive an Kaufkraft verliert und dann im Zeitverlauf sogar abschmilzt. Keine Risikostreuung durch Anlagediversifikation bedeutet demnach höchstes Risiko.

Rechenformeln beherrschen lernen

Wichtig: Zinses-
zinsformel

Denken Sie stets daran, dass ökonomisch reflektierte Menschen Ihr derzeitiges Geldvermögen auch auf mittlere bis langfristige Sicht hochgerechnet bewerten können. Ich lege Ihnen deshalb die Zinseszinsformel ans Herz. Einfache Zinseszinsrechnungen sollten Sie beherrschen. Ferner sollten Sie die 72er-Formel kennen. Mit dieser Überschlagsrechnung sind Sie in der Lage, bei einem vorgegebenen Zins- oder Renditesatz den Zeitraum für eine Verdoppelung Ihres Kapitals zu bestimmen. Bei einem Zinssatz von 8 Prozent würde sich Ihr Kapital in etwa neun Jahren verdoppelt haben (72 : 8 = 9).

Tabelle: 72er-Formel			
Basiszahl		Zinssatz	Jahre für Kapitalverdoppelung
72	:	5 =	14,4
72	:	6 =	12,66
72	:	7 =	10,28
72	:	8 =	9
72	:	9 =	8
72	:	10 =	7,2
72	:	12 =	6
72	:	14 =	5,14

Wenn Sie noch kein Kapital angehäuft haben, versuchen Sie, den eingangs erwähnten Sparplan durchzuführen. Sie haben schnell ein Erfolgserlebnis, wenn Sie die Steigerungen schaffen. Versuchen Sie, diese unter allen Umständen einzuhalten. Mobilisieren Sie alle Ihre Energie, um Liquidität aus Ihren verschiedenen Ausgabenfeldern freizusetzen. Wenn nötig, überlegen Sie sich Möglichkeiten, über Neben- oder Gelegenheitsjobs zusätzliche Einkommensquellen zu erschließen. Fokussieren Sie sich voll auf Ihr Sparziel. Nur mit einem guten Kapitalstock im Rücken können Sie stark auftreten und wirklich günstige Spekulationsgelegenheiten sofort ausnutzen. Legen Sie deshalb mindestens 15 Prozent Ihres monatlichen Einkommens auf die hohe Kante. Wenn Sie durch Rationalisierungsmaßnahmen monatlich 150,00 Mark einsparen können, ohne Ihren Standard dabei zu reduzieren, haben Sie bereits eine gute Akkumulationsbasis geschaffen. Pro Jahr sind dies bereits 1 800,00 Mark. In sieben Jahren haben Sie ohne Verzinsung 12 600,00 Mark zusammen. Bei einer geschickten Anlagestrategie können Sie in zehn Jahren mit einer guten Rendite über 35 000,00 Mark allein aus dieser Einsparaktion akkumuliert haben.

*Sparziel-
Fokussierung*

Verhandlungsgeschick bringt Bares

Achten Sie darauf, dass Sie bei größeren Einkäufen und Rechnungen nicht sofort die geforderte Summe bezahlen. Vielfach können Sie durch Handeln und geschicktes Argumentieren Nachlässe und Rabatte bekommen.

*Lernen Sie,
zu verhandeln*

Als ich zum erstenmal ein neues Auto kaufte, konnte ich durch hartnäckiges Verhandeln und Vergleichen 15 Prozent Nachlass erzielen. Dies machte 6 000,00 Mark aus. Überlegen Sie sich, für drei Stunden Arbeit 6 000,00 Mark weniger zu bezahlen. Ist dies nicht ein ausgezeichneter Stundenlohn? Vor kurzem habe ich einen neuen Satz Reifen gekauft, und die Bremsbeläge inklusive den Bremsstrommeln mussten vollständig ersetzt werden. Die Rechnung der Reifenwerkstatt belief sich auf 1 480,00 Mark. Nach zwei

Minuten Verhandeln bezahlte ich genau 1 350,00 Mark, also insgesamt 130,00 Mark weniger.

Zahlen Sie nie zu viel!

> **Erfolgs-Tipp:**
>
> Nutzen Sie Ihre Chancen und nehmen Sie nicht gleich alles so hin, wie es Ihnen „serviert" wird. Bleiben Sie jedoch bei den Preisverhandlungen äußerst ruhig und sachlich.

Bedenken Sie: Ihre Geldabnehmer kümmern sich nicht um Ihr persönliches Wohl und schon gar nicht um Ihre finanzielle Besserstellung. Sie sind einzig und allein an ihrem eigenen Geldbeutel interessiert. Beschließen Sie ab sofort, Ihre Großzügigkeit und Freigiebigkeit zu beenden und an das Wohl Ihres eigenen Geldbeutels zu denken. Wenn Sie Ihr Freigiebigkeitsvolumen pro Jahr und gleichzeitig Ihr Abzugspotenzial pro Jahr zusammenrechnen, könnten Sie sicherlich eine ansehnliche Summe auf die Seite legen.

Neid zeigt Ihnen, dass Sie auf Erfolgskurs sind

Seien Sie nicht geizig, überlegen Sie sich jedoch vor jeder Ausgabe das Kosten-Nutzen-Verhältnis. Lassen Sie sich von Ihren Kolleginnen und Kollegen, Freunden, Bekannten und Verwandten in keiner Weise beeinflussen, wenn diese Sie belächeln oder als knausrig darstellen wollen. Meistens ist es nur der Neid über Ihre wachsende finanzielle Unabhängigkeit. Wenn Sie reich werden, bekommen Sie viele Neider. Mit diesem Faktum müssen Sie sich abfinden. Einen positiven Aspekt können Sie diesem Neidverhalten jedoch abgewinnen: Es zeigt Ihnen, dass Sie etwas bewegt haben und im Gegensatz zu der großen Masse weniger Geld ausgegeben als eingenommen haben und über eine geschickte Anlagestrategie verfügen.

Gönnen Sie sich eine Belohnung, wenn Sie ein Sparziel erreicht haben

Während der Kapitalakkumulation, die Sie sukzessive in die finanzielle Unabhängigkeit und Freiheit führt, dürfen Sie jedoch nicht vergessen, sich zu belohnen. Gönnen Sie sich bei jedem erreichten

Kapitalaufstockungsziel eine saftige Belohnung. Ihr Unterbewusstsein darf Vermögensaufbau nicht mit Konsumverzicht assoziieren; es muss so programmiert sein, dass Vermögenssicherung und -mehrung sowie Geldverdienen mit Spaßmachen und Genießen verbunden wird. Glauben Sie mir, Sie können noch genügend genießen und konsumieren, auch wenn Sie 15 bis 20 Prozent Ihres Einkommens zum Kapitalaufbau verwenden.

Vermögens-sicherung soll Spaß machen

Erfolgsgeheimnis Nr. 8 des Reichwerdens

Sparen Sie mindestens 15 Prozent Ihres Einkommens. Legen Sie regelmäßig 10 Prozent auf Ihr langfristiges Kapitalkonto und 5 Prozent auf Ihr Vergnügungskonto. Fangen Sie so früh wie möglich damit an.

Vorsicht vor Sparfehlern

Damit Ihre Sparpolitik von vornherein erfolgreich ist, führe ich nachstehend Sparfehler auf, die ich in der Praxis leider viel zu oft antreffe:

Sparfehler, die Sie vermeiden sollten

- Keine Sparziele/keine klaren Sparkonzepte

  Man weiß nicht genau, für was, wie viel, in welcher Form und wie lange man sparen soll.

- Zu geringes Ertragsbewusstsein

  Größere Beträge werden auf dem Kontokorrentkonto oder Sparbuch ohne Verzinsung bzw. mit minimalen Zinsen liegen gelassen.

- Mangelhafte Fristigkeits- und Bindungsüberlegungen

  Jüngere Menschen in der Aufbauphase unterschätzen nicht selten den relativ langen Bindungscharakter von Lebensversicherungs- und Bausparverträgen und lösen aus Geldmangel frühzeitig Kontrakte mit finanziellen Nachteilen wieder auf.

Sparfehler, die
Sie vermeiden
sollten

■ Zu hohe Abschlusssummen

Bei Sparverträgen, Lebensversicherungen und Bausparverträgen werden viel zu oft zu hohe Abschlusssummen vereinbart. Die entsprechenden Spar- und Prämienbeiträge verschlingen dann nahezu das gesamte Sparvolumen.

■ Festlegung einer zu hohen Sparquote

Überzogene Anlageverpflichtungen führen zu dauerhaften Überziehungen auf dem Gehaltskonto. Die Überziehungszinsen machen die Anlagerendite zunichte und führen teilweise sogar zu einem Negativergebnis.

■ Unterschätzung der Verlustrisiken und Kursschwankungen bei spekulativen Anlagen

Viele jüngere Menschen wollen in Haussephasen die „schnelle Mark" mit hochspekulativen Wertpapieren machen und verkaufen bei Rückschlägen aus Panik mit großen Verlusten, weil sie nicht mehr liquide sind oder im schlimmsten Fall auf Kredit spekuliert haben.

■ Zu geringes Durchhaltevermögen in Börsenkonsolidierungsphasen

Zu früher Verkauf von Wertpapieren in kurzfristigen Korrekturperioden/kein oder ein zu geringes Durchhaltevermögen/zu dünnes Nervenkostüm für starke Volatilitäten zum Beispiel bei Aktienanlagen.

■ Keine oder eine zu geringe Spardisziplin

Beim Erreichen von bestimmten Anlagevolumina entsteht ein immer größer werdender Drang, das angesparte Geld in andere Güter zu investieren, als ursprünglich dafür vorgesehen war/die Sparmotivation sinkt im Zeitverlauf, weil der gegenwärtige Konsumverzicht als zu belastend empfunden wird, sprich kein Vergnügungskonto existiert.

■ Ungenügende Kenntnis über die Risikomentalität und den Wertpapierreifegrad

Es werden im Verhältnis zur Börsenerfahrung zu risikoreiche Wertpapiere geordert/es besteht zu wenig Hintergrund- und Basiswissen über einzelne Wertpapiergattungen und deren Grundrisiken.

Wichtig: Machen Sie sich vorgenannte Fehlerquellen bewusst und versuchen Sie, sie strikt zu vermeiden. Sie ersparen sich dadurch sehr viel Zeit, Ärger und vor allem potenzielle Kapitalverluste.

Checkliste: Sparbewusstsein trainieren

■ Wie hoch ist Ihre monatliche Sparquote?

- 10 Prozent ☐

- 5 Prozent ☐

 0 Prozent ☐

+ 5 Prozent ☐

+ 10 Prozent ☐

+ 15 Prozent ☐

+ 20 Prozent ☐

+ 30 Prozent ☐

+ 40 Prozent ☐

■ Wie viel sind Sie sich monatlich selbst wert?

■ In welchem Verhältnis steht dieser Betrag zu Ihrem tatsächlichen Sparbeitrag?

■ Wie sieht Ihr Sparkonzept aus?

■ Sparen Sie sporadisch?

■ Sparen Sie systematisch?

■ Sparen Sie sporadisch und systematisch?

**Sparen kann
jeder lernen!**

noch: Checkliste: Sparbewusstsein trainieren

■ Sparen Sie per Dauerauftrag oder Lastschrifteinzug auf bzw. in

– ein Sparkonto?	DM ......
– ein Girosammelkonto?	DM ......
– ein Termingeldkonto?	DM ......
– einen Sparvertrag?	DM ......
– einen Aktieninvestmentfonds?	DM ......
– einen Renteninvestmentfonds?	DM ......
– einen gemischten Fonds?	DM ......
– einen Spezialfonds?	DM ......
– eine Lebensversicherung ein?	DM ......
– einen Alterssicherungsfonds?	DM ......
– ein Bausparkonto	DM ......
Gesamtbetrag monatlich	DM ......

■ Wie viel legen Sie im Jahr über alle Spar- und Altersabsicherungsformen zurück?

■ Wie viel Prozent Ihrer jeweiligen Einkommenssteigerungen verwenden Sie für Rücklagenzuweisungen?

■ Wie hoch ist bei Ihren Anlagen die durchschnittliche Rendite?

2 Prozent	☐
5 Prozent	☐
7 Prozent	☐
10 Prozent	☐
12 Prozent	☐
15 Prozent	☐

noch: Checkliste: Sparbewusstsein trainieren

- Unterhalten Sie verschiedene Kontoklassen?

    – ein Gehaltskonto?

    – ein Vergnügungskonto?

    – ein Kapitalanlagekonto?

- Kennen Sie die Zinsformel, die Zinseszinsformel, die Rentenbarwertformel und die 72er-Formel?

- Können Sie handeln und verhandeln, oder zahlen Sie jeden Betrag, der Ihnen in Ihren Rechnungen oder auf den Preisschildern präsentiert wird?

3. Einkommenspolitik: Einkunftsquellen ständig erschließen

Versuchen Sie, Ihr Einkommen sukzessive zu erhöhen, denn schwache Finanzen schwächen indirekt auch Ihr seelisches und geistiges Wohlbefinden. Geldknappheit ist nicht nur für viele Ehescheidungen, ungenutzte Begabungen und Lebenschancen sowie unterdrückte Bedürfnisse und Wünsche verantwortlich, sondern auch für mentale Schwierigkeiten und schwindendes Selbstbewusstsein.

Zusammenhang zwischen Selbstvertrauen und Einkommen

Fast alle meine Diskussionspartner bestätigen mir, dass es einen Zusammenhang zwischen Selbstvertrauen und Einkommenserfolg gibt. Ein steigendes Selbstvertrauen korrespondiert in der Regel mit einem zunehmenden Einkommen. Ein gesundes Selbstwertgefühl ist demnach notwendig, um einen grundlegenden Erfolgsgaranten für eine Reichtumslaufbahn zu erschließen. Halten Sie vor allem Ihre berufliche und private Seite intakt, denn dies stärkt und fördert Ihr Selbstbewusstsein enorm. Mit einem verbesserten Selbstvertrauen erhöhen Sie automatisch Ihre potenziellen Chancen für ein höheres Einkommen und ein breiteres Einkommensspektrum.

Die Einkunftsarten – auf einen Blick

*Sieben unter-
schiedliche
Einkunftsarten*

Unser Steuerrecht kennt sieben unterschiedliche Einkunftsarten. Demnach können Sie Einkünfte aus

- Land- und Forstwirtschaft

- Gewerbebetrieb

- selbstständiger Arbeit

- nicht-selbstständiger Arbeit

- Kapitalvermögen

- Vermietung und Verpachtung

- sonstigen Einkünfte

*Was unter
Einkünfte zu
verstehen ist*

erzielen. Zu den sonstigen Einkünften zählen beispielsweise bestimmte Leibrenten und Spekulationsgeschäfte. Einkünfte aus Gewerbebetrieb sind hauptsächlich Einkünfte aus gewerblichen Unternehmen sowie aus Gesellschafter-Gewinnanteilen von Personenhandelsgesellschaften. Die Einkünfte aus selbstständiger Arbeit sind vordergründig Einkünfte aus freiberuflicher Tätigkeit. Zu den Einkünften aus nicht-selbstständiger Arbeit zählen die Gehälter, Löhne, Gratifikationen, Tantiemen und andere Bezüge sowie Vorteile, die aus einem privaten oder öffentlichen Beschäftigungsverhältnis geleistet werden. Bei den Einkünften aus Kapitalvermögen sind insbesondere Zins- und Dividendeneinnahmen hervorzuheben. Bei Vermietung und Verpachtung stehen die Mieteinnahmen von Wohnimmobilien im Vordergrund.

Je mehr Einnahmequellen Sie haben, umso besser für Sie. Versuchen Sie, aus den potenziellen Einkunftsarten mehrere für sich zu erschließen. Überlegen Sie, mit welcher Sie am schnellsten Erfolge erzielen können.

Nutzen Sie alle Steuervorteile!

Überlegen Sie sich geeignete steuerliche Konstruktionen, um Ihre Steuerlast auf legalem Wege so gering wie möglich zu halten. Interessieren Sie sich für das Steuerrecht und holen Sie zuviel bezahlte Steuern vom Finanzamt wieder zurück. Schauen Sie sich beispielhaft die Konstruktionen multinationaler Konzerne an, wie sie ihre Steuerlast durch ein geschickt gewobenes Geflecht von Tochtergesellschaften und Finanzholdings, die über die ganze Welt verstreut sind, minimieren. Auch prominente Stars aus dem Unterhaltungssektor und dem Sport reduzieren in geschickter Weise ihre Steuerquote, indem sie ihren Wohnsitz in „Winzlingstaaten" verlegen und sich somit dem deutschen Fiskus entziehen. Beliebt ist auch die Flucht in so beliebte Steueroasen wie die Schweiz, Kanalinseln, Cayman-Islands etc. Mehr hierzu erfahren Sie in dem jährlich neu erscheinenden Buch „Steueroasen – Handbuch für flexible Steuerzahler" von Hans-Lothar Merten (Metropolitan Verlag).

*Steuer-
minimierung*

Die Tücken von Steuersparmodellen

Ich betone nochmals: Schauen Sie unbedingt darauf, dass die meisten Einkommensanteile, die Sie erwirtschaften, nicht an den Staat abfließen, sondern der überwiegende Teil bei Ihnen selbst verbleibt. Andererseits müssen Sie auch auf der Hut sein, denn nicht selten werden Steuersparmodelle in trügerischer Weise und mit völlig überzogenen Margen am Markt abgesetzt. Immer mehr Investoren machen zudem bittere Erfahrungen bezüglich der Mietgarantien. Prüfen Sie Ihre steuermindernden Investitionen sehr genau und legen Sie Ihr Geld nur dort an, wo Sie von einer unzweifelhaften Bonität ausgehen können. Wenn Ihr Fondsbetreiber in Konkurs geht, nützt Ihnen auch die schönste Urkunde für eine Mietgarantie nichts mehr. Weil Sie in allen Ihren anlagen- und investitionsorientierten Entscheidungen ein Restrisiko haben, das Ihnen keiner abnimmt, ist es notwendig, sich in finanzwirtschaftlicher und steuerlicher Hinsicht auf jeden Fall ein Basiswissen anzu-

*Beim Steuern-
sparen ist
äußerste Vor-
sicht geboten*

eignen, um die wichtigsten Zusammenhänge zu verstehen. Viele Kreditinstitute haben ausgezeichnete Broschüren, die Ihnen wertvolle Hinweise und Erkenntnisse zum Lohn- und Einkommensteuerrecht und zu anderen finanzwirtschaftlichen Themen bieten können. Nutzen Sie Ihre Chancen zum Steuernsparen!

Einkünfteverbesserung durch Wertschöpfungsorientiertheit

Verbessern Sie Ihr Humankapital und Ihre Einkommenschancen

Wenn Sie mehr Einkünfte erzielen wollen, sollten Sie sich immer folgende Frage stellen – egal, ob als Unternehmer oder als Angestellter: Welchen zusätzlichen Nutzen kann ich Kunden, Mitarbeitern, Geschäftspartnern, Lieferanten und Vorgesetzten zuteil werden lassen und wie kann ich Produkte sowie Dienstleistungen verbessern, damit eine höhere oder effizientere Wertschöpfung erzielt werden kann?

Nur indem Sie zusätzlich Nutzen schaffen, können Sie auch nachhaltig Ihre Einkünfte erhöhen. Viele Beschäftigte fordern abstrakt eine Gehaltserhöhung, ohne dabei an höhere Produktivität zu denken. Überlegen Sie sich also, welche Interessen, Ausbildungen, Erfahrungen und Begabungen Sie besitzen, um die Arbeitsergebnisse und Kontakte zu verbessern. Entwickeln und entfalten Sie sich, lernen Sie neue Dinge hinzu, verbessern Sie kontinuierlich Ihr Fachwissen und arbeiten Sie an Ihrer Sozialkompetenz; dann werden Sie für Ihr Unternehmen immer wertvoller werden und Ihr Marktwert steigt automatisch.

Einkünfte potenzieren

Erfolgs-Tipp:

Eine durchschlagende Verbesserung Ihrer Einnahmenseite werden Sie dann erreichen, wenn Sie eine herausragende Idee entwickeln und umsetzen können. Je mehr Menschen Sie mit Ihrem Produkt oder Ihrer Dienstleistung erreichen können, umso höher ist die Wahrscheinlichkeit, dass Sie Ihre Einkünfte potenzieren können.

Wenn Sie eine Gehaltserhöhung anstreben, denken Sie zuerst an die Nutzensteigerung, die Sie Ihrem Arbeitgeber und Ihren direkten Vorgesetzten zuteil werden lassen könnten, an die exklusiven Sonderleistungen, die Sie bereits erbringen, und an Ihre Persönlichkeitsstärken. Denn nur wenn Sie selbstbewusst auftreten und Ihre besonderen Erfolge und Nutzensteigerungskonzepte überzeugend vortragen können, werden Sie eine Gehaltserhöhung durchsetzen können. Seien Sie bitte niemals emotional und unsachlich in Gehaltsgesprächen! Bereiten Sie sich mindestens vier Wochen gründlich darauf vor und formulieren Sie die entscheidenden Vorteile schriftlich. Ein höheres Gehalt erzielen Sie vor allem durch die kunstvolle Präsentation Ihrer herausragenden Nutzenstiftungen bei Ihren Vorgesetzten. Mit purer Pflichterfüllung und Durchschnittlichkeit kommen Sie hier nicht weit!

Diplomatie bei Gehaltsgesprächen

Erfolgsgeheimnis Nr. 9 des Reichwerdens

Erschließen Sie neben Einkünften aus Kapitalvermögen mindestens noch zwei weitere Einkunftsquellen. Sorgen Sie dafür, dass Ihre einzelnen Einkunftsarten stetig wachsen. Bei Gehaltsgesprächen sollten Sie zuerst über Ihre Berufserfolge, Zusatznutzen und Sonderleistungen sprechen, bevor Sie Ihrem Wunsch nach einem höheren Gehalt Ausdruck geben.

Qualifizieren Sie sich zu einem Experten

Sie heben sich vom Durchschnitt der Beschäftigten ab, wenn Sie mehr in kürzerer Zeit und besserer Güte zu leisten vermögen. Füllen Sie die Arbeitszeit mit effizienten und Gewinn bringenden Aktionen aus. Denken und handeln Sie unternehmerisch. Machen Sie alle Ihre Aufgaben, auch Ihre Routinetätigkeiten, mit Hingabe. Begeistern Sie sich für Ihre Arbeit.

Arbeitseinteilung

So schlagen Sie erfolgreich die Expertenlaufbahn ein
■ Wagen und riskieren Sie etwas.
■ Bleiben Sie Innovationen gegenüber aufgeschlossen.
■ Zählen Sie zu den frühen Mitmachern.
■ Übernehmen Sie gerne Verantwortung.
■ Setzen Sie sich unterstützend in Szene.
■ Erweitern Sie Ihren Macht- und Lobbyraum.
■ Entwickeln Sie sich und lernen Sie täglich dazu.
■ Qualifizieren Sie sich unermüdlich.
■ Suchen Sie sich ein nachgefragtes Arbeitsfeld, auf dem Sie sich zum Spezialisten entwickeln können.
■ Avancieren Sie zu einer Fachautorität.
■ Verfeinern Sie Ihr Spezialwissen nachhaltig und eifern Sie den Leuten nach, die auf Ihrem Gebiet bereits Spitzenleistungen erbringen.
■ Lassen Sie nicht locker, bevor Sie nicht auch zu einem Expertenkreis gehören.
■ Lassen Sie den Durchschnitt und die Mittelmäßigkeit hinter sich.
■ Individualisieren Sie sich.
■ Bringen Sie sich ein.
■ Präsentieren Sie sich.
■ Entfalten Sie Ihre Talente und bringen Sie diese nutzbringend in Ihr Tätigkeitsfeld ein.
■ Vermarkten Sie sich richtig.
■ Verlangen Sie für Ihre Arbeitsleistung und Ihren besonderen Einsatz ein angemessenes Einkommen.
■ Verkaufen Sie sich niemals unter Wert. Wenn Sie besser werden, wird auch Ihr Einkommen besser werden!

Wichtig: Wenn Sie unternehmerisch oder freiberuflich tätig sind, ist das Experten- und Nischenstreben von elementarer Bedeutung. Sie ziehen damit Nachfrage magnetisch an. Wenn Kunden von sich aus zu Ihnen kommen und Sie nicht nach Kunden suchen müssen, dann haben Sie es geschafft. Dann können Sie Aufträge selektieren. Sie agieren aus einer Position der Stärke. Wenn Sie nur durchschnittlich sind, müssen Sie ständig potenzielle Kunden suchen, sie umwerben sowie mit Preiszugeständnissen und großem zeitlichen Aufwand akquirieren. Arbeiten Sie deshalb rechtzeitig an Ihrem Experten- und Nischenstatus. Schreiben Sie in Fachzeitschriften Artikel und Aufsätze. Machen Sie auf sich und Ihr Unternehmen aufmerksam. Erzielen Sie Massenwirkung. Erhöhen Sie Ihren Ausbreitungswinkel. Steigern Sie Ihren Bekanntheitsgrad. Nutzen Sie Ihre bestehenden guten Kundenkontakte als Multiplikatoren. Legen Sie großen Wert auf eine positive Mundpropaganda. Achten Sie auf Ihre Außenwirkung, das Erscheinungsbild Ihres Unternehmens und Ihre Servicegüte. Ihre Umsatz- und Gewinnsituation hängen von vorgenannten Kriterien stark ab!

Experten-laufbahn

Optimieren Sie Ihre Einnahmen durch eine gezielte Liquiditätspolitik

Nutzen Sie liquiditätsverbessernde Maßnahmen, wie das Hinauszögern von Zahlungen und das Beschleunigen von Einnahmen. Auch wenn Sie keine so große Möglichkeiten hierfür haben sollten wie Unternehmen, sollten Sie doch stets darum bemüht sein, Ihre Kassenhaltung so schonend und Gewinn bringend wie möglich zu managen. Es gibt heute Bankprodukte, bei denen Sie gute Verzinsungen auch auf Ihrem Gehaltskonto erhalten können. Insbesondere bei Direktbanken werden lukrative Zinsen angeboten.

Verbessern Sie Ihr Zinsergebnis durch eine optimale Kassenhaltung

Überlegungen, wie ich in der Eigenschaft als Firmenkundenbetreuer zusätzlichen Nutzen für meine Kunden stiften kann, haben dazu geführt, dass ich mit einem Kollegen zusammen ein Buch mit dem Titel „Praxis des Cash Managements – Mehr Rendite durch optimal gesteuerte Liquidität" verfasste. Es beschreibt, wie man

4 Die optimale Ausgaben-, Spar- und Einkommenspolitik

So verbessern Sie Ihr Einkommen

die Manövriermasse „Cash" unter den Prämissen Liquiditätssicherung, Rentabilitätsoptimierung und Stabilität erfolgreich steuert. Durch den Know-how-Gewinn während der Manuskripterarbeitung konnte ich in meiner Akquisitionsarbeit so viel Nutzen stiften, dass ich allein durch diesen fachspezifischen Entwicklungsschritt innerhalb eines Jahres 14 neue Firmenkunden gewinnen konnte. Und da in der Regel eine Nutzenstiftung eine Einkommensverbesserung nach sich zieht, hat sich bei mir im selben Jahr sowohl die Tantieme als auch das Grundgehalt verbessert.

Überlegen Sie sich stets, wie Sie Kosten reduzieren, Neukunden gewinnen, Altkunden sichern, Mitarbeiter fördern, Ihr Familienleben verbessern und Ihr soziales Umfeld bereichern können. Stiften Sie Nutzen und erfüllen Sie Ihre Lebensaufgaben mit Hingabe, dann kommen die Einkommenszuwächse, das Glücklichsein und das Zufriedensein als natürliches Ergebnis von ganz alleine hinzu.

Seien Sie ehrlich zu sich selbst!

Checkliste: Berufs- und Einkommenschancen nutzen

- Warum arbeiten Sie?
  - Bestätigung
  - Erfolgserlebnisse
  - Außenkontakte
  - Selbstverwirklichung
  - Teamerfahrungen
  - Herausforderungen
  - Um interessante Menschen kennen zu lernen
  - Um Geld zu verdienen
- Wofür arbeiten Sie?
  - für ein Haus
  - für ein Luxusgut
  - für die Ausbildung/Aussteuer der Kinder
  - für die finanzielle Unabhängigkeit

noch: Checkliste: Berufs- und Einkommenschancen nutzen

- Wissen Sie genau, warum und wofür Sie das alles tun, was Sie tun?
- Arbeiten Sie in Ihrem Wunschberuf?
- Entsprechen Ihre Stärken, Talente, Interessen und Neigungen Ihrem Job?
- Inwieweit sind Sie mit Ihrem Einkommen zufrieden?
  - Im Verhältnis zu dem, was Sie jobmäßig nach Ihrer Einschätzung verdienen müssten?
  - Im Verhältnis zu dem, was Sie gemäß Begabung und Know-how verdienen könnten?
  - Im Verhältnis zu dem, was Sie leistungsmäßig maximal aus sich herausholen könnten?
- Wie viel wollen Sie sich einkommensmäßig wert sein?
- Wie hoch ist Ihr derzeitiger Marktwert?
  - Bei Anrufen von Headhuntern nicht gleich auflegen, sondern diskutieren.
  - Durch Bewerbungen Ihren Wert erkunden.
  - Anforderungsprofile Ihres Jobs studieren.
- Um wie viel wollen Sie Ihren Marktwert in den nächsten fünf Jahren anheben?
- Durch was können Sie Ihren Marktwert noch steigern?
  - Persönlichkeitsseminare
  - Publikationen/Vorträge
  - Spezialisierungen
- Wie und durch was können Sie sich bei Ihren Vorgesetzten/Abnehmern/Kunden positiv in Szene setzen?
  - Verfügen Sie über ein besonderes Fachwissen?
  - Können Sie ein exklusives Gut oder eine besondere Dienstleistung anbieten?
  - Haben Sie durchschlagende Verbesserungsvorschläge/Ideen?

Seien Sie ehrlich zu sich selbst!

noch: *Checkliste: Berufs- und Einkommenschancen nutzen*

- – Übernehmen Sie gerne und freiwillig Verantwortung?
- – Wie hoch ist Ihre Kontakt- und Besuchsfrequenz?
- Wie stark ist Ihr Selbstvertrauen ausgeprägt?
- Welche Eigenschaften kommen bei Ihren Mitmenschen besonders gut an?
- Welche Maßnahmen zur Steigerung Ihres Selbstvertrauens könnten Sie einleiten?
- Wie viel und welche exklusiven Nutzen könnten Sie Mitarbeitern, Vorgesetzten und Kunden zuteil werden lassen?
- Wie viel Zeit nehmen Sie sich täglich für Nutzenüberlegungen und Nutzenstiftungen?
  - – Wie steht es um Ihre Loyalität?
  - – Wie steht es um Ihre Informationspolitik?
  - – Wie steht es um Ihre Hilfsbereitschaft und Freundlichkeit?
  - – Wie steht es um Ihr Arbeitsengagement?
  - – Wie steht es um Ihre Arbeitsdisziplin?
- Wie teilen Sie sich Ihre Arbeitszeit auf?
- Verwenden Sie Ihre Hauptarbeitszeit für Ihre Cash-Cows/ für Ihre umsatz- und ertragsergiebigsten Tätigkeitsfelder/ für Ihre A-Aufgaben (wichtig und dringend)?
- Wie viel Zeit verwenden Sie für Ihre eigene Vermarktung, für die Gewinnung von „Multiplikatoren", für die Vergrößerung Ihres Ausbreitungswinkels?
- Welche Einkommensquellen wollen Sie noch erschließen?
- Innerhalb welchen Zeitraums wollen Sie diese Einkommensquellen erschließen?
- Entsprechen Ihre Stärken, Talente, Interessen und Neigungen Ihrem Job?

Die taktisch kluge Investitions- und Kreditpolitik

5

Investitionen und Kredite

1. Sinn von Investitionen

Schlüssel-
investitionen

Die zwei wichtigsten Investitionen, die Sie jemals in Ihrem Leben treffen können, sind Investitionen in eine selbst genutzte Immobilie und in Wertpapiere. Je früher Sie mit Investments in diese beiden Wohlstandsschlüssel beginnen, desto früher werden Sie ökonomisch autark. Investieren Sie Einkommensanteile in den Aufbau von Eigenkapital für Ihre Immobilienfinanzierung. Weitere Einkommensanteile sollten für die Investments in festverzinsliche Wertpapieren und Aktien bestimmt sein. Lassen Sie sich auch in Baissezeiten nicht davon abhalten, in Wertpapiere zu investieren.

Wenn Sie Kinder haben, schaffen Sie ihnen so früh wie möglich eine finanzielle Basis, indem Sie beispielsweise monatlich einen bestimmten Betrag in einen Aktienfonds oder einen gemischten Aktien- /Rentenfonds investieren. Auch wenn es nur 50,00 Mark im Monat sind, fangen Sie unbedingt noch heute damit an. Die Zeit, der Zinseszinseffekt und der technologische Fortschritt arbeiten positiv für Sie, ohne dass Sie einen Finger in direkter Weise dafür krumm machen müssen. Sie werden bei einer regelmäßigen Sparrate von 50,00 Mark über das Endergebnis sehr überrascht sein, wenn Ihr Kind im Alter von ca. 20 Jahren bei einem guten Aktienfonds vielleicht schon über 30 000,00 Mark als Eigenmitteleinsatz für eine kleine Eigentumswohnung akkumuliert hat.

Finanzkreislauf beachten

Spartrümpfe
statt
Sparstrümpfe

Geld, das Sie im Sparstrumpf oder im Haustresor verwahren, schafft keinen zusätzlichen Wert. Wenn Sie Geld bzw. Einkommensanteile zu Ihrer Bank bringen und in festverzinslichen Wertpapieren und Aktien anlegen, dann ist Ihr Investment wertschöpfend. Sie schaffen zugleich Nutzen, weil andere Personen zum jetzigen Zeitpunkt Ihr Geld brauchen, um ein Haus zu kaufen, eine große Maschine oder eine Fertigungslinie anzuschaffen, ein Unternehmen zu gründen etc. Sie werden sich vielleicht fragen, was macht wohl mein kleiner Sparbeitrag zur gesamten Sparbildung aus? Ich sage Ihnen, unglaublich viel. Denn mit vielen kleineren Sparbeiträgen können auch größere Investments unterstützt werden. Und die Sparbeiträge aus den verschiedenen Haushalten geben auch wieder ein großes Ganzes. Indem Sie jetzt Einkommensanteile bei sich selbst behalten und in Wertpapieren anlegen, helfen Sie sich selbst und anderen, die Ihnen später wiederum Vorteile zugestehen. Nur so funktioniert das kapitalistische System.

Eigenkapital: Der Investitionsunterstützer

In Volkswirtschaften mit einer hohen Sparquote sind andere Investitionsdimensionen möglich als in Ökonomien mit geringer Sparquote. Lassen Sie sich von den Miesmachern nicht beirren, die Ihnen ständig Konsumverzicht und mangelnde Lebensfreude suggerieren wollen, wenn Sie über Ihre Spartätigkeit berichten. Genau die gleichen Leute werden es sein, die Ihnen neidisch sind, wenn Sie sieben Jahre später mit einem feudalen Einfamilienhaus und später mit ökonomischer Unabhängigkeit aufwarten können. Genau die gleichen Leute werden es sein, die mit Frust und Groll auf Sie schauen, wenn Sie mit 55 Jahren vielleicht nur noch in Teilzeit oder gar nicht mehr arbeiten, weil Sie genügend auf der „hohen Kante" haben und stärker ihren Hobbys nachgehen können.

Hohe Sparquote eröffnet Anschaffungspotenziale in höheren Dimensionen

Auch in der Tierwelt ist das Prinzip des Investierens und „Depotanlegens" bekannt. Das Eichhörnchen und viele andere Tiere investieren Kraft und Muße im Sommer und Herbst für das Sammeln von Nüssen und anderen Nahrungsmitteln, die sie in Depots vergraben, um in den Wintermonaten genügend Reserven zu haben und von dem geringen Nahrungsangebot im Winter unabhängig zu sein.

Depot anlegen

Ein früher Kapitalsockel: Die ideale Ausgangsbasis

Überlegen Sie nicht krampfhaft, was Sie noch kaufen oder in welches teure Restaurant Sie noch gehen könnten, um die letzten verbleibenden Einkommensanteile zum Monatsende noch umzusetzen. Hören Sie mit dem Gejammere auf, dass alles heute so teuer wäre und dass man sich kaum noch etwas leisten könnte. Das Glück hängt nicht nur vom Konsumieren und Geldausgeben ab! Wenn Sie noch jung sind und bei den Eltern wohnen, nutzen Sie diese wertvolle Zeit, um sich einen Kapitalstock aufzubauen; er wird Ihnen im späteren Leben einen unvergleichlich höheren Vorteil und Nutzen bringen, als wenn Sie jetzt Ihr gesamtes Geld in ein Cabriolet investieren und noch zusätzlich einen Autokredit abbezahlen müssen.

Nutzen Sie wertvolle Zeiten zum Kapitalaufbau

Für mich ist es erschreckend, mit ansehen zu müssen, wie viel Jugendliche bereits frühzeitig die Basis für den finanziellen Misserfolg im Leben setzen, indem sie sich bereits während ihrer Ausbildungszeit in die Abhängigkeit von Ratenzahlungen begeben. Langfristig gesehen ist dies eines der sinnlosesten Investments, die es gibt. Sie werfen langfristig keinen Return on Investment (Gewinne, Einnahmen aus dem Einsatz von Geldmitteln) ab, und viele zahlen ihre monatlichen Raten für den oder die Privatkredite noch ab, obwohl das Investitionsgut lange zuvor geschreddert wurde und im Schmelzofen landete.

Teufelskreis der Zins- und Ratenzahlungen

Ganz „Coole" und Lebensgierige gehen sogar so weit, dass sie sich ihre Reisen über einen Ratenkredit finanzieren und noch Monate danach dafür abzahlen. Manche machen dies noch teurer, indem sie einfach ihren Kontokorrentkredit überziehen und neben den Sollzinsen noch Überziehungszinsen berappen müssen. Sie überlegen sich im Vorhinein gar nicht, ob sie genügend Geld zusammen haben, um sich eine teure Urlaubsreise überhaupt leisten zu können. Sie kommen aus dem Teufelskreis der Zins- und Ratenzahlungen kaum mehr heraus und wissen nicht, wie viel Einkommensanteile sie auf den Kapitaldienst verwenden.

Erfolgsgeheimnis Nr. 10 des Reichwerdens

Investieren Sie nur in Unabhängigkeit fördernde und Nutzen stiftende Vorhaben und Werte – vor allem in eine selbst genutzte Immobilie und in Wertpapiere. Unterbinden Sie unbedingt Impulskäufe und Spontaninvestitionen.

---

2. Das Schuldenmachen – so geht's

Bei allen Schuldverpflichtungen, die Sie eingehen, ist es sinnvoll zu überlegen, ob die daraus resultierende Gläubigerverpflichtung angemessen und verhältnismäßig gegenüber der Investition ist. Fragen Sie sich, ob der Kredit oder die Verpflichtung im Einklang mit Ihrer Wertehierarchie und Ihren Zielvorstellungen stehen. Übernehmen Sie nie eine Bürgschaft oder geben Sie nie für Dritte eine Sicherstellung für Verbindlichkeiten oder Schulden, wenn Sie nicht in direkter Weise eine sinnvolle Investition damit unterstützen.

Der Fallstrick mit Sicherheiten

Leider habe ich schon allzu oft als Banker miterleben müssen, wie manche Leute um Hab und Gut gebracht wurden, weil sie in naiver und gutmütiger Weise für andere Sicherheiten gestellt haben. Begeben Sie sich auch nie für Dritte in ein Obligo, wenn Ihre Werteordnung nicht harmonisch mit diesem im Einklang steht. Wie zuvor erwähnt, sollten Sie auch nie Schulden machen, um eine Reise oder ein mobiles Wirtschaftsgut zu finanzieren. Leisten Sie lieber zuvor Konsumverzicht und beweisen Sie sich in Ihrer Sparfähigkeit, bevor Sie die geliebte Luxuslimousine kaufen.

Ratenkredite vermeiden

Ein trauriges Bild werfen Finanzierungen ab, die für den Lebensunterhalt eingesetzt werden. Sie können nie Geld magnetisieren, wenn Sie nicht in der Lage sind, Ihren Lebensunterhalt aus Ihren normalen Einkünften zu bestreiten. Für einen sich selbst verstärkenden Geldmagnetismus ist es unverzichtbar, dass Sie ein Gefühl der Fülle entwickeln, indem Sie jeden Monat einen Teil Ihrer Einkünfte sparen. Sie wären geschockt, wenn Sie sehen würden, wie viele Kraftfahrzeugbriefe in den Tresoren der Banken liegen und als Sicherheit für Autofinanzierungen dienen. Menschen mit Vollfinanzierungsmentalität werden kaum zu Reichtum und Glück kommen, weil Sie Ihrem Unterbewusstsein ständig eine Botschaft der Abhängigkeit signalisieren müssen, wenn die monatlichen Raten

Konsumkredite sind mental sehr belastend

zu regulieren sind. Streben Sie Unabhängigkeit und Freiheit in finanziellen Dingen an, dann werden Sie Geld und Vermögen unaufhörlich anziehen.

Investitionsdarlehen sinnvoll aufnehmen

Investitions-
darlehen
müssen gut
überlegt sein

Es gibt natürlich Investitionsvorhaben, bei denen Sie auf Finanzierungen zurückgreifen müssen. Wenn es beispielsweise um Hausfinanzierungen oder Existenzgründung geht, werden Ihre Ersparnisse in den seltensten Fällen ausreichen, um eine 100-prozentige Eigenfinanzierung vornehmen zu können. In solchen Fällen ist das Geldausleihen eine notwendige und sinnvolle Angelegenheit. Wenn Sie Geld für eine sinnvolle Investition aufgenommen haben, die Ihre Unabhängigkeit und Ihre potenzielle Geldvermehrung unterstützt, dann sollten Sie Ihre mentale Grundverfassung bezüglich Ihrer Kredite positiv mit Autosuggestionen beeinflussen. Sagen Sie sich, dass Sie mit Leichtigkeit in der Lage sind, den Kapitaldienst früher zu erbringen, als mit Ihrem Gläubiger ausgemacht.

Achten Sie auf die richtige mentale Einstellung bezüglich Schulden

Konzentrieren
Sie sich auf den
Nutzengewinn,
den Sie aus
Fremdkapital
ziehen

Suggerieren Sie Ihrem Unterbewusstsein eine schnelle Amortisation, Wohlhabenheit und zukünftige Verdienst- und Sparmöglichkeiten. Verfallen Sie nicht in den Fehler vieler Kreditnehmer, die sich tagtäglich Sorgen über die Rückzahlungen machen und sich ständig gedanklich bei ihrem Schuldenberg aufhalten. Lenken Sie Ihre Gedanken vielmehr auf den bereits getilgten Betrag und sehen Sie mit Zuversicht in die Zukunft, dass Sie überpünktlich Ihren Zins- und Tilgungsdienst erbringen können. Malen Sie sich heute schon ein imaginäres Bild von Ihrer absoluten Schuldenfreiheit und sehen Sie Ihren Kontoauszug von Ihrem Kreditkonto vor Ihrem geistigen Auge bereits heute auf null gestellt.

Achtung: Wenn Sie sich ständig Sorgen um Ihre Schulden machen, blockieren Sie damit indirekt Ihre Innovationskraft, Ihr Vorwärtsstreben und Ihr Selbstvertrauen. Lassen Sie auch nie Zweifel und Unsicherheiten gegenüber Ihren Bankern aufkommen, sondern strahlen Sie Zuversicht und Optimismus aus, wenn Sie mit Ihnen zusammentreffen. Lassen Sie Ihre Gedanken stets um die positiven Momente einer Investitionsfinanzierung kreisen und denken Sie an die damit verbundenen Zusatzgewinne bzw. an Ihre Mietunabhängigkeit bei einer Immobilienanschaffung. Vertrauen Sie auf Ihre Kreativität, Ihre Ausbildung, Ihre Fähigkeiten sowie Erfahrungen und suchen Sie nach neuen Möglichkeiten, Geld zu verdienen bzw. Ihr Einkommen zu erhöhen.

Ziehen Sie eine Privatbilanz

Verbessern Sie ständig Ihr Expertenwissen, interessieren Sie sich für alle neuen Entwicklungen und seien Sie offen für Innovationen, dann werden Sie automatisch auch Ihre Einkommenschancen erhöhen. Ihr „Humankapital" kann manchmal bedeutender sein als alle Ihre Sachwerte zusammen. Denken Sie daran, Sie werden überdurchschnittlich bezahlt, weil Sie besondere Fähigkeiten und ein besonderes Know-how besitzen. Erhöhen Sie stets Ihre Allgemeinbildung, Ihr Fachwissen und Ihre Sozialkompetenz. Gerade durch den richtigen Umgang mit Ihren Gläubigern können Sie sich enorme Erfolgspotenziale sichern, aber durch ungeschicktes Verhalten auch viele zukünftige Gelegenheiten zerstören.

Unterschätzen Sie Ihr Humankapital nicht!

Kreditfallen frühzeitig erkennen

Wenn Sie noch jung sind, bewahren Sie sich davor, zu schnell reich werden zu wollen. Der gefährlichste Weg zur Bergspitze ist immer der direkteste. Junge Leute riskieren nicht selten zu viel, weil sie zu rasant Wohlstand und Luxus ansteuern und hierfür fahrlässige Abkürzungen nehmen. Leihen Sie sich kein Geld für die Finanzierung von Statussymbolen und kurzlebigen Gütern. Finanzieren Sie Ihren Wohlstand nicht mit Krediten und spekulieren Sie niemals auf Pump. Halten Sie Ihre Kreditkartenausgaben kontrolliert. Leider

Vermeiden Sie den Tritt in die „Mausefalle"

passiert es viel zu oft, dass sich junge Menschen in Krediten verstricken und sich hoffnungslos verschulden. Solch eine Situation gleicht einem Schützengraben, aus dem Sie den Kopf nicht mehr hoch bekommen, weil Sie unter Dauerbeschuss stehen. In solch einem „Loch" herrschen Katzenjammer, Sorgen und Schlaflosigkeit. Sie sitzen in der „Mausefalle", aus der Sie sich kaum mehr befreien können.

Finanzielle Durststrecken überwinden

Der „Gruben-ausstieg" erfordert einen Entwicklungs-schritt in der Persönlichkeit

Da Sie Probleme so gut wie nie auf der Ebene gelöst bekommen, auf der sie entstanden sind, können Sie nur zum Befreiungsschlag ansetzen, wenn Sie sich weiterentwickeln, Ihren Standpunkt und die Ursachen Ihrer Lage überdenken, eine neue Weltsicht aufbauen, eine Vision für Ihren Reichtum aus der Vogelperspektive entwickeln. Eine neue Sicht der Dinge, eine innere Umkehr bringt Sie weiter, macht Sie reifer und reicher. Wenn Sie in einem finanziellen „Loch" stecken, vergegenwärtigen Sie sich zuerst die Erfolgsgeheimnisse des Reichwerdens und fangen Sie dann damit an, Ihren „Grubenausstieg" systematisch zu planen und zu organisieren. Durchforsten Sie Ihre Ausgaben nach Einsparungsmöglichkeiten und verwenden Sie Ihr verfügbares Einkommen mit einem Zehntel für das Sparen, mit zwei Zehntel für die Schuldentilgung (treffen Sie notfalls mit Ihren Gläubigern Rückzahlungsvereinbarungen) und mit sieben Zehntel für die Lebenshaltungskosten. Sobald Sie aus dem Gröbsten draußen sind, sollten Sie unbedingt Ihre Sparquote erhöhen.

Erfolgsgeheimnis Nr. 11 des Reichwerdens

Nehmen Sie keinen Ratenkredit für Konsumbedürfnisse auf, halten Sie die Benutzung Ihrer Kreditkarten unter Kontrolle, überziehen Sie Ihr Girokonto nie dauerhaft und beschaffen oder veranlagen Sie niemals Geld am „Grauen Kapitalmarkt".

---

3. Mit Bankern bei Kreditaufnahmen clever umgehen

Was man im negativen Sinne alles erreichen kann, wenn man sich eine Art von Unantastbarkeit verleiht, sich mit einem Nimbus umhüllt und zudem noch von der Natur mit einem faszinierenden Charisma ausgestattet wurde, zeigte der Fall Jürgen Schneider. Auch wenn er sich mit gefälschten Mietverträgen, frisierten Plänen und synthetisch in die Höhe getriebenen Kaufpreisen Kredite auf kriminelle Art und Weise erschlichen hat, so kam durch die involvierten Banker doch klar zum Ausdruck, dass sich die Bankverantwortlichen kaum getraut hatten, ihn auf Grund seines Nimbus tiefer zu hinterfragen, seine Kreditaussagen detaillierter zu überprüfen und die Kreditunterlagen sowie Finanzierungskonzepte einer normalerweise sehr kritischen Überprüfung zu unterziehen. Immerhin versiebenfachte sich das Kreditvolumen von Herrn Schneider innerhalb von vier Jahren und betrug bei seiner Flucht nach Miami im Frühjahr 1994 mehr als 5 Milliarden Mark.

Der Fall Jürgen Schneider

Er verstand es wie kein anderer in exzellenter Weise, seine Banker von sich und seinem Imperium zu überzeugen. Leider war Herr Schneider mit seiner „Tarnkappe" so perfekt, dass sich viele Banker blenden ließen. Für die im Juli 1997 bestandenen Bankverbindlichkeiten und Außenstände gegenüber Handwerkern prognostizierte der Konkursverwalter eine Gesamtquote von weniger als 10 Prozent.

Mit diesem Fall möchte ich dokumentieren, welche Kreditbereitschaft man erreichen kann, wenn durch ein überzeugendes und charismatisches Auftreten Vertrauen zu den Bankern geschaffen wurde.

Wichtig: Eine gute Vertrauensbasis zu Ihren Bankberatern schafft eine hervorragende Basis für Zeiten, in denen es Ihnen finanziell nicht so gut geht. Wenn Sie im Gegensatz zu dem eingangs geschilderten Fall Ihre Bankbeziehungen mit ehrlichen und positiven Grundabsichten unterhalten und pflegen, werden Sie die Vertrau-

Partnerschaftliches Vertrauensverhältnis zu Ihrem Banker ist Gold wert

*Kredit-
würdigkeits-
Management*

ensbarriere, die die Banker wegen „schwarzer Schafe" haben müssen, schnell überwunden haben. Ein aktiv betriebenes Kreditwürdigkeits-Management hilft Ihnen stets, Ihren potenziellen Kapitalbedarf zu gegebener Zeit schnell und unkompliziert zu decken. Sie werden zudem mit Entgegenkommen bei der Zins- und Gebührenfrage belohnt.

> **Erfolgs-Tipp:**
>
> Mit einem aktiv betriebenen Kreditwürdigkeits-Management schaffen Sie sich nicht nur eine gute Basis für die Bereitstellung von Fremdkapital bei notwendigen Investitionen, sondern es trägt auch entscheidend dazu bei, Zinsaufwendungen und Bankspesen zu minimieren.

Kreditwürdigkeits-Management – so funktioniert's

*Unterhalten Sie
eine offene
Informations-
politik zu
Ihren Bankern*

Eine kreditwürdigkeitsfördernde Informationspolitik setzt voraus, dass Sie Ihren Bankvertreter umfassend, auch über Negativumstände, informieren. Je frühzeitiger Sie Probleme mit Ihrem Banker besprechen, desto höher sind die Sanierungschancen. Soweit noch berechtigte Sanierungsaussichten bestehen, wird fast jeder Banker versuchen, Ihnen „unter die Arme zu greifen".

Wenn Sie Ihren Banker über die wirtschaftliche und finanzielle Lage aktuell unterrichten sowie entsprechendes Zahlenmaterial quartalsweise unaufgefordert vorlegen und diese Eckdaten mit den von Ihnen genannten Vorwegzahlen übereinstimmen, werden Sie als sehr zuverlässig und vertrauenswürdig eingeschätzt. Wenn Sie ständig mit total überzogenen Prognosezahlen aufwarten, müssen Sie dagegen mit einer sehr verhaltenen Kreditbereitschaft rechnen. Unwahre und unrealistische Informationen sind für die Kreditwürdigkeit vernichtend. Wenn Sie Ihrem Banker ständig Sicherheit bezüglich des Vertrauensverhältnisses geben, wird er es Ihnen honorieren. Machen Sie kein Geheimnis aus dem aktuellen

Geschäftsgang, Ihren Investitionsplänen und den neuen Erfolgspotenzialen, die Sie erschließen wollen. Gestalten Sie Ihre Informationspolitik offen, umfassend, aktuell und ehrlich.

Kreditunterlagen bereitstellen

Bestimmte Vorgaben des Kreditwesengesetzes sowie interne Statuten verlangen bei Kreditausreichungen je nach Kreditart auch verschiedene Unterlagen. Diese können beispielsweise Jahresabschlüsse, Einkommensteuerbescheide, einen Vermögensstatus, Gehaltsnachweise, Gesellschafterverträge, Organschaftsverträge, Ergebnisabführungsvereinbarungen, Investitionspläne mit Wirtschaftlichkeitsberechnungen, Rentabilitätskalkulationen, Grundbuch- und Handelsregisterauszüge, Finanzpläne etc. sein. Die präsentierten Schriftstücke und Zahlenwerke, die Rückschlüsse auf Ihre Einkommensverhältnisse bzw. die Ertragssituation bei Unternehmen geben, leisten einen Überzeugungsbeitrag gegenüber dem Kreditentscheider. Wenn Sie die Unterlagen optimal aufbereitet einreichen, signalisieren Sie damit, dass Sie mit Fremdkapital genauso sorgfältig und gewissenhaft umgehen wie mit Eigenmitteln.

Kreditunterlagen geben Zeugnis über Sie selbst

Wichtig: Auch die Aktualität der Unterlagen spielt eine große Rolle. Bei der jährlichen Einreichung des Jahresabschlusses liegen häufig Verzögerungen vor, die auf die Kreditwürdigkeit sehr belastend wirken können. Unter den Bankern gibt es einen Spruch: „Spät eingereichte Jahresabschlüsse sind fast immer weniger gute, sehr früh eingereichte beinhalten in der Regel gute bis sehr gute Zahlen." Ein gutes Finanzimage verschaffen Sie sich, wenn Sie dem frühzeitig eingereichten Jahresabschluss noch eine selbst abgefasste Seite über die wesentlichen Veränderungen in der Bilanz und der Gewinn- und Verlustrechnung beilegen. Doch beachten Sie stets, dass Qualität hier wichtiger ist als Quantität.

Gutes Finanzimage schaffen

Kreditgespräch souverän führen

Bereiten Sie sich auf ein Kreditgespräch detailliert vor

Die Bedeutung des Kreditgesprächs sollten Sie ebenfalls nicht unterschätzen. Wenn Sie Ihre eigenen Zahlenwerke und Schriftstücke nicht gut interpretieren können oder gar auf die meisten Fragen passen müssen sowie Synergien nicht aufzeigen können, wird es um ein positives Kreditvotum schlecht bestellt sein. Die hohe Kunst der Verschuldung besteht nun einmal darin, seine Gläubiger davon zu überzeugen, dass ihr Geld in sicheren Händen ist und dass die Rückzahlung zuzüglich des Zinsendienstes außer Frage steht. Pflegen Sie bei Ihren Kreditgesprächen auch einen konstruktiven Kommunikationsstil. Sie haben schlechte Karten, wenn Sie bei einem Kreditablösungsgespräch beispielsweise folgende Aussagen machen: „Meine Bank ist bei der Kreditvergabe nicht flexibel genug", „meine Bank hat den Kreditrahmen für mich zu eng gesteckt", „meine Bank ist bei der Kontoführung zu kleinlich", „meine Bank will meine Investitionsvorhaben nicht mehr begleiten".

Bei solchen Aussagen müssen Sie damit rechnen, dass auch Ihr neuer Bankvertreter bereits die Alarmglocken läuten hört. Sprechen Sie einen Kreditwunsch oder ein Kreditanliegen nie als Anspruch aus, sondern haben Sie Verständnis, dass Ihr Banker ein Kreditprüfungsprozedere durchführen muss. Der Bankangestellte reicht ja nicht sein eigenes Geld aus, sondern treuhänderisch das Geld von Dritten. Er ist gemäß Gesetz und Statuten zu großer Sorgfalt verpflichtet.

4. Risiken der Bargeldbeschaffung auf dem „Grauen Kapitalmarkt"

Meiden Sie den „Grauen Kapitalmarkt"

„Bargeldprobleme, Sofortkreditauszahlung mindestens 100 000,00 Mark ohne Schufa-Auskunft und ohne Sicherheiten. Telefon-Nr. …" – Mit solchen und ähnlichen Anzeigen annoncieren Kreditbetrüger in seriösen Zeitungen und Zeitschriften. Die Opfer werden mit raffinierten Tricks geködert. Man verspricht den Interessenten eine schnelle und reibungslose Kreditvalutierung (Kreditauszahlung), wenn im Vorhinein 1 bis 5 Prozent (je nach Zahlungseinschätzung des Opfers) Vermittlungsgebühr oder Auszahlungsgebühren bar bezahlt werden. Die Betrüger schrecken selbst davor nicht zurück, unterzeichnete Kreditbestätigungsschreiben vorzulegen, um den Kunden zur Spesenzahlung zu animieren. Allein in den Fällen, die mir persönlich bekannt sind, haben Betrüger innerhalb von einigen Monaten bis zu 500 Vorgänge in ihre Bücher gebracht und mehrere Millionen Mark erschlichen.

Vorsicht vor Anlagebetrügern ...

Die Ermittlungsverfahren sind wegen der zurückhaltenden Anzeigen der Geschädigten und wegen der Briefkastenfirmen bzw. Scheinfirmen der Betrüger sehr schwierig. Die „Abgezockten" schämen sich ihrer Naivität und Dummheit, auf solche Scharlatane hereingefallen zu sein, und erstatten deswegen oft nicht einmal eine Anzeige. Erschreckend sind die vielfach geringen Strafen, die die Betrüger bei einem Prozess erhalten. Erst kürzlich wurde ein überführter Kreditbetrüger, der dem Richter versprach, sich von seinen kriminellen Machenschaften völlig zu distanzieren, und seine Vorgehensweise den Ermittlungsbeamten voll transparent machte, lediglich zu zweieinhalb Jahren Haft auf Bewährung verurteilt. Seine nachgewiesenen Speseneinnahmen beliefen sich auf über drei Millionen Mark, die spurlos verschwunden waren und sehr wahrscheinlich auf einem ausländischen Nummernkonto auf Verwertung warten.

Achtung: Betreiben Sie bewusst Kreditwürdigkeits-Management, damit Sie nie in die Versuchung kommen, bei unseriösen Geldanbietern um Kredite nachsuchen zu müssen. Genauso viele Scharlatane, die ihre Opfer mit einer problemlosen Kreditvalutierung ködern – genauso viele Kriminelle gibt es auf dem Anlagemarkt, die ihre Masche mit völlig überzogenen Renditeversprechungen abziehen.

... und Geldhaien

Richtig investieren, ohne Sorgen borgen – so geht's

Checkliste: Investitionen und Kredite richtig planen

- Wohnen Sie im Eigentum?

- Besitzen Sie ein Wertpapierdepot?

- Wollen Sie sich selbstständig machen und/oder ein Unternehmen gründen?

- Haben Sie bereits einen Eigenkapitalstock aufgebaut?

- Überlegen Sie sich vor jeder größeren Investition das Kosten-Nutzen-Verhältnis?

- Sind Sie resistent oder schnell verführbar durch raffinierte Werbung?

- Sind Sie gefeit vor Impulskäufen, Spontaninvestitionen und Kreditgesuchen auf dem „Grauen Kapitalmarkt"?

- Stehen Ihre Verpflichtungen und Kredite im Einklang mit Ihren Werten, Zielen und Visionen?

- Betreiben Sie ein aktives Kreditwürdigkeits-Management gegenüber Ihren Bankern?

- Wie gut bereiten Sie sich auf ein Kreditgespräch vor?

- Bauen Sie für jede geplante Investition frühzeitig entsprechende Kapitalpositionen auf?

- Welche Investitionen möchten Sie in den nächsten fünf Jahren angehen?

- Was müssten Sie hierfür heute schon einleiten?

Die beste Anlage- und Spekulationspolitik für Neueinsteiger

6

Spekulationen

1. Suchen Sie sich einen vertrauens-
würdigen Anlagespezialisten

Risikosphären:
Anlageberater,
Anlageinstitut,
Anlagemedium

Immer dreister und immer effizienter gehen die „Anlagehaie" vor. Mittlerweile haben sie es nicht nur auf Freiberufler und Gewerbetreibende abgesehen, sondern auf Anleger aus allen Gesellschaftsschichten und vor allem auf junge Erben. Denn diese sind in der Regel viel risikoorientierter als ihre Erblasser. Es kommt noch hinzu, dass viele junge Erben kein Faible für Geldangelegenheiten haben und dankbar dafür sind, ihr Anlagevermögen Dritten zur Verwaltung zu übergeben. Solche Kandidaten stellen ideale potenzielle Opfer für die Betrüger dar. Sie sollten sich zumindest insofern über Finanzangelegenheiten fachkundig machen, dass Sie solchen Scharlatanen nicht ins Netz gehen können.

Indizien für Anlagebetrug

Lassen Sie sich
nicht über den
Tisch ziehen!

Bei folgenden Sachverhalten sollten bei Ihnen sofort die „Alarmanlagen" angehen:

- Erstkontakt wird per Telefon hergestellt.

- Renditeversprechungen liegen deutlich über den marktüblichen Konditionen.

- Relativ hohe Spesenvorgaben.

- Ausländische bzw. exotische Ziele der Anlagefirmen.

- Auf Abschlüsse wird mit großem Zeitdruck hingearbeitet.

- Anlagefirmen existieren erst seit einer relativ kurzen Zeit.

Leider gelingt es den in betrügerischer Absicht agierenden Anlagefirmen dank modernster Computer- und Kommunikationstechnologien immer besser, ihre Verschleierungstaktiken zu optimieren und auf einen größeren Kreis potenzieller Anleger zuzugreifen. Im Grunde genommen gibt es nur einen wirklich sicheren Schutz vor

Anlagebetrügern: indem Sie sich einem Anlageberater bei einer seriösen Bank anvertrauen.

Renommierte Bankinstitute auswählen

Wählen Sie ein renommiertes Bankinstitut aus, am besten Ihre Hausbank, wenn diese gute Anlagespezialisten beschäftigt. Überweisen Sie niemals Geld an irgendeine dubiose Vermögensverwaltungsfirma, deren genauen Gesellschafterhintergrund Sie nicht kennen.

Geeignetes Geldinstitut auswählen

Wichtig: Achten Sie darauf, dass Sie menschlich mit Ihrem Anlageberater gut harmonieren. Er oder sie sollte bereits mehrere Börsenzyklen durchlebt haben und über einen reichhaltigen Erfahrungsschatz im Anlagengeschäft verfügen. Je größer Ihr Anlagevolumen ist, desto eher werden Sie vielleicht geneigt sein, auch in Aktien zu investieren. Die letzten Entscheidungen über einen Kauf oder einen Verkauf müssen Sie selbst treffen. Halten Sie sich also stets auf dem Laufenden und schauen Sie sich ab und zu Chartanalysen an, damit Sie wissen, in welchem Börsenzyklus Sie sich gerade befinden. Gerade sehr junge Anlagespezialisten, die in einer Aufschwungphase mit ihrem Job beginnen, neigen zu euphorischen und manchmal waghalsigen Engagements. Die Börse ist nun einmal keine Einbahnstraße, und wenn Sie keinen seriösen und sehr erfahrenen Berater zur Seite haben, können Sie auch sehr schnell viel Geld verlieren!

Beratungsqualität muss stimmen!

Überlegen Sie sich ganz genau, welche Risiken Sie eingehen wollen und welche Sie unbedingt vermeiden möchten. Die Hinterfragung Ihrer Anlagemotive und Ihres Risikoprofils müsste Bestandteil jeder Beratung sein. Prüfen Sie Ihren Anlageberater, ob er Ihre Risikobereitschaft hinterfragt und sich genauere Informationen darüber einholt, was Sie mit dem Anlagevermögen einmal anfangen

Testen Sie das Know-how Ihres Anlageberaters

wollen. Es ist ein gewaltiger Unterschied, ob Sie Eigenkapital für die Finanzierung eines Hauses ansparen oder ob Sie Kapital langfristig zur Altersvorsorge anlegen wollen.

Seien Sie auch auf der Hut, wenn Ihnen ohne große Umschweife hauseigene Papiere verkauft werden. Ein guter Anlagespezialist wird Ihnen beim ersten Gespräch gezielte Fragen bezüglich Ihrer Risikoeinstellung und Ihres Anlagemotivs stellen. Nur mit diesen beiden Erkenntnissen kann eine qualifizierte, auf Sie persönlich abgestellte Anlagestrategie ausgearbeitet werden. Solange Sie nur ein Festgeldkonto oder ein Sparbuch unterhalten, werden Sie auf einen Fachmann verzichten können, doch wenn Sie größere Beträge angespart haben und bereits mit festverzinslichen Wertpapieren, Aktien, Investmentfonds oder anderen Anlageprodukten spekulieren, wird es höchste Zeit, einen Kontakt mit einem erfahrenen Wertpapierspezialisten herzustellen.

Unterschätzen Sie nie die Risiken!

Achtung: Grundsätzlich kann ich Ihnen als selbst geprüfter und mit „Seelenschweiß" erprobter Aktien- und Optionsscheinanleger folgenden Rat geben: Lassen Sie als Nichtprofi-Anleger die Finger weg von Tradingversuchen und verzichten Sie auf Erfahrungen mit Geschäften in Optionsscheinen. Die Hebelwirkung bei Optionsscheinen besteht auch bei fallenden Kursen. Dies scheinen manche in gut laufenden Börsenperioden vergessen zu haben.

Übrigens habe ich in meiner über 20-jährigen Laufbahn als Banker noch kein Optionsscheindepot gesehen, das auf Dauer eine herausragende Performance erzielt hätte. Sicherlich können Sie auf Grund der Hebelwirkung einen überproportionalen Gewinn bei einem entsprechenden Kursverlauf erzielen, diesem Gewinnpotenzial stehen mit gleicher Dimension jedoch auch hohe Verlustrisiken gegenüber. Lassen Sie sich von Zufallsgeschäften, die am Stammtisch mit Leidenschaft vorgetragen werden, nicht blenden.

Spekulationen mit Optionsscheinen

Wenn Sie es als Durchschnittsanleger trotz aller Warnungen nicht sein lassen können und sich versiert genug fühlen, um mit Optionsscheinen zu spekulieren, dann sollten Sie mit einem relativ starken Nervenkostüm ausgestattet sein, über auskömmliche Liquiditätsreserven und einen ansehnlichen Kapitalstock verfügen sowie die Optionsscheinspekulation aus dem „Effeff" beherrschen. Hierzu gehört beispielsweise, dass Sie sich nur Optionsscheine mit einer möglichst langen Restlaufzeit aussuchen, um nicht in Zeitnot zu geraten bzw. durch einen bedrohlich heranrückenden Verfalltag nicht von potenziellen Erholungschancen abgeschnitten zu werden, wenn der Schein temporär in eine ungünstige Entwicklung hineingelaufen ist. Achten Sie auch darauf, dass der Kaufkurs eines Optionsscheins in etwa auf dem Niveau seines rechnerischen Wertes liegt. Relativ hohe Aufgelder bergen ein zusätzliches Risiko.

Riskant, aber durchaus profitabel!

Wichtig: Sie sollten ein ausgesprochenes Verhältnis zum Risiko haben (risk-lover), wenn Sie mit Optionsscheinen spekulieren wollen.

Risikomentalität bestimmen

Ihr Risikoprofil können Sie nur selbst oder im Gespräch mit Ihrem Berater festlegen und eine entsprechende Anlagestrategie konzipieren. Ihr Anlageberater sollte Ihnen auf jeden Fall mit den richtigen Fragestellungen behilflich sein, Ihre Risikomentalität adäquat zu bestimmen. Seien Sie in Anlagedingen jedoch auch nicht zu ängstlich. Das Wort Armut besteht ja nicht umsonst aus „arm" und „Mut". Das heißt, wenn Sie arm sind an Mut, werden Sie nie eine überdurchschnittliche Rendite erzielen. Wenn eine Sparbonifizierung (festgelegte Spareinlagen, die mit einem Bonuszins belegt werden) das höchste Anlagerisiko für Sie darstellt, werden Sie wahrscheinlich die Verdoppelung Ihres Kapitals innerhalb von sieben Jahren (anzustrebende Performance) kaum schaffen. Eine höhere Rendite erkauft man sich jedoch immer durch ein höheres

Risiken, die Sie eingehen, müssen Ihrem Naturell entsprechen

Zeitnahe Begleitung durch Ihren Wertpapierberater

Risiko. Es kommt darauf an, ob man die Risiken durch finanztechnischen Sachverstand, volkswirtschaftliches Basiswissen und das nötige Fingerspitzengefühl für das Timing kalkulierbar hält. Die Anlage in relativ sicheren Staatsanleihen, Aktien der Marke Blue Chips und Investmentfonds traditionssicherer Emissionshäuser bieten Ihnen erfahrungsgemäß mittel- und langfristig eine wesentlich höhere Rendite. Doch auch hier sind börsenzyklische Vorsicht, branchenspezifischer Weitblick, volkswirtschaftliches und konjunkturelles Verständnis, Einzeltitelprüfungen, Timing-Übersicht und bei bestimmten Engagements eine zeitnahe Begleitung durch Ihren Wertpapierberater geboten.

Anlageberater richtig auswählen

Gute Anlageberater sind dünn gestreut

Entscheiden Sie sich für jemanden, zu dem Sie absolutes Vertrauen haben können und bei dem Sie spüren, dass die Wellenlänge stimmt und die Persönlichkeit zu Ihnen passt – mit einem Wort: Die zwischenmenschliche „Chemie" muss stimmen. Lassen Sie sich bei der Selektion Ihres Vertrauensmannes sehr viel Zeit. Diese Investition wird sich mehrfach auszahlen. Hüten Sie sich insbesondere vor „Provisionsgeiern", die nur auf die schnell vereinnahmte Vermittlungsprovision aus sind und danach vielfach keinerlei Interesse mehr an Ihnen haben. Am besten aufgehoben sind Sie im Regelfall bei Ihrem vertrauten Bankinstitut.

Achtung: Die Großbanken differenzieren heute ihr Privatkundengeschäft in vermögende Privatkunden und normale Privatkunden. Für beide Segmente stehen unterschiedliche Berater zur Verfügung. Bei den Betreuern der normalen Privatkunden ist davon auszugehen, dass diese mehr auf die Standardprodukte ausgerichtet sind. Nur in seltenen Fällen sind dies „Vollblut-Wertpapierberater". Die Berater für die vermögende Privatkundschaft haben normalerweise eine qualifiziertere Ausbildung für das Wertpapiergeschäft. Sie betreuen und beraten die Kunden höherer Einkommenskategorien und mit einem Anlagekapital von mindestens 100 000,00

Mark aufwärts. Ferner gibt es so genannte Wertpapier-Spezialberater, die ausschließlich ausgewählte Kunden mit größeren Depots betreuen. Wenn Sie so jemanden persönlich kennen oder Ihr Kundenbetreuer einen besonderen Hang zum Wertpapiergeschäft hat, nutzen Sie diese einmalige Gelegenheit!

Geld-Coach einsetzen

Bei der Vielfalt an Anlagemöglichkeiten, die auch hinsichtlich der Risikobeurteilung für einen Laien kaum mehr durchschaubar ist, kann ein erfahrener Geld-Coach, der Ihnen zur Seite steht, unschätzbare Hilfsdienste leisten. Er hilft Ihnen bei der Bewusstmachung Ihrer Anlagemotivationen sowie Anlageziele und entwickelt mit Ihnen zusammen eine maßgeschneiderte Anlagestrategie. Er ist der Fachmann und kann Ihnen aus dem Gestrüpp der Anlagemedien die richtigen Alternativen auswählen.

Mit Geld umgehen – so funktioniert's sicher!

Wertpapierreife erlangen

Gehen Sie jedoch nicht zu einem Experten, wenn Sie das kleine Einmaleins des Finanz-Know-hows nicht beherrschen. Wenn Sie nicht wissen, was ein verzinsliches Wertpapier, eine Aktie oder ein Investmentfonds ist, dann bleiben Sie lieber noch bei Ihren herkömmlichen Anlagevarianten, bis Sie sich selbst eine gewisse „Wertpapierreife" angeeignet haben. Ein gutes Basiswissen ist notwendig, weil Ihnen niemand das letzte Anlagewort abnimmt. Ihr Berater kann Ihnen nur Alternativen vorgeben, entscheiden müssen Sie dann selbst. Die Schlussverantwortung liegt immer bei Ihnen. Nehmen Sie sich deshalb wirklich Zeit, um sich auch in diesem hochinteressanten Gebiet mehr und mehr auszukennen. Setzen Sie Ihre akkumulierten Einkommensanteile und Kapitalzugewinne nie leichtfertig aufs Spiel. Das, was Sie erfolgreich aufgebaut haben, müssen Sie auch umsichtig verantworten bzw. sichern.

Basiswissen über den Anlagesektor ist Pflicht

Effiziente Gesprächsvorbereitung mit Ihrem Anlageberater

„Gute Vorberei-
tung ist die
halbe Miete"

Auf die Basisgespräche mit Ihrem Anlageberater sollten Sie sich sehr gut vorbereiten. Je besser Sie hierfür gerüstet sind, desto reibungsloser und schneller haben Sie ein auf Ihre Wünsche und Ziele ausgerichtetes Anlagekonzept fixiert. Für das Basisgespräch sind folgende Überlegungen sinnvoll.

Bestimmen Sie Ihr Anlagemotiv

Überlegen Sie sich, für was Sie Kapital anlegen und akkumulieren wollen. Möchten Sie vielleicht frühzeitig in Pension gehen, eine Immobilie erwerben, sich für die Selbstständigkeit vorbereiten, Startkapital für die Ausbildung der Kinder schaffen oder vielleicht Ihre private Altersversicherung aufbessern.

Legen Sie den Zeithorizont der Kapitalansammlung fest

Ihre von vornherein festgelegte Anlagedauer bestimmt unter anderem das Anlagemedium. Ihr Anlageberater kann Ihnen dann konkret sagen, welche Anlagemöglichkeiten zeitbedingt ausscheiden und welche für Sie individuell geeignet sind.

Stellen Sie Ihr Nettovermögen und Ihre freie monatliche Liquidität fest

Machen Sie
Ihre Ver-
mögenswerte
transparent

Ziehen Sie von all Ihren Vermögenswerten die entsprechenden Schulden ab und berechnen Sie Ihr Nettovermögen. Machen Sie sich eine Vermögensaufstellung, aus der Sie die Fristigkeiten der gebundenen Vermögenswerte feststellen. Aus Ihrem Haushaltsplan können Sie Ihre freie monatliche Liquidität ersehen, indem Sie die Ausgaben den Einnahmen gegenüber stellen. Mit diesen Daten haben Sie eine Transparenz über Ihre Vermögenswerte und freien Mittel.

Berücksichtigen Sie eine auskömmliche Reservekasse

Für unvorhergesehene Ausgaben sollten Sie unbedingt genügende Reserven auf der Seite haben, um nicht in Liquiditätsengpässe zu kommen. Vielleicht müssen Sie Steuern nachzahlen, oder vielleicht steht die Anschaffung eines neuen Autos, eines Fernsehers, einer Waschmaschine etc. an. All dies sollte Ihr Vergnügungs-Sparkonto abdecken können.

Seien Sie offen und ehrlich im Basisberatungsgespräch

Es bringt nichts, wenn Sie übertreiben oder untertreiben. Ihr Anlageberater kann Ihnen am besten dienlich sein, wenn er über Ihre Verhältnisse genau Bescheid weiß und nicht durch Fehlinformationen falsche Anlageprodukte auswählt. Bleiben Sie auch objektiv, wenn es um die Einschätzung Ihrer Risikomentalität geht. Wenn Sie hier Erfahrungen vortäuschen, die Sie gar nicht besitzen, kann dies fatale Folgen haben. Wenn Sie Geld langfristig anlegen wollen, bisher aber noch keine Erfahrungen mit Aktien gemacht haben, fangen Sie lieber erst einmal mit Aktienfonds an. Bei dieser Anlageform haben Sie erfahrene Anlagemanager im Hintergrund, die berufsmäßig nach optimalen Titeln Ausschau halten müssen. Außerdem haben Sie die Gewähr für eine optimale Aktienstreuung. Muten Sie sich nur Dinge zu, die Sie auch wirklich umsetzen und verantworten können.

Keine Fehlinformationen geben

Nehmen Sie sich auskömmlich viel Zeit für das erste Grundsatzgespräch

Ein erfahrener Anlageberater wird Ihnen weit mehr Ratschläge und Impulse bezüglich Ihrer Vermögensanlagepolitik geben können als nur die Selektion bestimmter Anlageprodukte. Vereinbaren Sie einen Termin mit einer klaren Zeitvorgabe von mindestens 30 bis 45 Minuten. Ideal ist ein Treffen bei Ihnen zu Hause. Hier kann der Anlageberater durch Telefonate sowie Störungen von Dritten nicht abgelenkt werden, und Sie fühlen sich in Ihrer vertrauten Umgebung sicherer und haben alle Unterlagen sofort griffbereit.

Festen Termin vereinbaren

Klarheit in der Anlagepolitik ist wichtig!

Wenn Sie das Basisgespräch hinsichtlich Ihrer Anlagepolitik tief greifend und auf Ihre individuellen Bedürfnisse hin besprochen haben, vermeiden Sie Fehlentscheidungen und Reibungsverluste. Sowohl der Banker als auch Sie haben damit klare Prioritäten geschaffen und wissen genau, auf was für ein Ziel zuzusteuern ist. Bereiten Sie sich also gut vor und machen Sie sich vorweg Gedanken über Ihr Anlagemotiv, Ihren Anlagehorizont und Ihre Risikoneigung.

Vermögensverwaltung als Alternative

Fehlt Ihnen jegliches Erkenntnisinteresse und/oder jegliche Begabung und/oder die Zeit für Vermögensangelegenheiten, dann lassen Sie sich bitte auf dieses Abenteuer lieber nicht ein. Geben Sie dann Ihre Anlagen besser in die Vermögensverwaltung Ihrer Hausbank, die dann selbstständig die Depotverwaltung für Sie übernimmt. Zuvor werden Sie über Ihre Risikomentalität befragt und legen dann mit Ihrem Berater die Anlagestrategien fest. Üblicherweise können Sie zwischen einem Renten-Management, einem konservativen Management, einem wachstumsorientierten Management und einem Chancen-Management auswählen. Die erste Alternative wäre die risikoaversivste, die letzte Anlagestrategie wäre die risikoreichste, aber auch diejenige mit dem höchsten Gewinnpotenzial.

Achten Sie auf eine bedarfsgerechte Vermögensbildung

Wichtig: Da das Börsenumfeld ständig im Fluss ist, ist es ratsam, seine Anlagen auf Risikoveränderungen in bestimmten Rhythmen zu überprüfen. Halten Sie Ihre Risikopräferenz und Ihre Anlageziele auch im Zeitverlauf unter Kontrolle, indem Sie sich beispielsweise fragen:

- In welcher Phase befindet sich der Börsenzyklus momentan?

- Stehen meine Anlagen noch im Einklang mit meinen Werten und Zielen?

- Muss ich meine Anlagestrategie auf Grund einer veränderten Risikomentalität ändern?

- Wie hoch ist derzeit mein Gesamtvermögen?

- Welche Rentabilität erziele ich mit meinen Vermögensanlagen nach Steuern?

- Welches Sparverhalten ist notwendig, um meine Lebensziele finanzieren zu können?

- Befinde ich mich noch auf dem richtigen Sparkurs?

Anlageziele im Auge behalten

Erfolgs-Tipp:

Stellen Sie sich immer wieder kritische Fragen, um Ihre Vermögensbildung bedarfsgerecht zu optimieren.

So starten Sie erfolgreich ins Börsenleben

Denken Sie stets daran, es ist besser, ein paar Stunden über seine Anlagestrategie nachzudenken und aus der Börse Gewinne und Erträge herauszuholen, als einen Monat dafür in seinem Job „schuften" zu müssen. Wenn Sie Muße und Begeisterung für das Wertpapiergeschäft und die Börse mitbringen, dann gehen Sie beherzt und zielstrebig an die Sache heran. Nehmen Sie sich einen kompetenten Berater zur Seite, zu dem Sie volles Vertrauen haben, entwickeln Sie eine auf Ihrer Risikopräferenz und Ihrer Vermögenszielsetzung beruhende Anlagestrategie. Starten Sie dann in Ihr Börsenleben. Engagieren Sie sich aber bitte nicht gerade in einem Allzeithoch.

Nur wer beginnt, gewinnt

Erfolgsgeheimnis Nr. 12 des Reichwerdens

Bestimmen Sie Ihr Risikoprofil, Ihre Wertpapierreife, Ihr Anlagemotiv, Ihre Sparquote, Ihre Anlagemedien und Ihre Anlagestrategie zusammen mit Ihrem Geld-Coach. Überwachen Sie Ihr Depot bezüglich Risikostreuung, Anlagephilosophie und Wertentwicklung in regelmäßigen Abständen.

2. Die ersten 100 000,00 Mark sind am schwersten!

Zeigen Sie Beharrlichkeit

Den größten Gefallen, den Sie sich selbst machen können, ist, die meisten Einkommensanteile bei sich selbst zu behalten und darauf zu achten, dass keine unsinnigen Investitionen getätigt werden. Den größten Fehler, den Sie machen können, ist, bei Erreichen von 20 000,00 oder 30 000,00 Mark aufzugeben. Beharrlichkeit und Konsequenz ist bei der Vermögensansammlung besonders gefragt.

Wenn Sie sich daran gewöhnt haben, einen Kapitalstock vorzuhalten, der immer größer wird, dann können Sie eines Tages in eine Situation kommen, in der der Kapitalstock so viele „Früchte" abwirft, dass Sie alleine aus dieser Einnahmequelle gut leben können. In so einer Situation ist es dann egal, ob Sie arbeiten, reisen oder Ihrem liebsten Hobby nachgehen – Ihre Einkünfte aus Kapitalvermögen sichern Ihren Lebensunterhalt. Sie haben in diesem Moment einen „goldenen Esel" gezüchtet, der Ihnen die „Goldtaler" liefert, die Sie für einen gehobenen Lebensstandard brauchen. Das Reichtumstor zur finanziellen Freiheit hätten Sie damit auf jeden Fall aufgestoßen.

Wertpapierinvestitionen

Investieren Sie so viele Einkommensanteile, wie Sie nur entbehren können, in Anlagetitel. Diese Investitionen sind für Sie persönlich von enormer Bedeutung. Pumpen Sie Ihr Geld in den wirtschaftlichen Kreislauf, und es wird bei geschickter und risikobewusster Anlagestrategie sich unaufhörlich vermehren und Ihnen Chancen für lukrative Investitionsprojekte eröffnen.

Aufschubproblem

Achtung: Die 100 000-Grenze zu erreichen ist so schwer, weil Sie eventuell völlig umdenken müssen bezüglich Ihrer Ausgabendisziplin, Einkommensverbesserung und Ansparkonsequenz. Wenn Sie in 15 Jahren Depotmillionär sein wollen und noch keinen Kapitalstock gebildet haben, dann darf es jetzt keinen Aufschub mehr geben. Je früher Sie nach Festlegung Ihres Finanz- und Anlageplans mit der Anlagespekulation beginnen, desto mehr kann die Zeit und die natürliche Geldakkumulationskraft für Sie arbeiten. Je länger Sie zögern und je planloser Sie ans Werk gehen, desto schlechter sind Ihre Erfolgsaussichten.

Planen Sie
frühzeitig
und gezielt

Einbehaltergebnis

Lebenseinkommen:
Euro 1,44 Mio.
(= Euro 3 000,00
monatlich 30 Jahre)

Kapital verzinst:
mit 10 Prozent
pro Jahr = Euro 0,888 Mio.
nach 30 Jahren

Zurückbehaltung:
Euro 0,216 Mio. in 30 Jahren
(jeweils 15 Prozent
auf Euro 5 400,00 pro Jahr)

Wenn Sie während Ihrer Berufszeit 15 Prozent Ihres Einkommens für sich selbst einbehalten, haben Sie bei einer guten Anlagestrategie in der Regel ein ausreichendes Kapitalbecken zur Verfügung, das Ihnen für Ihre Pensionszeit einen gehobenen Lebensstandard ermöglichen sollte.

Wenn beispielsweise ein Weinbauer in drei Jahren von einer neu angepflanzten Rebsorte eine reichhaltige Ernte einfahren will, muss er sich schleunigst ans Werk machen und die Weinstöcke pflanzen, damit er sein Ziel erreichen kann. Wenn Sie in fünf Jahren ein Haus bauen wollen und haben noch keinen Pfennig für den Eigenkapitaleinsatz, dann wird es allerhöchste Zeit, Ihre Ausgabenpolitik zu ändern, um einen Kapitalstock aufzubauen.

Privates Finanzmanagement optimieren

Führen Sie Ihre Finanzen Gewinn bringend

Wenn es Ihnen gelingt, Ihr Gehirn in dem Sinne umzuprogrammieren, dass die Konzentration nicht mehr auf dem Beklagen von zu wenig Einkommen und zu hohen Rechnungen liegt, sondern auf den materiellen Reichtum und die Vermögensbildung ausgerichtet ist, dann haben Sie die erste und schwierigste Reichtumshürde bereits genommen.

Beklagen Sie nicht mehr offene Rechnungen und höhere Preise, die Sie sowieso nicht beeinflussen können, sondern konzentrieren Sie sich vollständig auf die Möglichkeiten einer straff und effizient geführten Haushaltspolitik. So wie jedes erfolgreich geführte Unternehmen ständig und mit Akribie darauf achten muss, schlank, effizient und kostenbewusst zu wirtschaften, so sollten es auch die Privathaushalte tun; sie hätten damit wesentlich weniger Probleme und viel mehr finanzielle Unabhängigkeit.

Optimieren Sie Ihre Geldströme

Auch ein Unternehmen muss über einen auskömmlichen Betrag an Eigenkapital verfügen, um genügend Polster während schwieriger Zeiten zu haben. Warum machen Sie es denn den Topfirmen nicht nach. Ich verstehe heute immer noch nicht, warum so viele Gehaltsempfänger ihre Gutschriften nicht optimal disponieren. Fast jedes Unternehmen schaut darauf, dass es die Geldströme optimal zusammenführt und Überschüsse sofort zinsgünstig anlegt sowie Defizite zu einem günstigen Zinssatz finanziert.

*Disponieren Sie
Ihr Geld volu-
men- und zeit-
punktgenau*

Erfolgs-Tipp:

Legen Sie Ihren Sparbeitrag, den Sie aus Ihrem Gehalt oder aus Ihren sonstigen Einkünften abzweigen, unmittelbar in eine lukrative Anlage an. Machen Sie beispielsweise einen Dauerauftrag oder lassen Sie sich einen gewissen Geldbetrag von einer Fondsgesellschaft abbuchen. Disponieren Sie wie die Firmen volumen- und zeitpunktgenau. Auch wenn Ihnen die Beträge klein erscheinen mögen, so können Sie über Ihre Lebenseinkommenszeit enorme Multiplikatoreffekte erzielen, wenn Sie mit mehr Plan und Konzept an das Reichwerden herangehen.

Gegen (Geld-)Verführungen resistent bleiben

*Psychologische
Ansparhürden*

Beim Ansparen gibt es so genannte psychologische Grenzen; hierunter versteht man die Neigung und das zunehmende Bedürfnis, den angesparten Betrag in Güter umzusetzen, für die er aber ursprünglich gar nicht gedacht war. Lassen Sie sich von den raffinierten Werbemethoden nicht blenden und unterliegen Sie nicht den zahlreichen Verführungen, die Ihnen täglich begegnen. Besinnen Sie sich auf Ihre Werteordnung und Ziele, die Sie sich für Ihr Vermögen gesetzt haben. Halten Sie an Ihren ersten 100 000,00 Mark unwillkürlich fest und stellen Sie sich vor Ihrem geistigen Auge schon den Depotauszug vor, in dem der sechsstellige Betrag zum ersten Mal aufgeführt ist. Wenn Sie diese magische Grenze überschritten haben, werden Sie es wesentlich leichter haben. Damit haben Sie nämlich bestimmte Grundgesetze des Reichwerdens bereits voll beachtet und sich selbst bewiesen, dass Sie in der Lage sind, einen größeren Betrag anzusparen bzw. durch geschickte Spekulationen zu akkumulieren. Und wenn Sie 100 000,00 Mark zusammenbringen, dann werden Sie auch 1 Million, später 2 Millionen Mark und mehr – je nach Ihren Zielvorgaben und Lebenswünschen – anhäufen können. Vielleicht streben Sie nicht nur ein Leben als Vermögensmillionär, sondern auch ein Leben als Einkommensmillionär an. Damit könnten Sie das Diamantene Reichtumstor, das Tor zur vollkommenen ökonomischen Unabhängigkeit, schnell aufschließen.

3. Die wichtigsten Anlagevarianten: Verzinsliche Wertpapiere, Investmentfonds, Aktien

Wichtig: Grundwissen über Anlagemöglichkeiten

An dieser Stelle soll lediglich auf die wichtigsten Anlagemedien eingegangen werden. In der Fachliteratur gibt es sehr gute Bücher, die das ganze Spektrum der Anlagealternativen detailliert beschreiben (siehe Literaturhinweise auf Seite 284). Dies würde jedoch die Möglichkeiten dieses Buches sprengen. Auch die Kreditinstitute stellen erstklassige Informationsbroschüren oftmals unentgeltlich bereit. Wenn Sie Vermögen aufbauen bzw. aufgebaut haben, sollten Sie zur Substanzsicherung und zur weiteren Akkumulation über ein finanzwirtschaftliches Basiswissen verfügen. Denn was nützt es Ihnen, wenn Sie einerseits Einkommensanteile auf die Seite bringen und durch fahrlässige Anlagetransaktionen Ihr generiertes Kapital wieder verlieren. Das Grundwissen über die wichtigsten Anlageprodukte ist auch notwendig, wenn Sie Ihr Geldvermögen an eine Vermögensverwaltung gegeben haben oder wenn ein Dritter das Geld für Sie verwaltet. Sie müssen in letzter Instanz über das Risiko und die Performance entscheiden. Diese Aufgabe nimmt Ihnen niemand ab. Sie sollten mindestens über verzinsliche Wertpapiere, Investmentanteilscheine und Aktien sowie die damit verbundenen Risiken Bescheid wissen.

Verzinsliche Wertpapiere

AAA-Bonds bis Junk Bonds

Verzinsliche Wertpapiere, auch Renten genannt, weil sie wie bei einer Rente einen festen Betrag ausbezahlt bekommen, sind auf einem Stück Papier ausgestellte Schuldverschreibungen oder, vornehmer ausgedrückt, eine Urkunde, aus der Sie die Ausstattungsmerkmale wie die Art der Verzinsung, die Laufzeit, die Rückzahlung, die Währung sowie das Ausgabejahr ersehen können. Viele sagen zu solchen Papieren auch Bonds, Anleihen, Obligationen etc. Doch alle verstehen darunter einen Schuldschein für den Gläubiger, der dem Geldempfänger bzw. dem Emittenten oder Schuldner sein Geld borgt, um es später in der Erwartung mit einem Zinsertrag und, wenn er es früher an der Börse verkauft, eventuell sogar mit einem Kursgewinn zurückzubekommen. Eine Anleihe ist somit nichts anderes als ein Dokument, das die Überlassung von Geld für bestimmte Gegenleistungen bestätigt. Im Prinzip geben Sie einem anderen bzw. einer Institution ein Darlehen. Hierfür bekommen Sie eine Dokumentation, die Ihnen als Beweis für diese Finanztransaktion dient. „Uncle Sam", auch U.S.-Regierung genannt, ist der weltgrößte Emittent von verzinslichen Wertpapieren. Normalerweise bekommen Sie mit Zunahme der Fristigkeit auf Grund des höheren Inflationsrisikos auch eine höhere Verzinsung. Da Staatsanleihen der führenden Wirtschaftsnationen relativ sicher sind, haben Sie auch keine allzu großen Kursschwankungen im Gegensatz zu Industrieobligationen mit schlechteren Ratings (Skala von Bonitätseinschätzungen). Am untersten Ende der Bonitätsskala stehen die Junk Bonds, so genannte „Schrottanleihen". Dies sind Anleihen mit höchstem Risiko, aber auch mit überdurchschnittlichen Ertragschancen.

Zinsausstattungen von Bonds

Bei der Verzinsung, die sich auf den Nennwert bzw. Nominalwert bezieht, sind alle denkbaren Konstruktionen möglich. Bei Zero Bonds tritt anstelle der laufenden Zinszahlungen ein Aufschlag, der beim Fälligkeitstag beglichen wird. Sie kennen dieses Verfahren sicherlich schon von der Anlageform abgezinster Sparbriefe. Je nachdem, welche Bonität der einzelne Emittent besitzt, wird sich auch die Zinsausstattung danach richten. Eine höhere Verzinsung geht normalerweise mit einem höheren Gläubigerrisiko einher. Schuldverschreibungen der öffentlichen Hand (Bundesschatzbrie-

Alle denkbaren Konstruktionen möglich

fe, Bundesanleihen, Bundesobligationen, Finanzierungsschätze) sind gegenüber Bankschuldverschreibungen und Industrieobligationen bonitätsmäßig höher einzustufen. Fast alle Anleihen werden an der Börse gehandelt. Der Kurs richtet sich nach Angebot und Nachfrage. Bei Fälligkeit der Wertpapiere müssen sie in der Regel zu 100 Prozent zurückbezahlt werden.

Risiken von Bonds

Bonitäts-, Zinsänderungs-, Kündigungs-risiko

Bei den verzinslichen Wertpapieren sollten Sie stets bestimmte Risiken im Auge behalten. Hierzu gehören das vorgenannte Bonitätsrisiko (potenzielle Gefahr der Zahlungsunfähigkeit des Emittenten oder der vorübergehenden Nichterfüllung des Kapitaldienstes), das Zinsänderungsrisiko (potenzielle Gefahr, dass das entsprechende Zinsniveau ansteigt und die Kurse nach unten drückt), das Kündigungsrisiko (potenzielle Gefahr einer vorzeitigen Kündigung durch den Emittenten bei einem tendenziell fallenden Zinsniveau).

Investmentfonds

Investment-zertifikate

Wenn Sie keine Lust und Zeit haben, Erfolg versprechende Aktien auszusuchen und ein Depot zu verwalten, dann können Sie dies Experten überlassen, die diese Aufgaben professionell in Investmentfondsgesellschaften betreiben. Durch den Erwerb von Investmentanteilscheinen können Sie am Erfolg (manchmal ist es auch ein Misserfolg) teilhaben. Investmentzertifikate verbriefen Anteile an einem Investmentfonds. Dieser hält die Gelder mehrerer Investmentfondsanleger, um sie risikooptimal in verschiedenen Anlagemedien (Wertpapieren, Geldmarkttiteln, Immobilien, stillen Beteiligungen) anzulegen und professionell zu verwalten. Das Fondsvermögen umfasst die von den Anteilseignern eingezahlten Geldbeträge und die aus diesem Sondervermögen bezahlten Vermögenswerte. Die hoch bezahlten Depotmanager von Investmentfonds versuchen, die Renditen der entsprechenden Gesamtmärkte

(Benchmark) zu überbieten. Doch vielen, insbesondere den Aktienfondsmanagern, gelingt dies nicht allzu häufig. Die Anlageprofis sind auch nur ein Glied in einer Kette von Fondsmanagern, die dazu tendieren, hauptsächlich auf dieselben „Pferde" zu setzen wie ihre Kollegen. Einer schaut auf den anderen und beobachtet argwöhnisch neue Anlageschritte der Mitwettbewerber. Viele fühlen sich bestätigt, wenn sie die gleiche Aktienselektion wie die meisten anderen getroffen haben. Nur ungern gehen sie auf neues Terrain, das oftmals wesentlich bessere Perspektiven und Kursentwicklungen bietet.

Grundwissen

Investmentfondsanteile können Sie von inländischen und ausländischen Fondsgesellschaften kaufen. Es gibt offene Fonds (Zahl der Anteile und Teilhaber sind offen) und geschlossene Fonds (eine von vornherein fixierte Anzahl von Anteilen wird mit einem bestimmten Betrag verkauft/die Anteile können normalerweise nicht zurückgegeben werden, sondern nur an Dritte weiterverkauft werden). In Deutschland kennt man aus steuerlichen Optimierungsgründen hauptsächlich den geschlossenen Immobilienfonds, der in der Rechtsform einer Kommanditgesellschaft betrieben wird. Im Gegensatz zu Publikumsfonds werden Spezialfonds nur für bestimmte institutionelle Anleger (Pensionskassen, Sozialversicherungsträger, Versicherungsunternehmen) aufgelegt. Deutsche Investmentfondsgesellschaften haben einen ähnlichen Charakter wie Kreditinstitute und unterliegen dem Gesetz über Kapitalanlagegesellschaften (KAGG). Das Bundesaufsichtsamt muss eine Erlaubnis zur Aufnahme der Geschäftstätigkeit erteilen und überwacht die Einhaltung der Gesetze und Statuten. Die Anlagegesellschaften werden in der überwiegenden Anzahl als Gesellschaft mit beschränkter Haftung (GmbH) betrieben. Das Sondervermögen der Fondsgesellschaften wird je nach Satzung in verschiedene Anlageprodukte investiert.

Bundesaufsichtsamt: „The big brother ist watching you"

Arten

„Wer die Wahl, hat die Qual"

Am bekanntesten sind Aktien- und Rentenfonds, die ihre Finanzmittel ausschließlich in Aktien bzw. Renten investieren. Ferner gibt es gemischte Fonds (Renten/Aktien) und Spezialitätenfonds (Optionsscheine/Genussscheine/Futures etc.). Nach der geographischen Aufteilung können Sie zwischen Länderfonds (Investments nur in bestimmten Ländern), Regionenfonds (Anlagewerte sind auf eine bestimmte Region, zum Beispiel auf Europa oder Asien beschränkt), internationale Fonds (weltweite Anlagen) sowie Emerging-Markets-Fonds (Investments in Reformländern) unterscheiden. Es gibt Fonds mit einer limitierten Laufzeit (Laufzeitfonds), und es gibt welche ohne Laufzeitbegrenzungen. Es gibt Fonds, die nur in der Heimatwährung anlegen, wieder andere sind international oder innerhalb eines bestimmten Währungskreises aktiv. Es gibt thesaurierende Fonds, die die Erträge nicht ausschütten, sondern dem Fondsvermögen zuschlagen, und Ausschüttungsfonds, die normalerweise jährlich eine Ausschüttung vornehmen. Am Tag der Ausschüttung vermindert sich der Anteilspreis entsprechend.

Vorteile und Risiken

Anlage ist einfach und bequem

Der Käufer von Anteilsscheinen einer Investmentgesellschaft hat den Vorteil, dass er sich nicht den Kopf über die Auswahl guter Aktien, Renten oder anderen Anlagemedien zerbrechen muss. Dies übernimmt eine Expertengruppe, die auch darauf achtet, dass das Risiko optimal verteilt wird. Diese Sache ist relativ bequem und einfach, beinhaltet jedoch auch Risiken, die man nicht unbeachtet lassen sollte. Sie sind von der Qualifikation des Fondsmanagements abhängig, insbesondere was die Verwaltung des Anlagekapitals anbelangt. Überprüfen Sie deshalb die Performance des Fonds der letzten Jahre und vergleichen Sie das Ergebnis mit dem Marktdurchschnitt und den Resultaten von anderen Fondsgesellschaften. Fondsanteile, die Sie nur kurzfristig halten wollen, unterliegen der Gefahr, dass der Ausgabeaufschlag und die Verwaltungskosten des Fonds noch nicht vom Fonds selbst erwirtschaftet wurden, bevor Sie wieder verkaufen wollen. Zwischen Ausgabe- und Rücknahmepreis liegt meistens ein Aufschlag von 2,5 bis 5 Prozent. Fondsinvestitionen sollten deshalb mindestens einen mittelfristigen Anlagehorizont haben. Anlagen unter einem Jahr sind hier wenig sinnvoll. Wie die Kurse an der Wertpapierbörse nach oben oder unten gehen können, so verändert sich auch in einer Hausse- bzw. Baissesituation der Anteilspreis entsprechend den Veränderungen der angelegten Werte.

Mitnahmeeffekt

Viele Anleger verfügen über keine durchdachte Anlagestrategie oder haben überhaupt keine Methodik, wenn sie anfangen, an der Börse zu spekulieren. Bei den Anlageprofis der Investmentfondsgesellschaften kann man davon ausgehen, dass sie klare Konzepte und eine gut konzipierte Anlagestrategie besitzen. Für diese Manager ist es überlebensnotwendig, sich voll engagiert mit ihrer Anlagestrategie und ihrer Wertpapierselektion auseinander zu setzen. Diesen Performancedruck können Sie sich indirekt zunutze machen, indem Sie Investmentanteile in Ihr Depot legen.

Aktien

Einen etwas besseren Inflationsschutz als bei den Anleihen bietet Ihnen die Investition in Aktien. Diese halten in der Regel über einen sehr langen Zeitraum mit der vorherrschenden Inflation Schritt und werfen darüber hinaus noch Dividenden ab. Wenn Sie eine Anleihe kaufen, dann gewähren Sie ein Darlehen; wenn Sie eine Aktie kaufen, dann kaufen Sie einen Anteil an einem Unternehmen. Sie investieren in einen Sach- bzw. Substanzwert.

Investition in Sach- bzw. Substanzwerte

Chancen und Risiken

Eine Aktie verbrieft ein Miteigentumsrecht an einer Aktiengesellschaft (AG). Durch die Aktienausgabe beschafft sich das entsprechende Unternehmen haftendes Eigenkapital. Die Aktie ist so begehrt, weil sie Kapitaleigentum und Unternehmensleitung in

Insolvenz-, Kursänderungs-, Dividendenrisiko

idealer Weise trennt. Der Nennwert aller Aktien eines Unternehmens entspricht dem Grundkapital. Wegen ihrer einfachen Übertragbarkeit spielt die Inhaberaktie die bedeutendste Rolle im Aktienhandel. Der Aktionär wird Mitinhaber des Gesellschaftsvermögens und partizipiert an Wertsteigerungen. Aber er riskiert auch, sein eingesetztes Kapital im Extremfall zu verlieren. Bisher hat eine stattliche Anzahl von Firmen den Nennwert ihrer Aktie auf 5,00 Mark heruntergesetzt. Er kann auch ein Vielfaches davon einnehmen. Im Hinblick auf die Euro-Einführung gehen viele Firmen dazu über, auf Stückaktien umzustellen. Die ungeraden Umrechnungsbeträge in Euro würden entsprechende Kapitalveränderungen bedingen, die sehr kostenaufwändig sind. Die potenziellen Chancen als Aktionär bestehen zum einen in einer Dividendenausschüttung und zum anderen an der Partizipierung an zukünftigen Kursgewinnen. Der Aktionär hat andererseits das unternehmerische Risiko (Insolvenzrisiko), das Kursänderungsrisiko (allgemeine rückläufige Aktienmarkttendenz, rückläufige Kursentwicklung, die nur auf das Unternehmen selbst zurückzuführen ist), das Dividendenrisiko (Dividendenausfall oder Dividendenkürzung) und das Kursprognoserisiko (falscher Einstiegszeitpunkt).

Weitere Anlagemedien

Vorsicht bei nicht vertrauten Anlageformen

Neben verzinslichen Wertpapieren, Aktien und Fondsanteilsscheinen gibt es noch eine Reihe weiterer Anlagemöglichkeiten wie Genussscheine (Gläubigerpapier lautend auf einen Nominalwert/Gewinnanspruch), Aktienanleihen, Index-Zertifikate, Discount-Zertifikate, Optionsscheine (verbrieftes Recht auf den Bezug bzw. auf die Abgabe einer bestimmten Menge eines Basiswertes), Geschäfte in Optionen und Futures u. a. Überlassen Sie komplexere Anlagemedien den Profis, die die täglichen Marktverläufe sowieso beobachten müssen und Vollzeit-Börsengeschäfte betreiben. Engagieren Sie sich mehr in den Anlageformen, mit denen Sie gut vertraut sind.

Wichtig: Viel ausschlaggebender als die vollständige Kenntnis über alle Anlagealternativen ist das Basiswissen über verschiedene

Abläufe und Mechanismen, die die Vermögensanlage direkt oder indirekt tangieren.

4. Kursbildungsmechanismen, Inflationseffekt, Anlagerisiken

Investoren, Körperschaften, Staaten und vor allem Kapitalgesell- *Kursbildung*
schaften beschaffen sich finanzielle Mittel auf dem Geld- (kurzfris- *bei Bonds*
tiger Markt) und Kapitalmarkt (mittel- und langfristiger Markt). Sie
begeben Aktien als Anteilspapiere sowie Anleihen als Schuldtitel,
um sich Kapital zu besorgen. Die Preise bzw. Kurse für Wertpapiere werden an der Börse durch Angebot und Nachfrage festgelegt.
Diese wiederum werden bei verzinslichen Wertpapieren unter anderem durch die Bonität der Emittenten und die Zinsentwicklung
bestimmt. Steigen die Zinsen oder verschlechtert sich beispielsweise die Kreditwürdigkeit des Schuldners, dann sinkt der Kurs des
verzinslichen Wertpapiers. Es wird dann weniger nachgefragt bzw.
mehr verkauft als gekauft. Die Rendite (Kurserträge und Zinserträ-
ge zusammengefasst) fällt, obgleich der Nominalzins fix ist. Viele
steigen aus solchen Wertpapieren aus, um bei steigenden Markt-
zinsen lukrativere Titel zu ordern. Im Extremfall kann bei einer in-
versen Zinsstruktur (die kurzfristigen Zinsen liegen höher als die
langfristigen Zinsen) eine Festgeldanlage oder ein Investment in
Kurzläufern sogar eine höhere Performance liefern als eine Anlage
in mittel- oder langfristige Bonds.

Kursbildung bei Aktien

Bei Aktien hängt die Kursentwicklung von verschiedenen ökono- *Kursentwick-*
mischen Basisdaten, beispielsweise der Zinsentwicklung, des Wirt- *lung von*
schaftswachstums, der Liquiditätssituation, der Preisentwicklung, *ökonomischen*
den Gewinnerwartungen, den Wachstumsperspektiven etc. sowie *Basisdaten*
von den Zukunftsaussichten einer Aktiengesellschaft und natürlich
von vielen irrationalen Momenten, die aus der Politik, aus der Ge-

rüchteküche, aus Übernahmen- und Fusionsfantasien etc. kommen können, ab.

Bonds versus Aktien

Behalten Sie stets die Zinsentwicklung im Auge

Fast jeder Aktienspekulant beobachtet die Zinsentwicklung sehr genau. Denn Staatsanleihen, Industrieobligationen, Spar- und Termineinlagen etc. sind die alternativen Anlageformen bzw. Konkurrenten zur Aktienanlage. Deshalb lautet eine banale Börsenregel, dass bei nachhaltig stark steigenden Zinsen grundsätzlich mit fallenden Aktienkursreaktionen zu rechnen ist und bei anhaltend sinkenden Zinsen in der Regel anziehende Aktienkursausschläge zu erwarten sind. Beschlüsse der Europäischen Zentralbank werden deshalb von den Börsianern mit größter Aufmerksamkeit verfolgt.

Die Bedeutung einer hohen Liquidität

Nur mit Liquidität kommt Bewegung in die Börsenentwicklung

Auch die zur Verfügung stehende Liquidität für potenzielle Aktieninvestments hat Einfluss auf die Aktienkurse. Steht genügend in- und ausländische Liquidität zur Verfügung, stehen die Zeichen für steigende Aktienkurse gut. Indirekt hängen die lokalen Liquiditätssituationen natürlich auch von den weltweiten Zinsentwicklungen und wirtschaftspolitischen Stabilitäten in den verschiedenen bevorzugten Anlageländern ab. Denn wenn relativ sichere Investments mit ordentlichen Renditen irgendwo auf der Welt erzielbar sind, wird automatisch Kapital dorthin fließen. Genauso schnell wie Kapitalzuflüsse kommen, können sie aber auch wieder gehen, wenn sich bessere Alternativen ergeben. Gerade in Deutschland wird ein hoher Anteil der Aktieninvestments von Ausländern gehalten. Insgesamt kann festgehalten werden, dass die Börse nur dann „zum Laufen" kommen kann, wenn unter anderem ausreichende Geldvolumina für Aktieninvestments zur Verfügung stehen. Und hier dürften die Ampeln in den nächsten Jahren auf „Grün" stehen. Die anziehende Konjunktur wird die Unternehmensergebnisse steigen lassen und die alternde Bevölkerung in

Europa sowie das Missverhältnis zwischen Beitragszahlern und Bei-
tragsempfängern bei den Rentenversicherungsträgern wird den
Druck zur privaten Altersvorsorge enorm erhöhen.

Zinsentwicklung im Auge behalten

Selbstverständlich spielen auch die Konjunkturentwicklung bzw.
das Wirtschaftswachstum und Branchenverläufe eine großen Rolle
bei der Aktienkursbildung. Gesamtkonjunktur und Branchenent-
wicklungen haben nicht immer den gleichen Verlauf. Hier muss
streng differenziert werden. So kann es sein, dass das Bruttoin-
landsprodukt insgesamt um 2 bis 3 Prozentpunkte zugenommen
hat, bestimmte Sparten jedoch – so wie derzeit bei uns die Aktien
der Baubranche – rückläufig sind.

Stark steigende Zinsen sind Gift für die Aktienkurse

Wichtig: Achten Sie bei Ihrer Titelauswahl stets darauf, aus welchem Segment Sie Titel auswählen und welche Perspektiven die
einzelnen Branchen haben. Die erfahrenen Anleger beobachten alle ökonomischen bzw. volkswirtschaftlichen Zahlen, die direkt
oder indirekt Einfluss auf die Konjunktur haben, sehr genau. Wenn
beispielsweise die Arbeitslosigkeit drastisch sinkt, ist dies ein Warn-
signal für viele Börsianer. Sie gehen davon aus, dass die Wirtschaft
in eine überschäumende Situation geraten könnte, wenn urplötzlich so viele neue Arbeitskräfte nachgefragt und eingestellt werden. Eine überhitzte Konjunktur bedeutet wiederum Gefahrenmo-
mente für die Inflation und die Zinsen. Ein zu schnelles Wachstum
bremst die Zentralbank meistens mit Zinserhöhungen ab, die Ein-
geweihten sprechen dann von der „Zinsbremse" der Zentralbank.
Und was stark steigende Zinsen für den Aktienmarkt bedeuten,
kann sich jeder ausrechnen. Auch die Entwicklung des Konsum-
klimas, Veränderungen der Investitionsgüternachfrage etc. beobachten die Aktienspekulanten sehr genau. Alles, was direkt oder
indirekt auf steigende Zinsen schließen lässt, wirkt auf die Entfal-
tungsmöglichkeiten der Aktienbörsen wie Gift.

Aktientitel richtig auswählen

Anlagehorizont für Aktieninvestments

Notwendig:
Fingerspitzen-
gefühl für
das Timing

Eines sei gleich vorweg gesagt: Wer Aktien kauft, sollte dies immer unter einem mittel- bzw. langfristigen Anlagehorizont tun. Sie sollten das Geld wirklich entbehren können. Sie dürfen kurzfristig nicht darauf angewiesen sein, sonst könnten Sie selbst unter Druck kommen und bei einer ungünstigen Börsenentwicklung Ihre Papiere mit Verlust verkaufen müssen. Wenn Sie wenig Kapital haben oder Anfänger in Aktieninvestments sind, dann lassen Sie im eigenen Interesse bitte die Finger von Tradingversuchen. Die Gefahr ist sehr hoch, dass Sie sich Ihre Finger dabei verbrennen. Auch ich musste in den Anfangsjahren leidige Erfahrungen machen, bis ich verstanden habe, dass langfristig erfolgreiches Traden sehr viel charttechnischen Sachverstand, Fingerspitzengefühl für das Timing, eine ausgeprägte Intuition für den Börsengesamtmarkt, aber auch Fortune benötigt.

> **Erfolgs-Tipp:**
>
> Überlassen Sie als Privatanleger oder Laie das Tradinggeschäft den Experten und bleiben Sie lieber mit Blue Chips langfristig engagiert. Als Nichtprofi haben Sie damit wesentlich bessere Erfolgschancen.

Typische Aktienkursentwicklung

Kursverlaufs-
phasen einer
Aktie

Eine sehr oft anzutreffende Aktienkursentwicklung hat folgende drei Verlaufsphasen:

- In der ersten Phase ordern die Insider und bevorzugt informierte Großinvestoren. Die entsprechende Aktiengesellschaft hat zu diesem Zeitpunkt die Grundlage für einen Turn-around geschaffen, und die schlechten Nachrichten sind im Kurs bereits eingepreist. Die geringsten Positivmeldungen reichen ab diesem Zeitpunkt aus, um den Aktienpreis beschleunigt nach oben zu ziehen.

■ In der darauf folgenden Phase nimmt die Schar der Spekulanten die anziehenden Kurse wahr und engagiert sich ebenfalls. Die Aufwärtsdynamik gewinnt an Stärke, und die Umsätze nehmen rapide zu. Nun gesellen sich zu den Fundamentalisten auch noch die Techniker, die durch die steigenden Kurse Kaufsignale vermittelt bekommen. Jetzt fangen die Kurse an zu reißen, und die Aktienanalysten geben Kaufempfehlungen mit entsprechenden Kurszielen ab. Der Optimismus unter den Anlegern ist zu diesem Zeitpunkt sehr ausgeprägt.

■ Bevor die dritte Phase beginnt, fangen die Investoren aus der ersten Phase langsam an, ihre Papiere mit Gewinn wieder abzugeben. In der dritten Phase wird der Optimismus langsam überschäumend. Nun kommen die „Zocker", Spekulanten, die auf Kredit investieren, die Laien und Trader ins Spiel. Ab diesem Moment haben sich die meisten Anleger aus der ersten Phase und viele aus der zweiten Phase von ihren Aktien bereits wieder getrennt. Die Situation wird immer prekärer, und der Aufwärtstrend ist bereits gestoppt worden. Jetzt können schon die unbedeutendsten negativen Verlautbarungen zur Trendumkehr des Kurses führen und einen Abwärtstrend einleiten. Da die Spieler und „Zocker" in der Regel nicht mit dem stärksten Nervenkostüm und auskömmlichen Rücklagen ausgestattet sind, verkaufen sie bereits bei den ersten Rückschlägen und leiten damit eine immer größer werdende Abwärtsdynamik ein. Die Analysten haben eventuell negative Meldungen aus dem Unternehmen erhalten und stufen die Aktie von Kaufen auf Halten zurück. Dies ist wiederum für viele ein Verkaufssignal, und aus dem euphorischen Optimismus ist plötzlich ein völlig übertriebener Pessimismus geworden.

Die Profiteure sind in erster Linie die bestinformierten Investoren aus der ersten Phase. Die Anleger aus der dritten Phase und teilweise auch aus der zweiten Phase sind diejenigen, die verloren ha-

Die Profiteure – bestinformierte Investoren

ben. Die Quintessenz aus diesem Prozess ist, dass man wesentlich mehr Gewinnperspektiven hat, wenn die schlechten Nachrichten im Kurs bereits eingepreist sind, der Optimismus für das Unternehmen durch Positivmeldungen von der Presse noch nicht breitflächig ist und erst schleichend vorankommt.

Aus den USA kommen die Sprüche „buy on bad news and sell on good news" und „buy the rumor, sell the fact". Oder um in der Sprache von Kostolany dieses Phänomen auszudrücken: „Der Anleger soll zwei Drittel gegen die Tendenz gehen und zu einem Drittel mit der Tendenz." In der Praxis ist es sehr schwer, gegen die vorherrschende Meinung und die Tendenzen zu agieren. Denn man müsste bei euphorischem Optimismus äußerst pessimistisch sein und bei ausgeprägtem Pessimismus sehr optimistisch.

Antizyklische Investitionen tätigen

Erfolgs-Tipp:

Wenn Sie Aktien ordern, denken Sie unbedingt an antizyklisches Investieren. Ganz besonders wichtig ist dies bei Tradings. Denn hier haben Sie keinen Ausgleichsmechanismus über einen langen Zeithorizont. Kaufen Sie möglichst nicht in euphorischen Phasen bzw. bei historischen Hochs, sondern steigen Sie ein, wenn die Kurse „im Keller" sind.

Ein sehr wichtiger Mechanismus, der Ihr Vermögen schleichend und scheinbar unbemerkt befällt, ist der Anstieg der Verbraucherpreise, auch Teuerungsrate oder Inflation genannt. Bei allen Ihren finanziellen Entscheidungen sollten Sie dem Inflationseffekt größte Aufmerksamkeit schenken. Jede Disposition muss die Beziehungen zwischen Teuerungsrate, Zeit, Geldeinsatz und Rendite berücksichtigen, um eine sinnvolle Finanzplanung überhaupt erst möglich zu machen.

Kaufkraftverlust vorbeugen

In diesem Zusammenhang spricht man in der Fachsprache auch von einem Kaufkraftverlust. Ihr Geldvermögen hat also nur dann nachhaltig Wertbeständigkeit, wenn die Kaufkraft entsprechend stabil bleibt bzw. die Teuerungsrate bei einem Wert von Null verharrt. Doch die ökonomischen Prozesse sind ständig im Fluss, und kaum ein Land kann die Inflationsrate nachhaltig bei null halten. Je nachdem, wie es der Zentralbank durch die Geldpolitik, der Regierung durch eine geordnete Haushaltspolitik, den Tarifparteien durch moderate Lohnabschlüsse und dem Staat durch die Abschottung von Inflation aus dem Ausland gelingt, verändert sich der Preisanstieg und damit die Kaufkraft entsprechend. Sie sollten aus diesen Ausführungen mitnehmen, dass es einzig und allein auf die Kaufkraft ankommt und nicht auf den absoluten Geldbetrag, den Sie vorhalten.

Verbessern Sie die Kaufkraft Ihres Geld-vermögens

Wenn ich in die Vergangenheit zurückblicke und mir überlege, dass ich in meiner Jugendzeit für 5 Pfennig ein Brötchen bekommen habe und heute nach 30 Jahren 75 Pfennige dafür bezahle, dann wird der Anstieg des Verbraucherpreises innerhalb dieses Zeitraumes bzw. der Kaufkraftschwund besonders deutlich.

Wichtig: Legen Sie Ihr Geld nicht unter das Kopfkissen, sondern schauen Sie, dass es arbeitet und so angelegt wird, dass es die Inflation ausgleicht und mindestens einen kleinen Zugewinn nach Steuern einbringt.

Geld nicht unter das Kopf-kissen legen!

Realverzinsung beachten

Die Geldentwertung kann Ihnen einen starken Vermögensschaden zufügen, wenn Sie nicht darauf achten, eine entsprechende Realverzinsung für Ihre Anlagen zu erhalten. Wenn Sie Ihr Geld auf einem Sparbuch oder einem Geldmarktfonds bzw. Termingeldkonto angelegt haben und hierfür etwa 2 Prozent Zinsen bekommen, gleichzeitig aber die Inflationsrate bei 1 Prozent liegt, dann haben Sie eine reale Verzinsung von lediglich 1 Prozent. Auf die Realver-

Realverzinsung = Nominalzins minus Inflationsrate

zinsung (Differenz zwischen dem Nominalzins und der Inflationsrate) kommt es entscheidend an. Die Zersetzungsgefahr liegt also zum einen beim Realwert Ihres Anlagevermögens, zum anderen auch beim realen Ertrag, der mit Ihrem Anlagekapital erzielt werden soll. Sie können als Einzelperson den Anstieg der Preise nicht beeinflussen. Sie werden über die Kenntnisse der Inflationswirkung jedoch in der Lage sein, Ihre Anlageentscheidungen so zu treffen, dass Sie einen möglichst hohen Realnutzen daraus ziehen können. Inflation gibt es heute und wird es auch in Zukunft immer geben. Die Preise werden stets mehr oder minder steigen, so dass Sie für Ihr Geld im Zeitverlauf sukzessive weniger bekommen. Sie sollten immer darauf bedacht sein, dass Ihr Geld arbeitet und effektiv eingesetzt wird, damit Sie es stets mehren können. Es sollte mindestens der Kaufkraft folgen können.

Ausrechnung Realverzinsung				
Nominalverzinsung	–	Inflationsrate	=	Realverzinsung
Beispiele:				
8 %	–	5 %	=	3 %
7 %	–	3 %	=	4 %
6 %	–	1 %	=	5 %

Obige Rechenbeispiele zeigen, dass sich bei kleiner werdenden Nominalverzinsungen unter Berücksichtigung geringerer Inflationsraten durchaus höhere Realverzinsungen ergeben können.

Anlagestrategie muss sein!

Ohne Anlagekonzept sind Sie orientierungs- und chancenlos

Wenn die Anleger sich mehr Gedanken über die Inflation machen würden, wären sie sicherlich auch mehr bereit, in risikoreichere Anlagemedien zu investieren. Denn Ihr Geld wird so oder so Gefahren ausgesetzt: Passiv durch die Inflation, aktiv durch Anlagerisiken. Solange Sie Letztere kalkulierbar halten, sind Sie allerdings in einer besseren Situation. Lassen Sie Ihr Geld auf dem Gehaltskonto oder auf dem Sparbuch liegen, schlägt die Schurkenrolle der Inflation zu, riskieren Sie vielleicht etwas mehr und investieren in Anleihen, dann haben Sie wahrscheinlich den Inflationseffekt kompensiert und eventuell sogar noch real dazugewonnen. Wenn Ihre Einkünfte aus Kapitalvermögen über einer bestimmten Grenze liegen, bittet Sie der Fiskus zur Kasse. Ihr realer Ertrag aus einer Sparbuchanlage wird somit noch geringer.

Ich möchte Sie jetzt an dieser Stelle nicht überstrapazieren, aber wenn Sie sich nicht bewusst und planmäßig um Ihre Vermögenssicherung und Ihren -aufbau kümmern, wird die Teuerungsrate Tag für Tag an Ihrer Anlagesumme „nagen" und der Fiskus wird ebenfalls wie eine „Klette" an Ihnen hängen und einen Teil Ihrer Kapitalerträge „verschlingen". Betreiben Sie deshalb eine kluge, steueroptimierende und inflationsbewusste Anlagestrategie, die Sie auch auf lukrativere Konzepte bringen soll als nur das Sparbuch und den Sparstrumpf.

Wichtig: Kurzfristig gesehen ist Geld, das Sie auf Spar-, Termin- und Geldmarktkonten anlegen, sicher. Langfristig jedoch werden Sie damit Geld verlieren, weil der Zinsertrag aus diesen Medien mit der Inflation und den Steuerzahlungen kaum Schritt halten kann. Das Unterhalten von Geld auf Sparkonten ist gut für das kurzfristige Zwischenparken von Geld, um bereits bekannte Rechnungen zu regulieren, oder für die Ansammlung kleinerer Beträge, um später größere Guthaben in lukrativere Anlageformen überzuführen.

Sparkonten: Gut für kurzfristiges Zwischenparken von Geld

Grenzen des Inflationsschutzes bei Aktien

Auch Aktien bieten keinen umfassenden Inflationsschutz. Der langfristig engagierte Aktionär präferiert in der Regel den Ertragswert einer Aktie und nicht den Substanzwert. Je nachdem, wie die Erträge aus einem Aktieninvestment (Dividenden und Kursveränderungen) eines Jahres gelaufen sind, errechnet sich eine positive oder negative Realrendite.

Geldwerte versus Sachwerte

Hinsichtlich der Frage, ob Sachwerte gegenüber Geldwerten inflationssicherer sind, kann keine generelle Antwort geliefert werden. Es gibt Zeiten, in denen Sachwerte wie Immobilien bessere Erträge abgeworfen haben als Geldwerte und umgekehrt. Hierbei wird es stark auf die Teuerungsraten ankommen. In Zeiten hoher Inflationsraten ist ja bekanntlich die Flucht in Sachwerte zu beobachten, die darin begründet liegt, von den negativen Realverzinsungen der Geldvermögen wegzukommen. In Zeiten sehr niedriger Inflationsraten werden die Erträge aus Geldvermögen tendenziell die Oberhand behalten.

Machen Sie sich mit den Basisrisiken einer Geldanlage vertraut

Weitere Grundrisiken bei der Geldanlage

Neben dem Inflationsrisiko gibt es noch eine Reihe weiterer Grundrisiken. Hierzu zählen beispielsweise:

- **Währungsrisiko:** Fallender Devisenkurs während der Periode in der Sie Fremdwährungswertpapiere halten.

- **Liquiditätsrisiko:** Eingeschränkte Verkaufsmöglichkeiten/ enger Markt/ungenügende Breite und Tiefe des Marktes/ Angebots- bzw. nachfragebedingte Illiquidität/Zeitlimite beim Verkauf, wie sie beispielsweise in manchen Ländern Südostasiens vorherrschen/Handelseinstellungen bei Penny Stocks.

- **Länderrisiko:** Devisenausfuhrrestriktionen/Transferbeschränkungen/ökonomische und politische Instabilität/Einstellung oder Aussetzung der Kapitalbedienung von Anleihen.

- **Konjunkturrisiko:** Kursverluste auf Grund von Falscheinschätzungen der wirtschaftlichen Lage/falscher Einstiegszeitpunkt/Kurseinbußen auf Grund von Streiks und fehlgeschlagenen fiskalpolitischen Maßnahmen.

- **Irrationales oder psychologisches Marktrisiko:** Gerüchte/Fusionsfantasien/politische Äußerungen/Aussagen *noch: Wichtige Grundrisiken bei der Geldanlage*

von Bundesbankpolitikern, Börsengurus, Meinungsführern/marktpsychologische Verflechtungen zu Auslandsbörsen/emotionale Börsenstimmungen.

- **Kursprognoserisiko:** Fehleinschätzung der Fundamentalanalyse bzw. der richtigen Qualitätseinschätzung eines Papieres/Fehleinschätzung der Chartanalyse bzw. des richtigen Ein- und Ausstiegszeitpunkts.

- **Lombardrisiko:** Sicherheitennachforderungen bei sinkendem Beleihungswert bzw. fallenden Wertpapierkursen.

- **Steuerliches Risiko:** Beachtung der Spekulationsfrist, Risiko der Doppelbesteuerung bei Anlagen im Ausland/schwebende steuerliche Grundsatzbehandlungen der Steuerbehörde zu neuen Anlageprodukten/gesetzgeberische Änderungen im Steuerrecht.

Spesentransparenz und Eigenverwahrung

Klären Sie bei allen Finanztransaktionen, die Sie Ihrem Bankinstitut in Auftrag geben, die Provisionssätze und etwaige fremde Auslagen von vornherein ab, damit Sie im Nachhinein keine bösen Überraschungen erleben. Fragen Sie auch nach den Valutastellungen bei einer Umrechnung in Fremdwährung. Es gibt Kreditinstitute, die erst einen Valutatag nach Auftragserteilung die Konvertierung in die entsprechende Fremdwährung vornehmen. Gerade bei hochvolatilen Devisen kann man hier einer falschen Kalkulation aufsitzen. Lassen Sie bitte auch die Finger von der Selbstverwahrung von Wertpapieren. Bei Eigenverwahrung haben Sie die volle Verantwortung, die entsprechenden Zinstermine oder vorzeitige Kündigungen von Anleihen im Überblick zu behalten. Außerdem muss bei Verlust eines Wertpapiers ein gerichtliches Aufgebotsverfahren eingeleitet werden, das unter Umständen sehr teuer werden kann.

Gewinnchancen bei Aktien

Behalten Sie auch in Zeiten hoher Kursschwankungen die Nerven

Chancen und Risiken liegen bei Engagements an der Wertpapierbörse sehr eng beieinander. Das Reichwerden an der Börse über Nacht ist nach all meinen Erfahrungen ein Ammenmärchen. Doch wer sich risikobewusst und timingorientiert an der Börse engagiert, kann sehr wohl das Doppelte, wenn nicht sogar das Mehrfache des Ertrages realisieren, was er im Vergleich zu konservativen Anlageformen erzielt hätte. Eine Vervielfachung des eingesetzten Kapitals innerhalb eines überschaubaren Zeitrahmens ist besonders an der Börse realistisch. Hierbei darf allerdings nicht vergessen werden, dass auch eine gewisse Risikobereitschaft und eine zeitnahe Begleitung des Wertpapierinvestments dazugehören. Wer diese Tatsache nicht sehen will, dürfte durch die Börsenereignisse schnell eines Besseren belehrt werden. Viele Untersuchungen belegen, dass mit deutschen Aktien innerhalb der letzten 20 Jahre eine wesentlich bessere Performance erzielbar war als mit alternativen Anlagemöglichkeiten. Wer mit Vernunft und Klugheit an der Börse aktiv sein will, muss bestimmte Gesetzmäßigkeiten, sein Risikoprofil, seinen Wertpapierreifegrad und seine Anlagemotive gut kennen.

Wertpapierreife ist Voraussetzung für Börsenaktivitäten

5. Risikoprofil, Wertpapierreife, Anlagemotive

Überlegen Sie sich vorweg, welches Risiko Sie eingehen wollen

Werden Sie sich darüber klar, welches Risikoniveau Sie maximal an der Wertpapierbörse eingehen wollen. Reflektieren Sie auch zuvor, in welche Risiken Sie in den ungünstigsten Fällen hineingezogen werden könnten. Definieren Sie klar, welche Anlagealternativen Sie von vornherein ausschließen und für welche Sie sich aktuell einfach noch nicht reif genug fühlen. Vielleicht wollen Sie sich anfänglich nur deutsche Staatsanleihen in das Depot legen und erst später auch Industrieobligationen sowie Bankschuldverschreibungen hinzunehmen. Vielleicht fühlen Sie sich aber auch schon heute reif und interessiert genug, um Auslandswährungsanleihen zu kaufen und die Entwicklungen in den entsprechenden Ländern mit Interesse zu verfolgen. Bei Währungsauslandsanleihen haben Sie neben dem Währungsrisiko und dem Kursrisiko auch das Länderrisiko im Auge zu behalten.

Erste Gehversuche mit Aktien

Ein weiterer Reifegrad stellen Engagements in Aktien dar. Simulieren Sie als total unerfahrener Aktienanleger zu Beginn erst einmal den Kauf verschiedener Aktien, bevor Sie in den „Echtbetrieb" übergehen. Seien Sie zunächst sehr vorsichtig, bis Sie einen gewissen Erfahrungsschatz auch mit diesem Segment haben, und engagieren Sie sich nur bei Aktiengesellschaften, die Sie bezüglich Management, Produkte, Marktstellung und Aussichten auch richtig einschätzen können.

Eventuell bei Börsenspielen mitmachen

Anlagemotive herausfiltern

Ferner sollten Sie sich voll über Ihre Anlagemotive im Klaren sein. Wollen Sie heute mit 55 Jahren frühzeitig in Pension gehen, dann muss Ihre Anlageselektion ein anderes Bild haben, als wenn Sie eine Hausinvestition in fünf Jahren beabsichtigen. Ihr Aktionsradius in der Anlagenauswahl darf keine Restriktion aus Ihrem Risikoprofil, Ihrer Wertpapierreife und Ihrem Anlagemotiv überschreiten. Die maximale Anlagereichweite muss die jeweils höchste Restriktion eingrenzen.

Vorsicht in der Wertpapier-anlage zahlt sich aus!

Wenn Sie auf Grund Ihrer Wertpapierreife beispielsweise glauben, gut mit Auslandsaktien spekulieren zu können, auf Grund Ihres Anlagemotivs jedoch nur einen Anlagehorizont von drei Jahren haben, dürfen Sie sich niemals auf Auslandsaktienengagements einlassen. Genauso verhält es sich, wenn Sie über ein relativ hohes Risikoprofil verfügen, sich aber im Wertpapiergeschäft kaum auskennen. Zunächst müssen Sie sich Kenntnisse und Wissen über bestimmte Spekulationsrichtungen aneignen, bevor Sie sich auf Grund Ihrer ausgeprägten Risikomentalität auf ein solches Unter-

fangen einlassen. Verzichten Sie lieber auf potenzielle Gewinnchancen, bevor Sie diesen Grundsatz verletzen. Überlegen Sie sich
zu Ihrer Wertpapierreife, ob Sie die verschiedenen Wertpapierarten
gut genug kennen und voneinander abgrenzen können sowie ausreichende Kenntnisse über die Basisrisiken bei der Vermögensanlage haben und auch spezielle Risiken zu den einzelnen Anlagealternativen überreißen können.

Anfängerglück führt oftmals zu gefährlichen Dimensionen!

„Schuster, bleib bei deinen Leisten!"

Ich kenne Leute, die noch nie Wertpapiergeschäfte getätigt haben
und sofort in den Optionsscheinhandel gegangen sind. Mit ihrem
Anfängerglück hatten sie so viel Selbstbewusstsein geschöpft, dass
sie mit immer höheren Beträgen Optionsscheine kauften. Dies ging
so lange gut, bis eines Tages das böse Erwachen kam, als die Börse
urplötzlich drehte. Mit Nachkaufaktionen versuchten sie noch ihre
Einstandspreise zu verbilligen, doch im Prinzip warfen sie schlech-
tem Geld nur noch gutes Geld hinterher. Teilweise mussten sie sogar
einen Totalverlust hinnehmen. Handeln Sie immer nach dem Motto:
„Schuster, bleib bei deinen Leisten" – und gehen Sie nur so weit,
wie Sie die Dinge auch im Griff haben und verantworten können.

Das magische Dreieck

Achtung: Wenn Sie spekulationsunerfahren und im Grunde Ihres
Herzens ein Mensch sind, der stets auf Nummer sicher geht, Ihr
Anlagemotiv kein genaues Ziel kennt, das Anlagekapital womöglich noch finanziert wurde und dann in hochspekulativen Junk
Stocks (Billigaktien sehr zweifelhafter kleinerer Unternehmen, von
denen man hofft, dass sie irgendwann einmal mit exzellenten Zahlen aufwarten) investieren, dann hat dies nichts mehr mit seriöser
Anlage zu tun, sondern kommt dem „russischen Roulett" gleich.
Von solchen oder ähnlichen Wertpapierinvestments rate ich Ihnen
vollkommen ab. Eignen Sie sich Stück um Stück mehr Finanzwissen und Börsenerfahrungen an und gehen Sie nur so weit, wie es
die Restriktionen aus Ihrem magischen Dreieck von Risikoprofil,
Wertpapierreife und Anlagemotiv zulassen.

Anlagereichweite

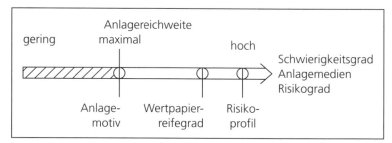

Bleiben Sie bei Ihren Anlageentscheidungen stets innerhalb Ihres persönlichen Anlagespektrums, das von Ihrer geringsten Restriktion bestimmt wird. Wenn Sie Ihr persönliches Anlageuniversum verlassen, laufen Sie Gefahr, in unkalkulierbare Risiken zu rutschen.

6. Spekulationsstrategien für Aktien

Trockenübungen für den Anfänger

Wenn Sie bisher noch keinerlei Aktienkäufe getätigt haben und auch keine Erfahrungen mit Börsengeschäften haben, machen Sie zuerst „Trockenübungen". Wenn Sie als Autofahrer am Straßenverkehr teilnehmen wollen, müssen Sie auch zunächst den Führerschein machen. Wenn Sie ein größeres Boot führen wollen, müssen Sie entsprechende Patente besitzen und als Kapitän eines Passagierschiffes müssen Sie zusätzlich eine bestimmte Praxis nachweisen. Im Luftverkehr wollen Sie auch, dass ein erfahrener Pilot die Maschine fliegt, mit der Sie fliegen müssen.

Erfahrungen sammeln

Bevor ich als Firmenkundenbetreuer auf die Unternehmen „losgelassen" wurde, musste ich eine Banklehre, ein wirtschaftswissenschaftliches Studium und eine Trainee-Ausbildung absolvieren und erst einmal jahrelange Krediterfahrungen als Kreditreferent sammeln. Kein Firmenrepräsentant würde einen unerfahrenen und schlecht qualifizierten Banker akzeptieren. Genauso würde sich die Bank damit einen schlechten Dienst erweisen.

Wichtig: Damit Sie gute Börsengeschäfte abwickeln können und nicht gleich beim ersten Deal Schiffbruch erleiden oder „abstürzen", müssen Sie ebenfalls erst einmal Ihre „Hausaufgaben" bzw. Lizenzen machen und sich bestimmte Grundkenntnisse und Fertigkeiten aneignen. Auch ein Pilot muss erst einmal im Flugsimulator bestimmte Übungsstunden bestehen und als Co-Pilot unzählige Flüge hinter sich bringen, bevor er als Flugzeugkapitän die Verantwortung für eine Passagiermaschine übertragen bekommt.

Üben Sie erst einmal ohne Einsatz

Erfolgs-Tipp:

Machen Sie zunächst „Trockenübungen" in der Form, dass Sie einen fiktiven Geldbetrag unter den zuvor genannten Prämissen in verschiedene Aktien investieren. Erst wenn Sie wissen, welches Ziel Ihre Vermögensbildung hat, wie Ihre Strategie aussieht und wie gut Ihre Börsenkenntnisse sind, können Sie auch auf Dauer erfolgreich an der Börse agieren. Praktizieren Sie dieses fiktive Spiel mindestens ein Jahr lang. Überlegen Sie sich hierbei auch ganz genau, in welcher Phase sich der Börsenzyklus gerade befindet. Steigen Sie bitte nicht mit Ihrem gesamten Geldvermögen in Aktien ein, wenn der entsprechende Index gerade historische Höchststände erklommen hat. Wenn Sie sich engagieren, kaufen Sie abgestaffelt und nicht alles zu einem Zeitpunkt. Manchmal ist es rentabler, in Bonds zu investieren und eine Aktienbaisse abzuwarten, um dann von Anleihen in Aktien umzuschichten.

Börsenzyklus analysieren

Analysieren Sie erst einmal den Börsenzyklus, um den Standort zu bestimmen. Beachten Sie dabei, dass Bullenperioden in der Regel drei bis dreieinhalb Jahre gehen (wenn nicht technologische Quantensprünge – wie derzeit im IT-, Telekommunikations- und Biotechnologiebereich – vonstatten gehen oder neue bzw. umstrukturierte Branchen etabliert werden). Unter diesen Voraussetzungen können sich Boomphasen verdoppeln, wenn nicht sogar verdreifachen.

184

Wenn Sie feststellen, dass sich die Aufwärtsbewegung bei normalen Rahmenbedingungen eventuell schon im 45. Monat befindet, liegt die Wahrscheinlichkeit nahe, dass eine Korrektur kurz bevorsteht. Ein breit angelegtes Investment in solch einer Phase müsste sehr gut begründet sein. Viele Privatanleger engagieren sich noch auf Basis relativ „heißgelaufener" Kurse. Insbesondere zum Ende einer Hausse, wenn die Börsendienste und Zeitungen mit den überproportionalen Kurszuwächsen aufwarten, wollen einige auf den vermeintlich noch voll fahrenden Zug aufspringen und merken nicht, dass er bereits den Rückwärtsgang eingelegt hat.

Selektion erfolgreicher Unternehmen

Achtung: Experimentieren Sie ein bisschen auf dem Papier, dann sind Sie später routinierter sowie trainierter und haben schon etwas Praxis erworben. Wählen Sie bestimmte Aktien aus und führen Sie genau Buch darüber. Halten Sie jeden Tag die Kursentwicklung fest, damit Sie einen genauen Überblick über mögliche günstige Einstiegs- oder Ausstiegszeitpunkte nachvollziehen und eventuell anhand einer Chartanalyse überprüfen können. Sammeln Sie auch Zeitungsartikel und anderes Analysematerial über die Aktiengesellschaften, die Sie ausgewählt haben. Überlegen Sie sich, warum der Kurs der einen Gesellschaft vielleicht sehr gut gelaufen ist und ein anderer unter Umständen überhaupt nicht. Der entscheidende Erfolgsschlüssel bei der Aktienanlage liegt hauptsächlich in der Selektion erfolgreicher Unternehmen, die in den nächsten Jahren überproportional hohe Gewinnpotenziale haben.

Grundsatzüberlegungen, Zielsetzungen, Fragenkatalog

Spekulation ist die Kunst, aus Preisveränderungen Gewinne zu ziehen. Entscheidend hierbei ist jedoch, welchen Risiken man sich hierbei aussetzt. Sie können mit hochspekulativen Titeln sehr schnell vermögender, aber auch sehr schnell ärmer werden. Je höher das Titelrisiko ist, umso höher sind die Chancen und Risiken für Kursveränderungen. Der hochspekulative Anleger, der eine überdurchschnittliche Risikoneigung besitzt, möchte in aller Regel sehr schnell reich werden. Und genau in diesem Punkt scheiden sich die

Spekulations- kunst

Geister. Die Ungeduld und das mangelnde Bewusstsein in puncto Vermögenssicherung lassen solche Leute oft fahrlässig werden. Distanzieren Sie sich in Ihrem eigenen Interesse gerade als Anfänger vollkommen von solchen Spielernaturen, die unbewusst und manchmal auch bewusst nach dem Motto „alles oder nichts" verfahren. Solche Leute verlieren oft sehr schnell den Bezug zur Realität und riskieren im Verhältnis zu ihrer Vermögens- und Einkommenssituation nicht selten viel zu viel. Betreiben Sie Ihr Anlagemanagement mit einer soliden Strategie, bei der Sie die Vermögenssicherung stets im Auge behalten.

Vorbereitung ist der halbe Erfolg!

Börseneinstieg genau planen

Der Einstieg an der Börse muss sehr gut durchdacht sein. Ohne Strategie und ohne das Wissen um die gröbsten Anfängerfehler sollten Sie sich nicht an der Aktienbörse engagieren. Bereiten Sie sich sorgfältig und umfangreich vor. Dieser vermeintliche Zeitverlust wird Sie später vor vielen potenziellen Verlustrisiken bewahren. Wenn Sie unvorbereitet und ohne System und Strategie mit Aktien spekulieren, kommt dies einer Abenteuerreise gleich, bei der der Ausgang äußerst ungewiss ist.

Kursentwicklungen und -schwankungen genau beobachten

Volatilitäten um den Langfristtrend

Nur allzu gern würden die Zocker ihre Fehlentscheidungen einzig und allein auf die Börsenpsychologie zurückführen wollen. Doch bei genauer Betrachtungsweise werden sie erkennen, dass sich fast alle irrationalen Momente nur in relativen Schwankungen um den langfristigen Börsentrend manifestieren. Sicherlich gebe ich allen recht, die behaupten, dass in Baisse- und Haussephasen durch Übertreibungen die Kurse noch stärker in Extremstände getrieben werden; doch die Kurse finden nach einer gewissen Zeit immer wieder zur Normalität zurück. Neuere Untersuchungen haben ergeben, dass sogar in Wahljahren keine allzu großen Effekte auf die Börsenentwicklung überschwappten. In den letzten 20 Jahren haben selbst Bundestagswahlen keinen selbst induzierten neuen Börsentrend hervorgebracht. Sie verstärken höchstens kurzfristige Kursentwicklungen.

Wichtig: Wenn Sie einen langfristigen Anlagehorizont und gute Werte im Depot haben, können Sie auch an stark rückläufigen Tagen gelassen bleiben. Viele statistische Auswertungen ergaben, dass die durchschnittliche Aktienrendite vor Steuern verzinsliche Wertpapiere meilenweit in den letzten 25 Jahren übertroffen haben.

Gewinnen mit gutem Timing

Die durchschnittliche Aktienrendite stabilisiert sich langfristig mehr und mehr bei über 8 Prozent. Wenn Sie beispielsweise im Jahre 1973 abgestaffelt eingestiegen wären, hätten Sie bis 1995 eine durchschnittliche Jahresrendite von 10,1 Prozent erzielt, im äußerst schlechten Einstiegsjahr 1979 hätte die Rendite pro Jahr 11,2 Prozent bis 1995 ergeben, von 1989 bis 1995 allerdings nur 3,9 Prozent. Rechnet man die Haussezeit bis Mitte 1998 noch mit ein, liegt auch die letzte Zahl bei rund 8 Prozent pro Jahr. Der Nach-Steuern-Vergleich vergrößert den Abstand zu den alternativen konservativen Anlageformen noch weiter. Je höher Sie in der Steuerprogression sind, desto größer sollte unter einer Langfristanlage Ihr Aktienanteil sein. Auch die Frage nach dem richtigen Einstiegszeitpunkt verliert mit fortschreitendem Anlagehorizont immer mehr an Bedeutung. Der Verwässerungseffekt kommt durch die meist zeitlich dicht beieinander liegenden Hausse- und Baisseperioden zustande. Selbst wenn Anleger sehr unglücklich am letzten Tag vor dem Beginn eines Kursabschwungs gekauft hätten, wären sie bisher, nach spätestens drei Jahren, in der Gewinnzone gewesen. Dennoch will natürlich niemand an so unglücklichen Tagen einsteigen und lange Zeit warten müssen, bis er in die Gewinnzone kommt.

Aktienrenditen

Wichtig: Jeder tut gut daran, die Zeitdauer einer Aufwärts- bzw. Abwärtsentwicklung genau zu fixieren, um Trendwendepunkte in etwa abschätzen zu können bzw. günstige und ungünstige Einstiegsmomente auszumachen. Niemand läuft freiwillig und unbe-

Günstige und ungünstige Einstiegsmomente erkennen

darft über die Kante eines Abgrundes, wenn er bessere und gefahrlose Wege kennt.

Kaufen und verkaufen: Wann?

Der richtige Zeitpunkt für Aktienkauf bzw. -verkauf

Wenn Sie ein Aktiendepot aufbauen wollen und das Kapital hierfür in Geldmarkttiteln gebunden haben, lassen Sie sich ausreichend Zeit für die Umschichtung. Steigen Sie ein, wenn der Markt am schlechtesten aussieht. Gehen Sie aus dem Markt heraus, wenn er am besten aussieht. Denn ein Markt ist dann am schlechtesten, wenn er am besten aussieht. Was ich damit sagen will, ist, dass man Aktien dann kaufen sollte, wenn sie noch nicht allzu stark gestiegen sind. Der Aktienanleger sollte sowieso viel Zeit haben und sich nie unter Zeitdruck bringen lassen. Sie sollten als Aktienanleger vor allem Geduld haben und warten können.

Stimmungsindikatoren

Antizyklische Anlagestrategie

Stimmungsindikatoren zeigen an, welche Grundhaltung bei den Investoren gerade vorherrscht; sie kann von extrem optimistisch bis zu übertrieben pessimistisch reichen. Manche Börsianer richten ihre Kauf- und Verkaufsentscheidungen genau nach dem vorherrschenden Stimmungsbild. Sie kaufen, wenn die Mehrheit der Anleger pessimistisch ist, und sie verkaufen, wenn die Mehrheit optimistisch ist. Diese antizyklische Anlagestrategie unterstellt, dass bei einer optimistischen Einstellung das Gros der Anleger bereits am Aktienmarkt engagiert ist. Voluminöse Nachkäufe, die weitere Kursaufschwünge auslösen können, bleiben dann nach ihrer Meinung aus. Umgekehrt glauben die stimmungsorientierten Spekulanten, dass bei einer pessimistischen Stimmung die Anleger das meiste Spekulationskapital für Aktieninvestments noch zur Verfügung haben. In diesem Fall wäre also noch genügend Aufwärtspotenzial für die Kurse vorhanden.

Wichtig: Stimmung und Trend sind streng zu differenzieren. Diese können völlig gegensätzliche Verläufe haben. Bei dieser Strategie wird unterstellt, dass das Gros der Massenanleger immer falsch liegt. Sie basiert darauf, die eigenen Anlageemotionen stets denen der Massenanleger entgegenzustellen.

Zur Einschätzung der Stimmung werden beispielsweise die Optionsumsätze (Calls und Puts), die Medienmeinungen (Börsenbriefe, Wertpapierzeitschriften, TV-Börsensendungen) und Großinvestoren-Meinungen (Fonds, Versicherungen, Wertpapierhäuser) herangezogen. Hohe Umsätze bzw. Nachfragen nach Calls liefern beispielsweise Kaufsignale. Hohe Put-Umsätze zeigen Verkaufssignale an. Wenn die Börsenmedien für die weitere Börsenentwicklung sehr positiv gestimmt sind, ist davon auszugehen, dass in naher Zukunft die Mehrheit der Anleger voll engagiert ist. Ein sich fortsetzender Aufschwung wird demnach als gering eingeschätzt. Wenn die Mehrheit der Börsenmedien allerdings negativ gestimmt ist, bedeutet dies für die Stimmungsanleger ein klares Kaufsignal. Genauso verhält es sich bei den Großinvestoren. Wird eine hohe Liquidität vorgehalten, wird dies als Kaufsignal gewertet, sind die Großinvestoren voll engagiert, wird dies eher als Verkaufssignal gedeutet.

Stimmung und Trends bestimmen

> **Erfolgs-Tipp:**
>
> Wenn Sie eine Anlageentscheidung treffen, nehmen Sie stets vom momentan vorherrschenden Stimmungsbild Kenntnis. Lassen Sie sich weder von extremen Hausseentwicklungen beeindrucken, noch von starken Baissephasen.

Setzen Sie sich ein klares Ziel

Sagen Sie beispielsweise: „Mein Ziel ist es, ein Wertpapierdepot von 1 Million Mark aufzubauen. Die jährliche Performance soll mindestens 7 Prozent nach Steuern und Inflation betragen. Mein Anlagemotiv besteht in der Erhöhung meiner Lebenseinkünfte, um mit 55 Jahren nicht mehr meinem Job nachgehen zu müssen. Ab meinem 55. Lebensjahr möchte ich sukzessive von Aktien in risikoärmere Wertpapiere umschichten. Ab diesem Alter hat die Be-

Anlageziele klar festlegen

standssicherung höchste Priorität. Bis zum 55. Lebensjahr hat der Bestandsaufbau Vorrang. Ich gehe klar nach dem Motto vor: Zuerst nehme ich mir viel Zeit zum Lernen, Verstehen und Erfahrungensammeln, dann muss eine Periode des überdurchschnittlichen Verdienens mit einer entsprechenden Risikobereitschaft kommen und zum Schluss eine Umschichtung in Papiere mit geringer Volatilität."

Wenn Sie dieses Ziel verfolgen, sollten Sie sich über Ihr Anlagekonzept im Klaren sein. Folgende Fragen können hier Aufschluss geben.

Strategie und Taktik klären

Checkliste: Anlagekonzept entwerfen
■ Welchen Anteil an meinem gesamten Geldvermögen sollen Aktien einnehmen?
■ Wie sieht mein Anlagehorizont aus?
■ Welche Performance will ich mit meinem Kapitaleinsatz erzielen?
■ Wie viel möchte ich monatlich von meinem Einkommen in Aktien investieren?
■ Wie bewerkstellige ich das Timing zum Ein- und Aussteigen?
■ Wie viele Monate/Jahre werde ich negative Aktienergebnisse erdulden können?
■ Schaffe ich es, mich von den Tagesereignissen und Kursrückgängen nicht verleiten zu lassen und mit Verlusten zu verkaufen?
■ Stehen meine Anlageziele im Einklang mit meiner Werteordnung?
■ Welche Anlagemedien passen überhaupt nicht zu meiner Risikomentalität?
■ In welche Titel, Branchen, Länder und Währungen sollte ich investieren?
■ Mit welchen Beträgen muss ich mich mindestens engagieren?

Achtung: Je bewusster und klarer Sie sich über ihre taktischen und strategischen Vorgehensweisen sind, desto weniger können Sie Opfer von Börsengurus werden bzw. an der Börse Geld verlieren.

Wunderwaffen sind eine Illusion!

Wenn Sie sich langfristig engagieren, haben Sie hervorragende Chancen, eine gute Performance zu erzielen. Doch hüten Sie sich davor, im Schnellverfahren an der Börse reich werden zu wollen. Viele sind nach einem solchen Versuch noch ärmer gewesen als zuvor oder sind sogar auf Effektenlombardkrediten sitzen geblieben, weil sie keine Nachschüsse mehr einbringen konnten. Solche Leute sind in der Regel nach zwei Tagen vergessen. Die wenigen, die mit Spekulationen steinreich geworden sind, werden in den Massenmedien gepriesen. Leiten Sie aus dem Erfolg solcher Gallionsfiguren aber keine Präjudiz für Ihre eigenen Spekulationen ab. Die Ausgangsvoraussetzungen von solchen Leuten waren meist ganz anderer Natur, als sie bei Ihnen sehr wahrscheinlich jemals möglich sind.

> **Erfolgs-Tipp:**
>
> Suchen Sie als Privatanleger nicht nach absoluten Anlagegeheimnissen, mysteriösen Spekulationsstrategien und analytischen Wunderwaffen, mit denen Sie glauben an der Aktienbörse bei schnellen Feldzügen fette Beute machen zu können. Hören Sie auf, die Quadratur des Kreises entdecken zu wollen. Bleiben Sie auf dem Teppich und lassen Sie sich von dem Kriegsgeschrei der Anlagegurus und Börsenfeldherren nicht für kurzfristige Börsengefechte vor den Karren spannen.

Denn es sind gerade die erfolgreichsten Börsenspekulanten, die die vielen kleinen unerfahrenen Massenanleger brauchen, um ihre „Beutezüge" bei den Anlageschlachten noch erfolgreicher durchführen zu können!

Suchen Sie nicht nach dem Stein der Weisen

Bleiben Sie auf dem Teppich!

Erfahrungs-
regeln

Halten Sie sich von „Zockereien" fern, bei denen Ihnen Traumren-
diten innerhalb kürzester Zeit vorgegaukelt werden. Keiner kann
im Voraus wissen, wie sich die Börsen insbesondere wegen irratio-
naler Einflüsse in den nächsten Monaten entwickeln. Halten Sie an
den langfristigen Trends fest und zügeln Sie Ihre Emotionen und
Ihre Gier. Lassen Sie sich nicht von Marktschreiereien und Massenhysterien anstecken. Gehen Sie stur nach Ihrer persönlichen Anlagestrategie vor und nehmen Sie die Dinge, die links und rechts neben Ihnen geschehen, zur Kenntnis, ohne dass Sie sich von ihnen
beirren lassen. Bleiben Sie investiert und reinvestieren Sie Ihre Dividenden. Akkumulieren Sie Ihr Kapital, so dass Sie zu ansehn-
lichem Reichtum und zur finanziellen Unabhängigkeit kommen
können. Arbeiten Sie mit dem Faktor Zeit und mit klugen Einstiegs-
momenten, wenn Sie größere Beträge in den Aktienmarkt umschichten wollen. Wenn Sie sukzessive, zum Beispiel monatlich
gleiche Beträge investieren, spielt der Einstiegszeitpunkt durch den
Nivellierungsprozess keine wesentliche Rolle mehr.

Anlegergruppen, Analysearten, Aktiengattungen, Aktienselektion

Anleger-
gruppen

An der Börse sind grundsätzlich drei Anlegergruppen zu beobachten, die versuchen, aus Preis- bzw. Kursveränderungen Profite zu
ziehen:

- Dauerinvestoren
- Trader
- Gelegenheitsaktionäre

Dauerinvestoren

Dauerinvesto-
ren halten das
Gros der Aktien

Die Daueraktionäre denken und operieren in längeren Zeitab-
schnitten. Das Anlageverhalten des Dauerinvestors ist von Konsequenz, Durchhaltevermögen und Nervenstärke geprägt. Er orientiert sich an langfristigen Trends und richtet seine Entscheidungen
hauptsächlich nach fundamentalen sowie rationalen ökonomi-

schen Gesichtspunkten aus. Diese Investorengruppe beeinflusst hauptsächlich den kontinuierlichen, fundamentalen Börsenverlauf; sie hält das Basisvolumen an Aktien und bestimmt damit wesentlich die Stabilität der mittel- und langfristigen Trends. Die Dauerinvestoren verfolgen die Buy-and-hold-Strategie.

Trader

Die zweite Anlegergruppe, die Trader, sind hauptsächlich kurzfristig orientierte Investoren, die ihr Hauptaugenmerk auf schnelle Spekulationsgeschäfte richten. Sie beabsichtigen, die kurzfristige Volatilität um den Haupttrend herum für sich auszunutzen, und nehmen dabei nicht selten die Gelegenheitsaktionäre in ihr „Schlepptau". Sie setzen auf Börsengerüchte, Tagesereignisse und psychologische Börsenwirkungen. Sie sorgen für Unruhe und Übertreibungen bei den Kursverläufen. Manchmal setzen Großinvestoren enorme Summen ein, um schnellstmöglich eine bestimmte Kursbewegung zu initiieren. Sie fühlen sich besonders dann wohl, wenn starke Wellen um einen Haupttrend herum losbrechen. Trader wollen innerhalb kürzester Zeit aus den Übertreibungsphasen des Börsenverlaufs Profit schlagen. Hierbei riskieren nicht wenige extrem viel. Bei den Tradings kann viel Geld verdient werden, wenn die Spekulation aufgeht; es kann aber auch enorm viel Geld verloren gehen, wenn es schief geht. Meistens haben Privattrader ihr eingesetztes Kapital nur kurzfristig zur Verfügung und sind deshalb gezwungen, nach einer bestimmten Zeit Kasse zu machen, wenn der Kursverlauf wider Erwarten nicht in die prognostizierte Richtung ging. Versuchen Sie sich als Klein- oder Privatanleger lieber nicht in Tradings, es sei denn, Sie fühlen sich hierzu berufen. Lassen Sie sich von spektakulären Tradinggeschäften, die Ihnen zu Ohren gekommen sind, nicht verführen!

Trader suchen die „schnelle Mark"

Überlassen Sie das Tradinggeschäft besser den Spielern, Abenteurern und Zockern. Trader halten ihre Werte normalerweise nur über einen kurzen Zeitraum von Tagen, Wochen und manchmal auch Monaten. Diejenigen unter ihnen, die mit System und Taktik

Traderverhalten

vorgehen, realisieren potenzielle Gewinne, wenn sie ihre Zielvorgaben von 10, 20 oder noch mehr Prozent erreicht haben. Sie kümmern sich um Detail- und Produktinformationen der einzelnen Titel relativ wenig. Das Einzige, was sie brennend interessiert, sind die Schwankungsbreiten um den Langfristtrend herum und die schnelle Erreichung ihrer Kursziele. Schaukelbörsen-Zeiten sind somit die Phasen, in denen Trader am aktivsten sind. Die meisten Privattrader versuchen sich allerdings nur in Hausseperioden an Tradings. Institutionelle Anleger, die über größere Kapitalvolumina verfügen, wagen sich auch in Baissezeiten an Tradings.

Trader-
strategien

Manche Trader richten sich eher nach technischen Gesichtspunkten, andere nach fundamentalen:

- Die Charttechniker versuchen, anhand vergangener Kursverläufe eine Gewinnchance zu realisieren, andere wiederum greifen der Veröffentlichung bestimmter Unternehmenszahlen oder volkswirtschaftlicher Daten spekulativ vor.

- Die eher fundamental orientierten Trader versuchen, Werte herauszufinden, die gegenüber Unternehmen der gleichen Branche Nachholbedarf haben. Ferner versuchen sie, den potenziellen Nachholbedarf zwischen den Standardwerten und den Nebenwerten einer Börse, zwischen dem Branchendurchschnitt und Einzelwerten sowie im internationalen Vergleich zurückgebliebenen Märkten auszuloten und durch taktisches Antizipieren Erträge zu realisieren. Durch irrationale Einflüsse können diese Tradingversuche jedoch auch sehr schnell ins Leere laufen.

Bankspesen
genau
kalkulieren

Ferner müssen die auf kurzfristige Sicht spekulierenden Aktienanleger ihre Bankspesen genau kalkulieren. Ein großer Teil der Gewinne wird durch Provisionen und Fremdauslagen aufgezehrt. Die Kursveränderungen müssen also einen guten dynamischen Verlauf haben, um tatsächlich lohnenswerte Gewinne zu erzielen. Zudem sind die Erträge zu versteuern, wenn sie innerhalb eines Jahres angefallen sind. Einen Lichtblick haben hier die Kleinanleger. Wenn die Gewinne aus Spekulationsgeschäften innerhalb eines Kalenderjahres kleiner als 1 000,00 Mark waren, werden sie nach heutiger Steuergesetzgebung nicht besteuert. Verluste aus Spekulationsgeschäften können nur bis zu der Höhe des Spekulationsgewinns innerhalb des gleichen Kalenderjahres verrechnet werden. Wertpapierspekulationsgeschäfte sind für den Gesetzgeber Investments, bei denen der Zeitraum zwischen Anschaffung und Veräußerung der Wertpapiere nicht mehr als zwölf Monate beträgt.

Gelegenheitsinvestoren

Insbesondere krasse Aufwärtsbewegungen mit Tagesgewinnen von mehreren Prozent ziehen die dritte Gruppe, die Gelegenheitsinvestoren, magisch an. Sie interessieren sich fast gar nicht für die Wertpapieranalyse, sondern lassen sich mehr oder weniger haussepsychologisch in den Bann ziehen. Für diese Gruppe ist das Investment in Aktien ein Abenteuer ohne kalkulierte Analyse. Die meisten der Gelegenheitsinvestoren sind auf den schnellen Gewinn aus und haben kein Durchhaltevermögen und keine Nervenstärke. Sie verlassen das Börsenparkett manchmal genauso schnell, wie sie es betreten haben. Sie sind angezogen und animiert worden durch heftige Aufwärtsreaktionen und kaufen meistens zu einem Zeitpunkt, bei dem die Trader schon wieder an das Verkaufen denken.

Sporadische Aktivisten

Informationen richtig interpretieren

Welche der drei Aktieninvestoren den Kurs kurzfristig wesentlich bestimmen, hängt in erster Linie von den Informationen, den Informationslieferanten und der Informationsverarbeitung ab. Insbesondere bei der Bewertung bestimmter Informationen unterscheiden sich die drei vorgenannten Gruppen erheblich. Die Gelegenheitsaktionäre und Trader sprechen ganz besonders hochgejubelte Tagesereignisse und Informationen aus der Gerüchteküche

Informationen werden je nach Gruppe unterschiedlich wahrgenommen

an. Sie orientieren sich eher an vergangenheitsbezogenen Daten, weil diese weniger abstrakt sind als zukunftsorientierte Prognosedaten. Wenn die Börsenkurse in den letzten zwei Tagen um jeweils 2,5 Prozentpunkte gestiegen sind, dann glauben diese Anleger sehr schnell, dass auch in den nächsten Tagen die Kursrallye weitergeht. Sie hüpfen von einem Empfehlungshit zum anderen und wechseln die Favoriten in kurzen Intervallen. Sie leben unbewusst nach dem Nachahmungsprinzip. Ihre Interessensschwerpunkte sind die „News", die sie euphorisch und marktschreierisch weiter verbreiten. Manchmal wirken die Langfristanleger etwas antiquiert und behäbig gegen diese wild umherspringenden Aktionisten. Sie werfen den Langfristinvestoren, die ja eigentlich für die dauerhafte Volumenstabilität sorgen, Inflexibilität vor. Doch diese Investorengruppe ist vergleichbar mit dem Zentrum eines Wirbelsturmes, das absolut ruhig ist, während der Wirbel um das Zentrum herum den Himmel zerreißt.

Obligatorische Analyse- tätigkeiten

Erfolgs-Tipp:

Betreiben Sie Ihre Analysen, bevor Sie sich engagieren, und Sie werden damit mehr Erfolg haben, als wenn Sie sich auf emotionale Anlageentscheidungen einlassen. Überlegen Sie sich, bei welchem Niveau der Gesamtmarkt steht, welche Branchen am zukunftsträchtigsten sind, welcher Aktientitel besondere Gewinnpotenziale aufweist sowie Zukunftsperspektiven hat und welcher Einstiegszeitpunkt günstig ist. Diese komplexe Analysetätigkeit ist zwar wenig spektakulär, sie bietet Ihnen jedoch eine sachliche, fundamentale und timingorientierte Entscheidungsgrundlage. Reflektieren Sie die Ist-Situation, bevor Sie sich wertpapiermäßig engagieren. Fragen Sie sich, in welcher Phase der Börsenzyklus sich gerade befindet und welche Einzeltitel noch erhebliches Kurspotenzial besitzen.

Markt-Kurs-Gewinn-Verhältnisse

Um eine Aktie gegenüber den aktuellen Marktverhältnissen preislich beurteilen zu können, wird oftmals das durchschnittliche Kurs-Gewinn-Verhältnis (KGV) verwendet. Das KGV eines Einzelwertes gibt darüber Auskunft, wie viel mal der Gewinn im momentanen Kaufkurs enthalten ist. Genauso können Sie für die DAX-Werte (DAX heißt Deutscher Aktienindex und umfasst die 30 größten Standardwerte), Dow-Jones-Werte oder Werte einer Branche ein durchschnittliches KGV errechnen. Sie brauchen nur die Aktienkurse einer bestimmten Gruppe aufaddieren und teilen das Ergebnis durch die Gewinnsumme der entsprechenden Gesellschaften. Sie erhalten damit ein Durchschnitts-KGV. Man bezeichnet solche Ergebnisse auch als Market Multiple. Diese Zahl gibt den Gewinnmultiplikator bezogen auf die aggregierte Kurssumme an. Sie ist eine Verhältniszahl, die die augenblickliche Zahlungsbereitschaft für die Gewinne bzw. Gewinnerwartungen (bei geschätzten Ertragszahlen) angibt. Sie können daraus herleiten, ob die Aktien aktuell relativ teuer oder relativ billig sind.

Berechnung des Kurs-Gewinn-Verhältnisses

Das Market Multiple der vergangenen Jahre zeigt ein starkes Verharren zwischen Werten von zehn bis 20. Ein durchschnittliches KGV von 20 würde anzeigen, dass die Aktien zum gegebenen Zeitpunkt relativ teuer wären. Natürlich hat das Market Multiple nur bedingt Aussagekraft. Wollen Sie verschiedene Märkte anhand von Durchschnitt-KGVs qualitativ abwägen, müssen Sie genauso wie bei den Einzeltiteln die Klassifikationen berücksichtigen, wenn Sie nicht Äpfel mit Birnen vergleichen wollen. Wachstumsmärkte sind anders zu beurteilen als Stagnationsmärkte. Den Märkten mit vielen Wachstumsaktien gesteht man ein wesentlich höheres Markt-KGV zu als anderen. Die Fachleute rechtfertigen diese Zubilligung höherer KGVs mit den größeren Gewinnperspektiven auf längere Sicht.

Wachstumsmärkte sind anders zu beurteilen als Stagnationsmärkte

Einzeltitel-Kurs-Gewinn-Verhältnisse

Betrachten Sie das KGV bei Einzeltiteln nie isoliert

Bei den Einzelwerten haben Sie zwei Möglichkeiten, ein KGV zu bestimmen:

- Sie können einmal den momentanen Aktienkurs durch den bereits feststehenden Gewinn pro Aktie dividieren oder

- Sie können den aktuellen Aktienkurs durch den geschätzten Gewinn pro Aktie für die nächste Periode dividieren.

Bei der ersten Berechnungsmethode haben Sie einen vergangenheitsbezogenen Wert, bei der zweiten einen zukunftsorientierten Wert. Nur muss man sich natürlich davor hüten, die KGVs von Firmen verschiedener Branchen miteinander zu vergleichen. Einen aussagefähigeren Wert hat das KGV, wenn man es mit anderen Aktien derselben Branche vergleicht und in Relation zum Branchen-KGV setzt. Sie dürfen weder davon ausgehen, dass ein niedriges KGV immer einen idealen Kaufwert darstellt, noch dürfen Sie davon ausgehen, dass ein relativ hohes KGV immer ein schlechter Kauf wäre. Das KGV gibt somit nur in der Kontextbeurteilung zur Branche und zu anderen vergleichbaren Einzeltiteln Anhaltspunkte zur Einschätzung der Preiswürdigkeit. Als alleiniges Kaufkriterium würde ich es nie heranziehen!

Cashflow pro Aktie

Cashflow: Wichtige Kennziffer

Neben dem KGV gibt es auch noch andere Kennziffern, die für die Beurteilung, ob eine Aktie preisgünstig ist oder nicht, herangezogen werden. Hierzu zählt beispielsweise der Cashflow je Aktie. Bei dieser Kennzahl werden zum Jahresüberschuss die Abschreibungen hinzugezogen und die Veränderungen der langfristigen Rückstellungen sowie die Steuern vom Ertrag und Einkommen berücksichtigt. Teilt man dann den Cashflow des Unternehmens durch die Anzahl der Aktien, kommt man zum Cashflow je Aktie. Je größer der Cashflow je Aktie ist, desto substanzhaltiger wird der Titel eingeschätzt.

Dividendenrendite

Auch die Dividendenrendite ist eine häufig benutzte Kennziffer zur Beurteilung einer Aktie. Sie errechnet sich aus der zuletzt bezahlten Dividende bzw. der geschätzten Dividende für die nächste Periode dividiert durch den momentanen Aktienkurs multipliziert mit 100.

Dividenden-rendite: Häufig benutzte Kennziffer

Wichtig: Jede Kennzahl für sich genommen kann allerdings nur ein Stückwerk aus einer Gesamtanalyse bei Anlageentscheidungen sein.

Fundamentalanalyse

Die Wertpapieranalyse versucht, die Unsicherheit eines Anlegers zu reduzieren, indem sie ihm möglichst rationale Entscheidungskriterien zur Hand gibt, denn der Aktieninvestor möchte im Vergleich zu alternativen Anlagen eine überdurchschnittliche Verzinsung seines zur Verfügung gestellten Kapitals erreichen. Die Dauerinvestoren legen auf eine möglichst objektive und emotionslose Kaufwürdigkeitsprüfung von Aktien Wert. Im Gegensatz zu den Tradern und Gelegenheitsaktionären halten sie nicht viel von psychologischen Entscheidungskriterien. Die Fundamentalanalyse zielt darauf ab, den so genannten „inneren Wert" einer Aktie zu fixieren. Die gegenwärtige und zukünftige Ertragskraft einer Aktiengesellschaft steht dabei im Mittelpunkt des Interesses. Typische Kennzahlen hierfür wurden bereits oben genannt. Auch qualitative Faktoren zur Managementbeurteilung, zum immateriellen Wert eines Unternehmens sowie die Branchenperspektiven und die volkswirtschaftlichen Rahmendaten spielen ebenfalls eine wichtige Rolle.

Psychologie und fundamentale Einschätzung

Chartanalyse

Die Chartanalyse ergänzt die vorgenannten Untersuchungsfelder in idealer Weise. Die technische Aktienanalyse orientiert sich am Zahlenmaterial, das unmittelbar von der Börse selbst stammt, das heißt, sie befasst sich mit der Untersuchung von Kursverläufen und Umsatzentwicklungen. Sinn der technischen Analyse ist es, durch die Beobachtung vorgenannter Kriterien ideale Zeitpunkte für eine Kauf- bzw. Verkaufsentscheidung zu finden. Man bedient sich hierfür so genannter Charts; das sind Schaubilder, in denen die Kurs- und Umsatzverläufe sowie bestimmte gleitende Durchschnitte (38-, 50-, 90-, 100- und 200-Tagelinien) aufgezeichnet werden. Auch die Chartanalyse ist nur ein partielles Untersuchungsinstrument, das Erkenntnisse für eine Gesamtschau liefert. Da es jedoch immer mehr „Chart-Apostel" gibt, muss davon ausgegangen werden, dass die Charttechnik einen sich selbst verstärkenden Effekt auslöst. Wenn sich immer mehr Anleger nach charttechnischen Gesichtspunkten richten, umso mehr werden sich die daraus abgeleiteten Entscheidungen bestätigen. Es macht also keinen Sinn, sich völlig gegen die Charttechnik stellen zu wollen.

Momentum

Momentum: Technische Kennziffer

Ein weitere technische Kennziffer stellt das Momentum dar. Bei deren Berechnung wird der momentane Indexstand mit dem Durchschnitt aller Index-Schlussstände der entsprechenden Zeitkategorie verglichen und die jeweiligen Abweichungen in Indexpunkten angegeben. Große Abweichungen werden in Übertreibungs- bzw. Untertreibungszonen abgebildet. Man kann unter anderem daraus ableiten, ob der Markt im Moment eher überkauft bzw. überverkauft ist.

Computergesteuerter Programmhandel

Automatisierung der Kauf- oder Verkaufsorders

Eng verwandt mit der technischen Aktienanalyse ist der computergesteuerte Programmhandel, der wie ein automatischer Flugpilot eine enorme Zahl von Parametern gleichzeitig beobachtet und bei Erreichen bestimmter Kurse selbsttätig Kauf- oder Verkaufsorders auslöst. Beim großen Börsencrash vom 19. Oktober 1987 wurde als Hauptschuldiger der Programmhandel ausgemacht, da er den

Abwärtstrend durch Stopp-Loss-Orders noch verstärkte. Heute wird der computergesteuerte Programmhandel durch Sicherheitsvorkehrungen „an die Leine gelegt". Wenn sich der Dow-Jones-Index beispielsweise um über 50 Punkte gegenüber dem Vortagesschluss verändert oder extreme Kursveränderungen eintreten, greifen Restriktionen und zeitliche Handelsaussetzungen.

Preisabschätzung

Ziehen Sie aus der Fundamentalanalyse, aus der Chartanalyse und aus der Umfeldanalyse Erkenntnisse und machen Sie sich dann anhand der wichtigsten Daten ein Bild über die Gesamtsituation und die Kaufpreiswürdigkeit eines Wertes. Über die einzelnen Untersuchungsfelder gibt es ausgezeichnete Literatur. Sie brauchen allerdings kein Experte zu werden, manchmal ist zu viel Detailwissen sogar hinderlich, weil man dann schnell Gefahr laufen kann, vor lauter Bäumen den Wald nicht mehr zu sehen. Eignen Sie sich ein solides Basiswissen an – dies genügt vollkommen.

Ziehen Sie aus allen Analysefeldern die wesentlichen Fakten

Aktiengattungen

Achten Sie auch darauf, in welche Aktiengattungen die entsprechenden Papiere einzuordnen sind. Es macht einen großen Unterschied, ob Sie einen Wachstumstitel (Firmen mit anhaltenden Umsatz- und Ertragszuwächsen), eine zyklische Aktie (besonders konjunkturabhängige Werte) oder hochspekulative Aktien (Turnaround-Titel bzw. sehr risikoreiche Werte) in Ihr Depot nehmen.

Wachstumstitel

Wenn die besonders hohen KGVs dadurch zustande kamen, dass die entsprechenden Firmen Jahr für Jahr höhere Gewinne ausgewiesen haben und deshalb ihre Kursnotierungen überproportional „ins Laufen kamen", kann dies auf Grund der vorbildlichen Wachstumsdynamik sogar ein herausragendes Kaufargument dar-

Erstklassige Firmenwerte erkennen

stellen. Solche Unternehmen werden in der Fachsprache als Wachstumsfirmen bezeichnet. Insbesondere die Dauerinvestoren haben ihre große Freude mit Wachstumsaktien. Sie bedürfen nur wenig Kontrolle und müssen nicht zeitnah begleitet werden. Wenn man sie gekauft hat, lässt man sie liegen und schaut jedes Jahr, wie hoch die Kurse wieder gestiegen sind. Gerade risikoscheue und langfristig ausgerichtete Privatanleger sollten sich auf Wachstumsaktien international tätiger Großunternehmen verlegen. Viele bedeutende Wachstumsunternehmen warfen im Schnitt der vergangenen Jahre zwischen 15 bis 20 Prozent Kursgewinn pro Jahr nach Steuern ab.

Ertragsdynamik

Wachstumswerte besitzen eine überdurchschnittliche Ertragsdynamik

Wie bereits betont stellt die Ertragsdynamik bei einem Aktieninvestment eine entscheidende Erfolgsgröße dar. Sie ist meines Erachtens viel wichtiger als Wechselkursschwankungen, Konzernumstrukturierungen, Fusionen oder Veränderungen bei den volkswirtschaftlichen Daten.

Wichtig: Halten Sie sich an die Marktführer in den Wachstumsmärkten, dann können Sie nicht allzu viel falsch machen. Investieren Sie nicht in Unternehmen niedergehender Branchen oder Sektoren, die kaum Wachstumschancen haben.

Wachstumsaktien ordern

Kaufen Sie in Konsolidierungsphasen Aktien

Wenn Sie Wachstumsaktien kaufen wollen, beobachten Sie zunächst die Kursentwicklung und schauen Sie sich die Aktienpreise der vergangenen Jahre auf einem Chart an. Warten Sie günstige Kursentwicklungen für Einstiege ab. Bleiben Sie hierbei geduldig, denn auch Wachstumsaktien haben einmal Kurskonsolidierungen. Fast jedes Jahr erklimmen Wachstumswerte neue Höchststände und holen ihre meist kleineren Kursrückgänge im Vergleich zu den anderen Titeln bei Gesamtmarkteinbrüchen in der Regel schneller wieder auf.

Erfolgs-Tipp:

Wenn Sie ruhig schlafen und langfristig investieren wollen, dann kaufen Sie Wachstumsaktien international bedeutender Unternehmen. Diese Aktien kennen mittel- und langfristig fast nur einen Weg, nämlich den nach oben.

Bewusstsein für Wachstumsaktien schärfen

Produkte, die Sie tagtäglich konsumieren oder benutzen, wie Coca Cola oder Hifi-Geräte von Sony, sollten Ihnen ein noch stärkeres Bewusstsein für Wachstumsaktien vermitteln. Wachstumsfirmen produzieren erstklassige Produkte, denn nur über herausragende Produkte lassen sich auf Dauer Umsatz und Ertrag steigern. Überlegen Sie sich, von welchen Gütern oder Dienstleistungen Sie besonders überzeugt sind. Kaufen Sie Aktien von Unternehmen, die der Wachstumsbranche zuzurechnen sind und die Spitzenprodukte fertigen, mit denen Sie sich auch privat gut identifizieren können.

Wachstums-firmen produzieren i.d.R. erstklassige Produkte

Unternehmenskenntnisse besitzen

Es ist sehr förderlich, wenn Sie bei einem Wert, den Sie in Ihrem Depot haben, nicht nur die Unternehmensgeschichte, sondern auch die -produkte kennen. Einen Titel in schwierigen Zeiten zu halten ist nicht leicht, wenn man keinerlei Hintergrundinformationen besitzt und nur rein abstrakt den Aktienkurs verfolgt. Viele Anleger steigen aus einem Wert in Konsolidierungsphasen und bei Börsenrückschlägen aus, weil sie damit eine schlechtere Unternehmensführung bzw. Leistungsfähigkeit des Unternehmens assoziieren; sie vermuten, dass die Firma in einen schlechten Zustand geraten ist. Doch gerade in solchen Momenten sind die Aktien oftmals geradezu Sonderangebote und bieten eine ideale Einstiegsmöglichkeit. Wenn Wachstumsunternehmen in einem allgemeinen Sog mit nach unten gerissen werden, muss dies noch lange nicht heißen, dass die Firma Misswirtschaft betreibt.

Detaillierte Hintergrundinformationen erhöhen Ihre Erfolgschancen

Achtung: Je besser Sie das Unternehmen und dessen Produkte kennen, umso sicherer werden Sie und nutzen solche günstigen Einkaufsmöglichkeiten für sich aus. Natürlich gibt es auch Mischkonzerne, die auf Grund ihres diversifizierten Leistungsangebots kaum zu durchschauen sind, dennoch sollten Sie versuchen, mindestens Grundkenntnisse über die Produktionszweige zu erlangen. Sie können sich über ein Unternehmen ein viel besseres Bild machen und sich stärker mit ihm identifizieren, wenn Sie auch eine eigene Meinung zu den Produkten und zum Unternehmenskonzept haben.

Was ist in, und was ist out?

Machen Sie es sich zukünftig zur Gewohnheit, dass Sie beim Einkaufen die Produktnamen genauer ansehen und dass Sie darauf achten, was sich gut verkauft und was weniger die Ladentheke kreuzt. Tauschen Sie sich mit Ihren Ansprechpartnern im Berufs- und Privatleben unter anderem darüber aus, welcher PC am leistungsfähigsten ist, welche Kleidungsmarke besonders gefragt ist, welche Sportartikel bei den Jugendlichen besonders ankommen. Aus diesem Informationsaustausch können Sie wertvolle Hinweise zu neuen Erfolg versprechenden Investments bekommen.

Zyklische Aktien

Timing ist hier von besonderer Bedeutung

Im Gegensatz zu Wachstumsaktien sind zyklische Aktien wenig konjunkturresistent. Man spricht deshalb auch von konjunkturreagiblen Werten. Typische zyklische Titel findet man besonders in der Stahl-, Maschinenbau-, Automobil-, Bau- und Papierbranche. Zyklische Aktien brauchen eine bessere Kontrolle als Wachstumsaktien. Doch gerade die enormen Schwankungen sind es, die auch diese Werte für mittelfristig agierende Investoren interessant machen und nicht selten eine überproportionale Performance abliefern, wenn das Timing gestimmt hat. Und genau hierin liegt der entscheidende Erfolg oder Misserfolg. Oftmals bilden die Kursverläufe von zyklischen Aktien eine richtige Gebirgskette ab. Wenn ein Spekulant in einem Tal gekauft hat, braucht er in aller Regel trotzdem noch viel Geduld und Aussitzvermögen, um auskömmliche Gewinne zu erzielen. Denn oftmals werden die Eigentümer von zyklischen Aktien ungeduldig, wenn andere Titel anfangen zu „laufen" und der zyklische Wert immer noch auf seinem Kaufniveau verharrt. Kaufen Sie einen zyklischen Wert auf einem Topkurs, müssen Sie aller Erfahrung nach relativ lange warten, bis Sie wieder in die Gewinnzone kommen. Viele verlieren in solchen „mageren" Perioden die Geduld und verkaufen mit Verlust.

Wichtig: Zyklische Werte dürfen Sie niemals als Daueranlage-Medium betrachten, und beim Kauf solcher Titel kommt es entscheidend auf das Timing an. Nur wenn Sie sich hier als Spezialist fühlen, sollten Sie sich auf solche Investments einlassen.

Hohe Volatilität

Auf Grund der „Berg- und Talfahrt" der meisten zyklischen Aktien sind die Kursentwicklungen im Langfristvergleich gegenüber Wachstumswerten logischerweise geringer. Zyklische Werte kommen aus konjunktursensiblen Branchen. Wenn Sie zyklische Titel in Ihrem Depot haben, stehen Sie also wesentlich stärker in der Pflicht, die Konjunkturentwicklungen in den Ländern zu beobachten, in die die Unternehmen hauptsächlich absetzen. Auf Grund der Konjunkturabhängigkeit sind die Erträge solcher Firmen oftmals sehr schwankend. In einem Jahr erzielen sie manchmal fantastische Gewinne, im nächsten können sie schon wieder nahe bei einem ausgeglichenen Ergebnis liegen. Insbesondere die Automobil-, Stahl- und Schwerindustrie blühen nur unter ganz bestimmten ökonomischen Konstellationen auf. Die KGVs von Firmen aus diesen Sektoren sind auf Grund der volatilen Gewinnentwicklungen in der Regel niedriger als die KGVs von Wachstumsfirmen.

Zyklische Aktien sollten zeitnah beobachtet werden

Spekulative Werte

Die dritte Aktiengattung umfasst spekulative Werte. Hiermit sind vor allem die Aktien von Unternehmen gemeint, die gerade eine Durststrecke durchlaufen oder die gerade eine Gratwanderung

Das Hoffen auf ein Wiederaufleben

zwischen Existenz und Nichtexistenz machen. Die Risiken solcher Aktieninvestments sind überproportional hoch. Nicht selten machen gerade Börsenanfänger den Fehler, in hochspekulative Aktien zu investieren. Sie lassen sich von den wenigen Beispielen beeindrucken, bei denen tatsächlich eine Verzehnfachung oder eine Verzwanzigfachung innerhalb weniger Jahre möglich war. Zudem sind solche Aktien absolut gesehen niedrig im Einkauf, und dies verleitet wiederum zum Kauf zu vieler Anteile.

Achtung: Gerade als Börsenneuling sollten Sie bei ganz jungen Unternehmen und bei hochspekulativen Papieren sehr vorsichtig sein. Ich würde Ihnen sogar empfehlen, die Finger von solchen Engagements zu lassen.

Marktkräfte und Kaufzeitpunkt

„The trend is your friend"

Erfolgs-Tipp:

Sie sollten einen Aktienkauf immer dann zurückstellen, wenn die Charttechnik kein grünes Licht signalisiert, der Kurs des Einzeltitels gerade haussiert hat und der allgemeine Börsentrend seitwärts gerichtet ist oder gar zur Schwäche neigt. Seien Sie nicht unklug und versuchen Sie kein Entree, wenn die Marktkräfte gegen Sie stehen. Auf kurze Sicht setzen sich die Marktkräfte immer durch.

Nehmen Sie also von den aktuellen Marktgegebenheiten Notiz und stemmen Sie sich nicht gegen den vorherrschenden Trend. Seien Sie auch vorsichtig, wenn die Umsätze drastisch rückläufig sind. Stark rückläufige Umsätze bei einer Aktie lassen darauf schließen, dass viele Investoren das vorherrschende Kursniveau nicht mehr stützen wollen und ein Kursumschwung bevorsteht.

Gewinnverwendung analysieren

Schauen Sie sich die Geschäftsberichte hinsichtlich der Gewinnverwendung genau an. Da dies auch zu meinen beruflichen Aufgaben zählt, kann ich Ihnen aus eigener Erfahrung berichten, dass man daraus sehr viel Erfolgspotenziale – auch zwischen den Zeilen lesend – erkennen kann. Eine Aktiengesellschaft kann ihre Gewinne in sinnvolle Investitionen, die einen hohen „Return on Investment" abwerfen, in Dividendenzahlungen, in Aktienrückkäufe und in Prestigeobjekte verwenden. Ich habe schon öfter in meiner Berufslaufbahn als Banker erlebt, dass Firmen viel Geld zum Fenster hinausgeworfen haben, weil sie aus niedrigen Motiven heraus oder wegen mangelhafter Investitionskalkulationen Fehlinvestitionen getätigt haben. Manche gründeten in diversen Ländern gleichzeitig Tochterfirmen oder kauften Firmen auf, so dass sie den Überblick und die Kontrolle verloren. So manche Auslandstochter hat bei solchen Aktionen Millionen „verschlungen", ohne auch nur einen Pfennig an Profit erwirtschaftet zu haben.

Güte der Gewinnverwendung ist ein entscheidender Erfolgsfaktor

Wichtig: Schauen Sie sich die Gewinnverwendungen in den Geschäftsberichten genau an und prüfen Sie, wie viel durchschnittlich in die Forschung und Entwicklung investiert wird, um neue oder verbesserte Produkte hervorzubringen, ob in gewinnträchtige Felder investiert wird oder ob diesbezüglich Misswirtschaft betrieben wird, ob übertriebener Luxus zur Schau getragen werden muss oder ob haushälterisch mit den zur Verfügung stehenden Mitteln umgegangen wird, ob genügend Rückstellungen für schwebende Risiken und Vorsorgen gebildet werden, ob die Kapitalverhältnisse und Gewinnrücklagen tendenziell zunehmend oder abnehmend sind.

Gewinnerwartungen prüfen

Richten Sie bei der Suche nach Aktientiteln Ihr Augenmerk auch auf die vergangenen Gewinnentwicklungen, die jeweiligen Gewinnverwendungen und die zukünftigen Gewinnchancen. Mit diesen Analysen haben Sie schon einen großen Teil der Einzelwert

Vorsicht vor nicht bestätigten Gewinnerwartungen!

durchdringung vollzogen. Wenn die Gewinne eines Unternehmens ständig steigen, werden dieser Entwicklung auch die Kurse folgen. Es ist eine Binsenweisheit, den Umkehrschluss zu ziehen und zu wissen, dass Firmen mit fallenden Gewinnen und geringeren Gewinnerwartungen auch weniger lukrativ sind und dadurch auch weniger nachgefragt werden dürften. Eine erfolgreiche Aktienselektion muss deshalb darauf ausgerichtet sein, Firmen zu finden, die über die nächsten Jahre hinweg ihre Gewinne steigern können. Nicht umsonst schauen die Börsianer mit Argusaugen auf die Quartalsergebnisse der Firmen. Im Zentrum des Interesses steht die Frage, konnte die Firma die an sie gehegten Erwartungen hinsichtlich Umsatz- und vor allem Ertragssteigerungen erfüllen. Nicht selten fallen die Kurse, obwohl ein Unternehmen positive Zahlen ausweist, diese jedoch weit unter den Erwartungen der Investoren liegen. Insbesondere wenn im Vorhinein hohe Gewinnsteigerungen erwartet und diese bereits in den Aktienkursen vorweggenommen wurden, kann es zu heftigen Abschlägen kommen.

Unternehmensentwicklungen vorweg einschätzen

Die Börsenteilnehmer versuchen, günstige Unternehmensentwicklungen frühzeitig zu erkennen, und investieren dann im Vorgriff und in der Hoffnung, dass ihre spekulativen Gewinnerwartungen zukünftig eintreten werden. Schauen Sie sich die Unternehmensgeschichte, die Produkte und das Gewinnpotenzial genau an, bevor Sie sich für ein Investment entscheiden. Machen Sie sich bewusst, in welche Aktiengruppe der ausgewählte Aktientitel gehört, und richten Sie Ihre Spekulationsstrategie danach. Versuchen Sie, sich von Hysterien, Emotionen und anderen Irrationalitäten nicht anstecken zu lassen. Verdrängen Sie Gefühle wie Angst sowie Gier und halten Sie an Ihrem Anlagekonzept fest. – Beachten Sie diese Grundsätze – und Sie werden Ihr Vermögen sichern und mehren.

7. Risiken minimieren durch Anlagestreuung

Wenn Sie Ihr Kapital erhalten und vermehren wollen, sollten Sie dem Grundsatz der Risikostreuung Beachtung schenken. Denn an dieser Stelle werden oftmals grob fahrlässige Fehler begangen. Dies gilt vor allem für die Anleger, die glauben, lediglich mit einer konservativen Sparbuchanlage auf der absolut sicheren Seite zu stehen. Doch hier wirkt das passive Anlagerisiko. Unwissen über alternative Anlageformen, den Inflationseffekt und den Anlage-Streuungseffekt sind fast immer der Grund, warum diese Fehler begangen werden. Verbessern Sie deshalb unbedingt Ihr Finanzwissen. Sie werden damit in Ihren Anlageentscheidungen immer sicherer, souveräner und erfolgreicher. Mit einem besseren Anlage-Know-how macht Sparen erst richtig Freude, weil Sie Ihre Renditen damit enorm verbessern können.

Passives Risiko

Vergleichsbeispiel alternativer Anlageformen

Wenn Sie sich vorgenommen haben, jährlich 3 600,00 Mark (monatlich 300,00 Mark) zu sparen, und diesen Betrag auf die drei Anlagemedien Aktienfonds (angenommene Performance von 12 Prozent pro Jahr), Anleihen (angenommener Festzinssatz von 7 Prozent pro Jahr) und Geldmarktfonds (angenommener Zinssatz von 3 Prozent pro Jahr) mit je 1 200,00 Mark aufsplitten, errechnen sich folgende Endbeträge unter Berücksichtigung von Zinseszinsen und jeweils am Anfang des Jahres einbezahlten Beträgen (in Mark):

Startkapital auf „mehrere Pferde setzen"

	Aktienfonds	Anleihe	Geldmarktfonds	Gesamtertrag
10 Jahre	23 585,50	17 740,32	14 169,35	**55 495,17**
20 Jahre	96 838,48	52 638,21	33 211,78	**182 688,47**
30 Jahre	324 351,13	121 287,65	58 803,21	**504 441,99**

Achtung: Im Vergleich zu diesem Anlageerfolg errechnen sich die Endbeträge einer Sparbuchanlage mit einer Verzinsung von derzeit 2,5 Prozent pro Jahr, also ohne Kapitalstreuung, wie folgt:

- 10 Jahre   41 340,48 Mark
- 20 Jahre   94 259,79 Mark
- 30 Jahre   162 000,97 Mark

Investments in mindestens drei bis fünf Medien ist Pflicht

Wenn Sie Ihrer Kapitalanlage durch Anlagestreuung nicht Rechnung tragen, riskieren Sie, wie im obigen Beispiel gezeigt, am meisten. Sie handeln chancen- und risikomäßig am unvernünftigsten, wenn Sie Ihr Sparkapital nicht in verschiedene Alternativen investieren. Wenn Sie den Inflationseffekt bei Ihrer Sparbuchanlage noch berücksichtigen, werden Sie sehr wahrscheinlich einen Kapitalverzehr hinnehmen müssen.

Wichtig: Als Fazit daraus folgt, dass Sie sich je nach Ihrer Risikoneigung in drei bis fünf verschiedenen Anlagemedien engagieren sollten. Denn nichts ist risikovoller, als zwanghaft vollkommen risikofrei Geld anlegen zu wollen.

Risikostreuung

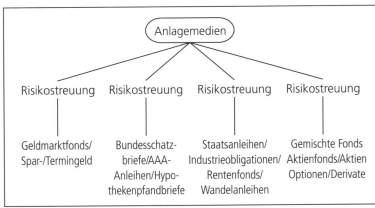

Legen Sie Ihr Geld in alternativen Formen an. Denn nichts ist risikovoller, als nur auf ein „Pferd zu setzen".

8. Aufbau eines Depots und strategische Operationen

Wenn Sie sich dazu entschlossen haben, sich im Wertpapiergeschäft zu engagieren, und ein Depotkonto eröffnet haben, sollten Sie sich den grundsätzlichen Depotaufbau bzw. die Portefeuillestrukturierung überlegen. Gehen Sie als Börsenanfänger erst einmal auf Nummer sicher und streuen Sie das Risiko analog einer Risikopyramide zunehmend von unten nach oben mit kleiner werdenden Volumina. Stellen Sie sich die Pyramide in vier gleich hohe Abschnitte zerlegt vor. Der unterste, größte Abschnitt soll Papiere mit minimalen Risiken und der oberste, kleinste Abschnitt die risikoreichsten Titel enthalten.

Strukturieren Sie Ihr Depot anhand der Risikopyramide

- Den untersten Abschnitt sollten Sie mit soliden verzinslichen Titeln, beispielsweise heimischen Hypothekenpfandbriefen, kurz- und mittelfristigen Staatsanleihen, Bundesschatzbriefen und Geldmarkttiteln (für die Bargeldreserve) bestücken.

Optimaler Aufbau Ihrer Risikopyramide

- Den zweiten Teil füllen Sie mit konservativen Werten, beispielsweise gemischten Aktien-/Rentenfonds, langfristigen Staatsanleihen, kurz- und mittelfristigen Industrieobligationen.

- Für den dritten Abschnitt kaufen Sie Wachstumsaktien speziell ausgerichteter Aktienfonds, Genussscheine, kurz- und mittelfristige Währungsanleihen mit tolerierbaren Bonitätsratings.

- Wenn Sie es überhaupt nicht lassen können, dann bestücken Sie den kleinsten Teil, die Pyramidenspitze, mit spekulativen und hochspekulativen Werten, beispielsweise „Turn-around-Aktien", Optionsscheinen, lang laufenden hochverzinslichen Fremdwährungs-Staatsanleihen.

Anlagepyramide

Optimaler Aufbau Ihrer Anlage- pyramide

Füllen Sie Ihr Depot analog einer Pyramide auf. Der Sockel sollte so sicher wie ein „Fels in der Brandung" stehen. Der Mittelteil sollte mit soliden Spekulationspapieren bestückt sein; die Spitze kann für hochspekulative Werte genutzt werden.

Allokation der ersten 100 000,00 Mark

Wenn Sie die schwierigste Anfangsstrecke, nämlich den Weg bis zu den ersten 100 000,00 Mark, geschafft haben, wird für Sie die Frage nach der Zusammensetzung eines erfolgreichen Depots immer wichtiger. Wenn Sie Börsenanfänger sind und nur eine geringe Risikobereitschaft haben, bleiben Sie zunächst auf der vorsichtigen Seite und legen Sie nicht mehr als 50 Prozent bzw. 50 000,00 Mark in Aktien an. Einen Teil sollten Sie immer cash für günstige Einstiegsmöglichkeiten zur Verfügung haben. 30 000,00 bis 40 000,00 Mark sollten Sie in sichere Staatsanleihen investieren.

Hiervon kann auch ein kleiner Teil in einem guten Währungspapier angelegt sein. Die Hälfte des Anlagebetrages könnten Sie in fünf verschiedene Aktien aufteilen. Achten Sie hierbei auf eine ausgewogene Branchenmischung. Auf Grund der zunehmenden Internationalisierung der Firmen, der europäischen Integration und der Globalisierung der Märkte ist die Länderbetrachtung immer weniger wichtig. Konzentrieren Sie sich stärker auf die Branche und den Erfolg des Einzelunternehmens, gleichgültig, in welchem Land das Unternehmen ihren Sitz hat.

Erfolgs-Tipp:

Konzentrieren Sie sich auf Wachstumsunternehmen, die weltweit aktiv sind, eine überdurchschnittliche Reputation besitzen und durch nachhaltig gute Ergebnisse überzeugen.

Das Pyramidenfundament

Die genaue Einzelwertselektion und Wertpapiermischung sollte individuell nach Ihrer Risikopräferenz, Ihrem Anlagemotiv und Ihrer Wertpapierreife vorgenommen werden. Hierfür gibt es kein allgemein gültiges Patentrezept. Halten Sie sich jedoch als Anfänger immer das Bild einer Pyramide vor Augen, wenn Sie an den Aufbau Ihres Depots denken. Setzen Sie nie alles auf eine Karte. Betreiben Sie eine zu Ihnen passende Diversifikation. Das Pyramidenfundament sollte nur sichere Investments oder welche mit gut kalkulierbaren Risiken beinhalten. Je höher Sie in der „Anlagepyramide" nach oben gehen, das heißt mit kleiner werdenden Volumina, um so mehr Grundsatzrisiken dürfen in den einzelnen Investments enthalten sein.

Pyramidenfundament muss wie ein „Fels in der Brandung" stehen

Die Pyramidenspitze

Viele Privatanleger verlieren Ihr eingesetztes Kapital, das in diesem hochspekulativen Segment eingesetzt wird. Wenn Sie viel Glück haben, können Sie in diesem höchsten Risikosegment vielleicht bei

*Vorsicht
vor hoch-
spekulativen
Anlagemedien!*

jedem fünften oder sechsten Investment überproportional hohe Gewinne einstreichen. Normalerweise kostet Sie aber das Überwachen und zeitnahe Begleiten solcher Investitionen jedoch so viel Zeit, dass es fast nie im Verhältnis zu den aufgerechneten Erträgen steht. Verzichten Sie also lieber auf diese abenteuerlichen Geschichten und lenken Sie Ihre Aufmerksamkeit auf die darunter liegenden Anlagemedien.

Leitsterne

*Ausgewogene
Diversifikation*

Wichtig bei der Depotstrukturierung ist, dass ausgewogen diversifiziert wird und nicht das gesamte Anlagekapital in einem einzigen Titel gebunden ist. Versuchen Sie, mehrere Werte in Ihr Depot zu legen, um das Risiko zu streuen. Mit zunehmendem Anlagevermögen sollte auch eine internationale Diversifikation vorgenommen werden. Ein international ausgerichtetes Portefeuille bietet durch die Länderstreuung einen Ausgleich, wenn der eine oder andere Markt einmal nicht so gut laufen sollte. Wenn man nur auf einen Börsenmarkt setzt, ist man von dessen Gesamtentwicklung stark abhängig. Je mehr Erfahrungen und Kenntnisse Sie über die Börse und die einzelnen Anlagemedien haben, desto mehr können Sie dann auch bis zu einem gewissen Punkt wagen. Sie sollten immer beachten, dass Sie sich nach jedem Investment wohl fühlen sollten. Wenn Sie irgendetwas zu stark bedrückt, machen Sie Kasse und schauen Sie sich nach einer neuen, besseren Alternative um.

Anlageregel: Kapitalbewahrung

*Kapitalbewah-
rung muss vor
Kapitalvermeh-
rung stehen*

Die Kapitalbewahrung muss immer vor der Kapitalvermehrung stehen. Bedenken Sie, dass Sie für Ihr Startkapital hart arbeiten mussten und es deshalb nie leichtfertig aufs Spiel setzen sollten. Gehen Sie nur kalkulierbare Risiken ein, die Sie mit Ihren Börsenerfahrungen, Ihrem Anlagewissen, Ihrer Risikomentalität und Ihren Basiserhebungen auch rechtfertigen können. Hören Sie auf, auf kurzlebige Gerüchte hin zu spekulieren oder mit „Junk Stocks" russisches Roulette zu spielen. Überlassen Sie reines Aktienspekulieren den Tradern und Zockern. Vergessen Sie den Grundsatz der Kapitalbewahrung nie und halten Sie stets ein sicheres Depotfundament. Beim Kauf von Aktien sollten Sie die vorgenannten Einstiegskriterien beachten. Kaufen Sie als Börsenneuling Aktien nur dann, wenn Sie sie auch langfristig in das Depot legen wollen und können sowie von den Produkten sowie Gewinn- und Wachstumschancen wirklich überzeugt sind. Lassen Sie sich zumindest am Anfang nur auf erstklassige, hochwertige Aktien ein.

Erfolgs-Tipp:

Sorgen Sie stets für eine gewisse Liquidität, die Ihnen ein schnelles und lukratives Zukaufen ermöglicht. Binden Sie nie 100 Prozent Ihres zur Verfügung stehenden Kapitals.

Reservekasse behalten

Beachten Sie, dass Sie nur nachkaufen sollten, wenn der Kurs um mindestens 20 Prozent gegenüber Ihrem Ersteinstieg gefallen ist. Das so genannte Verbilligen oder „Averaging" wird von vielen Privatanlegern falsch praktiziert. Erstens kaufen sie bei spekulativen und zyklischen Werten meist viel zu risikoreich nach und zweitens oft viel zu früh.

„Averaging" oder Verbilligen

Strategische Operationen

Strategische Operationen in der Aktienanlage gibt es natürlich viele. Je nachdem, welche Risikoneigung, welcher Anlagehorizont und welche Anlagemotive der Investor hat, wird er seine Grundsatzstrategien danach ausrichten. Wenn man Aktieninvestments als eine langfristige Angelegenheit betrachtet, bietet sich insbesondere die Blue Chip-Strategie an.

Aktienanlage-Strategien

Blue Chip-Strategie

**Langfrist-
anlagen in
Blue Chips
zahlen sich aus**

Der amerikanische Begriff Blue Chip heißt übersetzt blauer Stein bzw. blauer Splitter und bedeutet so viel wie Diamant. Unter Blue Chips versteht man Aktien von traditionell erstklassig geführten und erfolgreichen Unternehmen. Sie zeichnen sich durch nachhaltig hohe Ertragskraft, eine solide Finanzstruktur, ein überdurchschnittlich gutes Management und dauerhaft ausgeschüttete Dividenden aus. Investoren mit einem Anlagehorizont von zehn bis 20 Jahren greifen fast alle auf Blue Chips zurück, weil im Langfristvergleich die Performance von Blue Chips die Renditen der Obligationen übertrafen.

Fälschlicherweise werden den Blue Chips von einigen Tradern eine träge Kursentwicklung und wenig Kursfantasie angedichtet. Doch mit erstklassigen Güteaktien lassen sich im Vergleich zu anderen Aktien, die nicht zu den Blue Chips zählen, langfristig bessere Ergebnisse erzielen. Beim Kauf von Blue Chips ist insbesondere darauf zu achten, dass die ausgewählten Unternehmen international tätig sind und damit ein Ausgleich unter den Märkten garantiert werden kann, wenn der eine oder andere Markt einmal nicht so gut laufen sollte. Dieser Ausgleichsmechanismus hält die Ertragsentwicklung stabil. Mit Investments in erstklassige, international tätige Unternehmen oder in Investmentzertifikate, die in Blue Chips investierten, war ich auf lange Sicht bisher immer erfolgreich!

Top-Zehn-Strategie

**Top-Zehn-
Strategie
basiert auf der
Dividenden-
rendite**

Eine Anlagestrategie, die sich die Top-Zehn-Strategie nennt und sich auf Blue Chips bezieht, möchte ich Ihnen noch vorstellen. Diese Strategie ist nichts Revolutionäres und wurde bereits vor Jahren von verschiedenen amerikanischen Finanzzeitschriften publiziert. Diese Methode ist so einfach, dass einige Privatanleger sie kaum für erfolgreich halten. Viele denken, je komplizierter eine Strategie ist, desto erfolgreicher müsste sie auch sein. Doch mit der „Top-Zehn-Strategie" wird man eines Besseren belehrt. Sie wird vor allem auf die 30 Werte des Dow Jones angewendet und beinhaltet folgende Vorgehensweise:

- Kaufen Sie die Werte der zehn Unternehmen im Dow Jones, die die größten Renditen haben, und legen Sie diese Aktien für ein Jahr in Ihr Depot.

- Nach Ablauf dieser Zeit betreiben Sie eine Depotumstrukturierung in der Form, dass Sie wieder die zehn Titel mit den höchsten Dividendenrenditen aus dem Dow Jones besitzen. Durchschnittlich sind hierfür drei bis vier Veränderungen notwendig.

- Die Anpassung auf die Titel mit den höchsten Dividendenrenditen ist jährlich durchzuführen.

Vorgehensweise bei der Top-Zehn-Strategie

Weil bei der Berechnung der Dividendenrendite der Kurswert einer Aktie als Basis herangezogen wird, ist die Dividendenrendite dann besonders hoch, wenn der Preis der entsprechenden Aktie niedrig ist. Wenn die Dividendenrendite hoch ist, ist der Preis der Aktie in der Regel relativ günstig. Diese Strategie ist sehr simpel, aber auch sehr erfolgreich. Mit dieser Vorgehensweise entledigen Sie sich der lästigen Einschätzung von idealen Kauf- und Verkaufszeitpunkten bzw. des Timingproblems. Denn Sie verkaufen ständig die Titel mit einer niedrigen Dividendenrendite und kaufen Werte mit einer hohen Dividendenrendite aus einem Blue Chips-Kontingent. Das heißt, Sie werden weitgehend von psychologischen Einflüssen abgeschottet und kaufen stets zu einem relativ niedrigen Preis und verkaufen zu einem relativ hohen Kurs.

Wichtig: Sie werden bei dieser Strategie dazu diszipliniert, Aktien zu kaufen, die im Moment gerade nicht groß nachgefragt werden, und Sie verkaufen Aktien, die aktuell stark nachgefragt werden. Dies ist eine Art Portefeuille-Umschichtung von überbewerteten Titeln in unterbewertete. Diese Anlagestrategie wird sich allerdings nur dann rentieren, wenn gewisse Mindestbeträge in die zehn renditestärksten Werte investiert werden. Denn jede Umschichtung

Umschichtung von überbewerteten Titeln in unterbewertete

verschlingt Transaktionskosten, die die Rendite schmälern. Für den Kleinanleger wird sich somit auch dieses Konzept wegen der relativ hohen Mindestgebühren beim Kauf von Auslandsaktien kaum rentieren. – Dennoch wollte ich diese Methode vorstellen, weil man zum einem aus ihr aktienspekulativ viel lernen kann und zum anderen auch auf andere Indizes, zum Beispiel auf den Dow Jones Euro Stoxx 50 (Blue Chips aus den Ländern, die im „Euroclub" von Anfang an dabei sind) bzw. den Dow Jones Stoxx 50 (umfasst auch Blue Chips aus anderen europäischen Ländern wie beispielsweise der Schweiz und Großbritannien) anwendbar ist. Es ist davon auszugehen, dass die neu kreierten Stoxx-Indizes sich als europäische Benchmarks durchsetzen werden.

*Index-
zertifikate:
Kursrisiko wird
reduziert*

Privatanleger, die nur über wenige tausend Mark Anlagekapital verfügen und trotzdem eine europaweite Strategie verfolgen, können beispielsweise auf Europa-Investmentfonds oder auf Indexzertifikate zurückgreifen. Bei einem Indexzertifikat fassen Sie die Aktien aus dem ausgewählten Index in einem Wertpapier zusammen. Über die weite Aktienstreuung reduzieren Sie hierbei gleichzeitig das Kursrisiko im Gegensatz zu Einzelengagements. Ein Indexzertifikat ist in etwa einem Bond ohne Zinszahlungen gleichzusetzen. Index-Papiere stellen vor dem Hintergrund der Risikostreuung und des kostengünstigen Erwerbs eine gute Alternative zu Direktanschaffungen von Blue Chips und zu Investmentfonds dar. Dennoch dürfen die Käufer von Indexzertifikaten das Konsolidierungsrisiko am Aktienmarkt nicht verkennen. Konsolidierungen am Aktienmarkt sind notwendige und für weitere Kursauftriebe gesunde „Erholungs- und Verschnaufpausen" unterschiedlicher Zeitdauer. Das Wort „Konsolidierung" bedeutet aus dem lateinischen hergeleitet so viel wie Festigung und Sicherung des Eigentumsrechts. In solchen Phasen trennen sich die „Zittrigen" von ihren Papieren, und die Börsenübertreibung wird abgemildert.

Strategien mit verzinslichen Wertpapieren

Zum Schluss möchte ich noch auf die Anlage in Bonds eingehen. Die Anlage in verzinslichen Wertpapieren möchte ich trotz aller Unkenrufe der Aktienanleger nicht unter den Tisch fallen lassen. Durch strategische Operationen mit verzinslichen Wertpapieren können Sie in bestimmten Zinsphasen und Wirtschaftsentwicklungen eine höhere Performance erzielen als in Aktienanlagen.

Hohe Performance möglich

Der große Vorteil der Bondanlage rückt immer dann in den Brennpunkt des Interesses, wenn an den Aktienbörsen Kursrückschläge hinzunehmen sind. Auch in Baisseperioden an den Aktienmärkten erfreut sich der Bondmarkt höchster Beliebtheit. Die Daueranleger in Bonds erzielen in Umschichtungszeiten einen besonderen Gewinnschub, in denen Aktienanleger Kasse machen und einen Teil ihres Geldes in Bonds „zwischenparken". Durch die starke Nachfrage nach Bonds steigen die Anleihenkurse, und dies bedeutet für die Investierten eine höhere Rendite. Die potenziellen Kursgewinne kommen durch die stärkere Nachfrage nach gut verzinslichen Papieren zustande. Sehr vorsichtige Aktieninvestoren lösen immer wieder durch Fluchtaktionen in relativ sichere Anlageformen wie Bonds Kurseffekte aus. In Zinsveränderungs- und Umschichtungsphasen kommt bei den Anleihenkursen also sehr wohl Bewegung hinein. Die Kurse weisen in der Regel geringere Schwankungsbreiten als Aktienkurse auf. Je nach Zinsentwicklung, Emittent, Länder- und Währungsrisiko kann die Volatilität allerdings auch beträchtlich werden.

Achtung: Wer es versteht, Umschichtungszeiten von Aktien in verzinsliche Wertpapiere im Vorfeld bereits zu erkennen, und sich frühzeitig mit adäquaten Bonds eindeckt, wird gute Kursgewinne realisieren können.

Gute Kursgewinne mit rechtzeitiger Umschichtung

Spekulation mit ausländischen Staatspapieren

Vorsicht bei krisenanfälligen Ländern!

Kaufen Sie beispielsweise eine hochverzinsliche ausländische Staatsanleihe auf Dollarbasis zu einem Kurs von 97 Prozent, bevor die US-Zinsen weiter zurückgehen, kann sich innerhalb kurzer Zeit ein Kurssprung auf 107 Prozent vollziehen. Bei steigenden Zinsen könnte sich eventuell ein Kurs von 87 Prozent einstellen. Mit diesem Fallbeispiel möchte ich zum Ausdruck bringen, dass sehr wohl auch mit verzinslichen Anleihen spekuliert werden kann. Hierzu sollte man sich allerdings sehr gut mit der Zinsprognose und der Einschätzung von Fremdwährungen beschäftigen. Bei einer falschen Devisenkurseinschätzung können sich sehr schnell Währungsverluste und bei wider Erwarten anderen Zinsverläufen Kursverluste ergeben. Mit Länderbonitäten, Währungsentwicklungen und Zinsprognosen sollte man sich bei solchen Investments vertraut machen. Die Bonität von Ländern kann sich durch politische und wirtschaftliche Veränderungen schnell verschlechtern. Deshalb rate ich niemandem, langfristige Auslands-Staatsanleihen von besonders krisenanfälligen Ländern zu ordern.

Wichtig: Die Beobachtung der ökonomischen und politischen Lage im entsprechenden Investitionsland ist auf alle Fälle ratsam, um eines Tages von einer Rückzahlungsaussetzung nicht überrascht zu werden.

Spekulation auf fallende Zinsen

Ausnutzung des Konjunktureffektes

Die Profis unter den Bondinvestoren haben ein besonderes Augenmerk auf Länder, in denen sich die Konjunktur zurückbildet oder gar in einer Talsohle befindet. Sie setzen darauf, dass die Zentralbanken über Zinssenkungen die Konjunktur wieder ankurbeln wollen. Sinkende Zinsen wiederum versprechen höhere Kursgewinne bei den Altanleihen, die dann in höhere Renditen hineinwachsen. Nur die eingefleischten Bondanleger wissen um die lukrativen Ertragschancen mit Bonds bei rückläufigen Zinsentwicklungen. Bei zurückgehenden Kapitalmarktzinsen bringen die bereits länger laufenden verzinslichen Papiere im Vergleich zu den Neuemissionen lukrativere Zinsen. Anleger, die solche Papiere im Depot haben, erzielen also gegenüber dem aktuellen Kapitalmarktzins einen höheren Ertrag, der sich aus dem relativen Zinsgewinn und gestiegenen Kursen errechnet. Die höheren Bondkurse sorgen dafür, dass sich das Renditeniveau der alten Anleihen auf das der Neuemissionen einpendelt und für Bondneueinsteiger sich somit ein deckungsgleicher Kaufpreis von alten und neuen Anleihen der gleichen Laufzeitkategorie errechnet.

Wer frühzeitig, das heißt vor Zinssenkungsrunden, eingestiegen ist, kann bei lukrativen Bondkursen Kasse machen und sich dann wieder auf ein anderes Land konzentrieren, bei dem eine Erfolg versprechende Ausgangssituation vorliegt. Einige Anfänger machen nicht selten den Fehler, dass sie weder den Zinszyklus angemessen analysieren noch die Restlaufzeiten der georderten Bonds gebührend beachten. Bei lang laufenden Staatsanleihen kann sich bei einer falschen Zinseinschätzung eine Situation einstellen, bei der die Kurse nicht anziehen, sondern nachgeben und die Rückzahlung bei Fälligkeit des Papieres zu 100 Prozent aus Liquiditätsmangel nicht mehr abgewartet werden kann. Dann müssen Kursverluste realisiert werden, da man dem Fristigkeits- und Risikoaspekt nicht sorgfältig genug Rechnung getragen hat. Die Mehrzahl der Bondsanleger ist jedoch wenig am Spekulationsmotiv interessiert und möchte lediglich eine akzeptable Realverzinsung bis zur Endfälligkeit mit ihren Investments erreichen.

Akzeptable Realverzinsung als Anlagemotiv

9. Typische Anfängerfehler

Wer an der Börse Geld investiert, sollte sich davor hüten, grobe Anfängerfehler zu begehen. Die Fehler, die Sie trotz des Wissens begehen werden, sind noch groß genug. Wichtig ist, dass Sie grobe „Schnitzer" vermeiden. Denn wer an der Börse bereits seit Jahren Geld investiert hat und behauptet, niemals einen Fehler gemacht zu haben, kann nur ein Scharlatan sein. Rufen Sie sich deshalb die nachstehenden potenziellen Fehlerquellen bzw. Ratschläge immer wieder in Erinnerung, dass Sie so wenig wie möglich Fehltritte haben.

Qualitätsprüfung

Nehmen Sie nur Gütetitel in Ihr Portfolio

Kaufen Sie auf lange Sicht möglichst nur Aktien von Unternehmen, von denen Sie persönlich hinsichtlich der Produkte, der Ertragsperspektiven, der Erfolgspotenziale und Managementqualifikationen überzeugt sind. Kaufen Sie keine Aktien für Ihr langfristiges Portfolio, wenn Sie über das entsprechende Unternehmen nur rudimentär informiert sind. Betreiben Sie Ihre Recherchen über die Aktiengesellschaft so weit, bis Sie zu einem Überzeugungsgrad gelangt sind, dass die Aktien kaufenswert sind bzw. mittel- bis langfristig Kurspotenzial besitzen. Vertrauen Sie auf Ihre Spürnase und realisieren Sie Ihre eigenen Anlageideen. Oftmals sind die selbst kreierten Investments erfolgreicher als die breit getretenen Empfehlungen. Präferieren Sie Investments vor Tradings. Auf längere Sicht spielen die kurzfristigen Kursschwankungen für den Erfolg eines Investments kaum eine Rolle. Bei Tradings können Sie schnell in ein überdurchschnittlich hohes „Timing-Risiko" laufen.

Quantitätsprüfung

Kaufen Sie nicht zu viele verschiedene Aktien

Achten Sie darauf, dass Sie nicht weniger als drei und nicht mehr als zehn bis maximal zwölf unterschiedliche Werte in Ihrem Depot haben. Je größer das Depot ist, umso mehr Titel darf es enthalten. Beachten Sie stets, dass die Aktiengüte immer Vorrang gegenüber der Gattungsquantität haben muss. Lassen Sie sich Zeit bei der Aktienselektion und erwerben Sie nur Werte, von denen Sie sich selbst eine Meinung gebildet haben. Werden Sie nicht nervös oder ungeduldig wegen der vielen Empfehlungen der Börsendienste. Solche Kaufratschläge sind oft nur für Trader und Kurzfristanleger gedacht. Bei besonders aufdringlichen Empfehlungen sollten Sie kritisch sein und sich überlegen, ob die Gesellschaften, Berater und Börsenbriefe eventuell Eigeninteressen verfolgen könnten, beispielsweise um sich selbst möglichst schnell aus einem empfohlenen Papier zu „verabschieden". Informieren Sie sich tief- und vielschichtig. Denken Sie immer daran, es ist Ihr Geld, das Sie einsetzen, und nur Sie tragen die Schlussverantwortung für Ihre Investments. Von Dritten können Sie niemals so viel Interesse, Verantwortungsbewusstsein und Engagement erwarten.

Risikostreuung und Risikomentalität

Investieren Sie Ihr Kapital nicht nur in eine oder zwei Aktien und legen Sie nicht Ihr gesamtes Geldvermögen in Aktien an. Achten Sie auf eine ausgewogene Risikostreuung. Kaufen Sie nur Werte, die Ihrer Risikomentalität entsprechen. Verteilen Sie Ihr Anlagekapital so, dass Sie ruhig schlafen können. Fast jedes Wertpapier durchläuft irgendwann einmal eine Schwächeperiode. Je besser Sie das Risiko gestreut haben, desto größer wird die Depotsicherheit bzw. desto besser greift der Kompensationsmechanismus unterschiedlicher Anlagemedien, verschiedener Börsenmärkte, Währungen und Branchen sowie differenzierter Wertpapiergattungen. Achten Sie bei Ihrer Depotmischung auf eine Zusammenstellung, die Ihrer individuellen Risikoneigung entspricht und ein passendes Verhältnis von Aktien, Investmentfonds, Indexzertifikaten, verzinslichen Anleihen und Geldmarktfonds (Liquiditätsvorhaltung) ausweist.

Achten Sie auf Ihre Risikopräferenz und eine gute Risikostreuung

Wichtig: Ein gut ausgewogener weltweiter Branchenmix liefert Ihnen beispielsweise mehr Stabilität und Profitsicherheit, als wenn Sie sich nur auf ein Land und eine Branche beschränken.

Liquiditätsvorhaltung

Es gibt nichts Schlimmeres für einen Börsianer, als wenn er in Crashzeiten keine Liquidität mehr hat und voll engagiert ist. Schöpfen Sie nie Ihre flüssigen Mittel voll aus. Lassen Sie eine gewisse Liquidität für günstige Einstiegsmöglichkeiten übrig. Werden Sie nie

Reservekasse ist wichtig

ungeduldig und halten Sie eine Reservekasse. Überwinden Sie dass Bedürfnis, immer voll und ständig investiert sein zu müssen. Es gibt Zeiten, in denen es unabdingbar ist, Kasse zu machen. Unterdrücken Sie auch die Gier, bei jeder Empfehlung dabei sein zu müssen.

Anlagephilosophie und Anlagekonzept

Investieren Sie nie ohne eine gut durchdachte Anlagephilosophie

Werden Sie sich darüber klar, für was und für wen Sie sparen bzw. spekulieren wollen. Nur wenn Sie Ihr Anlagemotiv genau kennen, können Sie genügend Kraft, Energie und Motivation für die Anlagegeschäfte aufbringen, um sie tatsächlich erfolgreich abzuschließen. Formulieren Sie sich ein realistisches Ziel, wann Sie was zu welchem Zweck erreichen wollen. Überlegen Sie sich auch ein Anlagekonzept, das Sie möglichst niederschreiben sollten.

In meinem Anlagekonzept steht beispielsweise bezüglich der Aktienanlage, dass nur Investments in erstklassige international tätige Unternehmen tolerierbar sind. Ferner beachte ich den Grundsatz der Marktliquidität eines Wertes, das durchschnittliche Umsatzvolumen, die potenzielle Marktenge und die charttechnische und fundamentale Bewertung.

Kaufen und Verkaufen

Kaufen und verkaufen Sie abgestaffelt

Vermeiden Sie auch den Aufbau bzw. die Reduktion einer größeren Aktienposition zu einem Zeitpunkt. Kaufen und Verkaufen will gut gelernt sein. Dies ist das „A" und „O" der Aktienanlage. Verlassen Sie die „Party", wenn Sie am schönsten ist. Auch wenn Sie vielleicht 10 bis 15 Prozent unter dem temporären „Top" verkauft haben, gehören Sie zu den Gewinnern. Gerade in Zeiten, wenn die Kurse schnell ansteigen, fällt es besonders schwer zu verkaufen. Verzichten Sie auf die letzte marginale Gewinnmark, denn derjenige, der Ihre Titel abnehmen soll, benötigt ja ebenfalls noch etwas Kurspotenzial. Und genau dann, wenn die Gier anfängt, einen Verkaufsentschluss hinauszuzögern, ist es ratsam, die Vernunft wieder in den Vordergrund zu schieben.

Investieren Sie möglichst in Perioden, in denen die guten Gewinnerwartungen noch nicht transparent sind bzw. das Börsenklima noch verhalten ist. Wenn der Aktienmarkt anfängt zu „boomen", haben sich die „Insider" sehr wahrscheinlich gerade eingedeckt. Sind die positiven Gewinnschätzungen dann veröffentlicht und die breite Masse fleißig am Kaufen, werden sich die ersten „Insider" schon wieder langsam von ihren Werten verabschieden.

Erfolgs-Tipp:

Auch wenn es Ihnen schwer fällt: Bauen Sie Ihr Depot möglichst nie in einer Boomphase auf, sondern eher in einer Schwächeperiode bzw. zum Ende einer Untertreibungsphase. Analysieren Sie hierzu die entsprechenden Indizes und kaufen Sie nur abgestaffelt. Es ist auch nicht ratsam, ständig den gesetzten Limits hinterherzulaufen. Wenn man eine Aktie unbedingt haben will, läuft man schnell Gefahr, dass man sie zu teuer einkauft. Dies ist oft dann der Fall, wenn der Aktienkurs bereits kräftig gestiegen ist. Kauf-Limitanpassungen sind deshalb nicht ratsam. Wenn Sie sich einen Preis vorgestellt haben, bleiben Sie dabei, auch wenn Sie hierfür vielleicht länger warten müssen!

Baisse: Gewinnen bei niedrigen Kursen

Depotüberwachung

Begleiten Sie Ihre Engagements, auch Ihre Investments, zeitnah und reagieren Sie – wenn nötig – mit Zukäufen bzw. Verkäufen. Behalten Sie auf alle Fälle Ihr Depot im Überblick. Berücksichtigen Sie bei Tradings die Spekulationsfristen und nutzen Sie in schwierigen Börsenzyklen Absicherungsmöglichkeiten. Kontrollieren Sie auch die charttechnischen Voraussetzungen und allgemeinen Börsenverfassungen. Achten Sie bei Ihrer Portefoliosteuerung auf eine ausgewogene Depotstruktur, das heißt Streuung des Basisrisikos auf mehrere Einzelwerte, Märkte und Branchen, und auf Übersichtlichkeit, das heißt nicht zu viele Titel und zu kleine Einzelpos-

Überwachen Sie Ihr Depot in regelmäßigen Zeitabständen

ten (mindestens 10 000,00 Mark) in das Depot legen. Ferner sollten die Bonitätsratings Ihrer Wertpapiere relativ hoch sein, das heißt, kaufen Sie möglichst nur Blue Chips und bei Renten nur Papiere mit einem Rating von mindestens AA-. Auch die Laufzeitenstruktur bei Renten sollte nicht aus den Augen verloren werden, das heißt, gewichten Sie in Niedrigzinsphasen (Performance kleiner 7 Prozent) langfristige Anleihen nicht über und wählen Sie kongruente Rentenlaufzeiten bei Anlageperioden von weniger als drei Jahren.

Prüfkriterien,
die zu
beachten sind

Checkliste: Anlage- und Spekulationspolitik für Neueinsteiger
■ Welche Vor- und Nachteile haben die Anlagemedien Fonds, Aktien, festverzinsliche Wertpapiere, Spareinlagen und Termingelder?
■ Kennen Sie die grundlegenden Anlagerisiken bezüglich Ihres gewählten Anlagemediums, Anlageinstituts und Anlageberaters?
■ Kennen Sie die aktuellen Geld- und Kapitalmarktzinssätze?
■ Sind Sie für Anlagegeschäfte offen, die Renditen versprechen, die weit über den marktüblichen Sätzen liegen?
■ Ist Ihnen bewusst, dass eine höhere Rendite stets mit höheren Basisrisiken korrespondieren muss?
■ Haben Sie einen seriösen, kompetenten und erfahrenen Anlagespezialisten, mit dem Sie Ihre Anlagemotive, Ihre Anlageziele und Ihr Risikoprofil besprechen können?
■ Haben Sie mindestens zwei interessierte und kompetente Diskussionspartner, mit denen Sie über das Thema Anlage und Spekulation Gewinn bringend sprechen können?
■ Können Sie Ihren Wertpapierreifegrad definieren?
– Trauen Sie sich Anlagen in Aktien/Fonds/Optionen/Währungsanleihen zu?
– Kennen Sie diese Anlageformen, deren besondere Risiken und Chancen?

noch: Checkliste: Anlage- und Spekulationspolitik für Neueinsteiger

- Haben Sie Ihre Anlagestrategie und Ihre Anlagephilosophie schriftlich fixiert?
- Haben Sie den Anlagegrundsatz Risikostreuung genügend beachtet?
- In welche Anlagemedien haben Sie wie viel und mit welchen Fristigkeiten investiert?
- Können Sie sich vor Ihrem geistigen Auge bereits den Depotauszug vorstellen, auf dem Sie erstmals einen sechsstelligen Betrag sehen?
- Sind Sie mental stark genug, um an Ihrem Sparziel festzuhalten und die magische Grenze von 100 000,00 Mark geradlinig anzusteuern?
- Haben Sie gute Kenntnisse über den Kursbildungsmechanismus und den Inflationseffekt?
- Selektieren Sie Ihre Anlagemedien anhand Ihres Risikoprofils, Ihrer Wertpapierreife und Ihres Anlagemotivs?

Prüfkriterien, die zu beachten sind

Top-Strategien für Ihre Reichtumskarriere

7

Top-Strategien

1. Alternativen des Reichwerdens

Glück, beste Gesundheit, sozialer Reichtum, finanzielle Unabhängigkeit

Die nachstehenden Grundsatzstrategien sollen Ihnen Denkanstöße und Impulse für Ihre eigene Reichtumsplanung liefern. Sie sollten nur Wege gehen, die mit Ihrem Naturell vollkommen in Einklang stehen und keine kriminellen Energien beinhalten. Denn nur die Wegbeschreitung macht Sie glücklich und zufrieden, die Ihnen neben dem materiellen auch gesundheitlichen und sozialen Reichtum bieten kann. Planen Sie Ihre Reichtumskarriere also so, dass Sie persönlichen und materiellen Reichtum gleichzeitig erlangen. Verzichten Sie unbedingt auf kriminelle Machenschaften und bleiben Sie stets im seelischen Gleichgewicht und sich selbst treu. Schnell gewonnenes und ungesetzlich ergattertes Geld zerrinnt in der Regel auch genauso schnell wieder, wie man es ergaunert hat. Verfallen Sie auch nicht in den Fehler, dass Sie nur noch mit Euro-Zeichen in den Augen herumlaufen und dabei auf Ethik, Gesundheitsaspekte und soziales Engagement total verzichten.

Die Reichtumstore, die Sie aufstoßen wollen, sollten natürlich und zu seiner Zeit aufgehen und Ihnen dauerhafte Befriedigung sowie eine hohe Lebensqualität ermöglichen. Bleiben Sie geduldig, aber auch konsequent in Ihren Leitlinien und Zielrealisierungen. Forschen Sie nach Ihrem persönlichkeitsgerechten Reichtumsweg und setzen Sie ihn dann nachhaltig und voller Begeisterung um.

Es gibt verschiedene Möglichkeiten, materiell reich zu werden. Der Spekulant versucht sein Glück an den verschiedenen Börsen. Freiberufler und Arbeitnehmer versuchen, ein weit überdurchschnittliches Jahreseinkommen zu erzielen. Der erfolgreiche Unternehmertyp hat in der Regel eine Schlüsselidee und/oder Visionen, die er Gewinn bringend vermarkten kann. Unternehmerpersönlichkeiten sind besonders hervorzuheben, weil sie ihr Geld meistens wieder investieren und Arbeitsplätze, Sicherheit und Wohlstand für viele Menschen schaffen. Sie setzen ihre Ideen und Pläne nach eigenem Gutdünken um und lieben es, unabhängig, Wert schöpfend und Nutzen stiftend tätig sein zu können.

2. Die Börsenspekulation

Wer das Spekulationsmetier sehr gut versteht, kann mit einem gewissen Basiseinsatz, den richtigen Werten und einem langen Atem zu einem Vermögen kommen. Den Grundstock zur Spekulation sollten Sie aus anderen Einkunftsarten oder Geldquellen bereits aufgebaut haben. Er sollte niemals aus Kreditmitteln finanziert sein, langfristig entbehrbar und von Ihrem anderen Geldvermögen strikt getrennt werden.

Spekulations-metier

Mit Spekulationsgeschäften ein Vermögen aufzubauen verlangt viel Börsenerfahrung. Spekulanten sollten über umfangreiches Finanzwissen verfügen und neben einem guten Fingerspitzengefühl auch ein „glückliches Händchen" für optimale Ein- und Ausstiegszeitpunkte haben.

Grundwissen im Finanz- und Wirtschaftssektor

Ohne Basiswissen über das Finanzwesen, die Börsenszene und die Unternehmenswelt dürfen Sie niemals Ihr Geld in Aktien investieren. Auch wenn Sie einen guten Anlageberater haben, würde ich es Ihnen niemals empfehlen. Sie wären total ausgeliefert, ohne eigenes Controlling und ohne Möglichkeiten der Risikoabschätzung. Treten Sie also nur in das Börsenleben ein, wenn Sie sich zuvor kundig gemacht haben, über ein ausgeprägtes Interesse am Wirtschaftsgeschehen verfügen und sich „aktienreif" fühlen. Die Zukunftsperspektiven von Unternehmen sollten Sie ebenfalls einigermaßen einschätzen können. Spekulant können Sie nicht von heute auf morgen werden; hierfür brauchen Sie viel Erfahrung, Kenntnisse und Visionsvermögen.

Aktienreife erlangen

Börsenspiele

Die vielen angebotenen Börsenspiele von den Medien haben einige Bürger auf das Spekulieren aufmerksam gemacht und Neugierde geweckt. Doch lassen Sie sich nicht durch die fantastischen

Kursgewinne bei den Börsenspielen blenden. Unterscheiden Sie stets Spielsituation und Ernst. Denn die relativ kurzen Börsenspielzeiten von drei bis sechs Monaten lassen eine seriöse Anlagestrategie von vornherein gar nicht zu. In der realen Welt sollten Sie Aktieninvestments – besonders als Anfänger – sowieso nur auf mittel- bis langfristige Sicht tätigen!

Börsenarten

Wertpapier-umschlagplatz heißt Börse

Der Platz, an dem sich das Spekulieren hauptsächlich abspielt, heißt Börse. Die Börse ist der Umschlagplatz von Wertpapieren, Devisen und fungiblen Waren. Hier wird über Angebot und Nachfrage der Preis bzw. der Kurs festgelegt. Spekuliert wird mit Devisen, Edelmetallen, Nicht-Edelmetallen, vertretbaren Rohstoffen, Zwischenprodukten und Fertigprodukten sowie mit festverzinslichen und variabel verzinslichen Anleihen, mit Aktien und anderen Wertpapieren.

Die Immobilienspekulation ist etwas für finanzstarke Fachexperten. Relativ hohe Kapitaleinsätze und viel fachspezifisches „Knowhow" sind hier gefordert. Da Immobilien nicht fungibel sind, werden sie auch nicht an der Börse gehandelt!

Börse ist der Motor des Kapitalismus

Wichtig: An den Wertpapierbörsen in Deutschland (Haupthandelsplatz ist Frankfurt/Main) werden jährlich über 1 Billion Euro umgesetzt. Die Wertpapiere müssen vertretbar, das heißt nach Qualität und Menge klar bestimmbar, sein, damit sie an der Börse gehandelt werden können. Die größte Wertpapierbörse der Welt ist in New York und heißt New York Stock Exchange. Es folgen auf den Plätzen zwei und drei London und Tokio. Die Börse ist im übertragenen Sinne der Motor des Kapitalismus. Sie ist Anlaufstelle, Umschlagplatz und Preisfestsetzer zugleich. Die Aktiengesellschaften brauchen die Börse, um sich dort Kapital zu beschaffen. Der konservative Anleger braucht die Börse, um sein Geld dort in Bonds zu platzieren und sichere Zinsen zu vereinnahmen.

Der Spekulant braucht die Börse, damit er mit Investments, beispielsweise in Währungsanleihen und Euro-Auslandsbonds sowie in Aktien und Optionsscheine, höhere Gewinnchancen begründen kann. Wenn Sie an der Börse richtig Geld verdienen wollen, dann müssen Sie auch risikobereiter sein als der Durchschnitt Ihrer Mitmenschen. Und wer risikobereiter ist, muss mit einer höheren Kursvolatilität und den damit verbundenen Chancen und Risiken leben.

Aktienspekulation ist eine Mentalitätsfrage

Ich pflichte dem Altmeister der Spekulation, André Kostolany, bei, wenn er sagte: „Wer viel Geld hat, kann spekulieren; wer wenig hat, darf nicht spekulieren; wer gar keines hat, muss spekulieren." Kostolany gab auch einmal auf die Frage eines Seminarteilnehmers, ob er seinem eigenen Sohn die Spekulation empfehlen würde, die Antwort: „Gewiss nicht, wenn ich einen Sohn hätte, sollte er ein Musiker werden. Ein zweiter Maler, ein dritter Journalist oder Schriftsteller. Aber der vierte müsste unbedingt Spekulant werden, um die drei anderen zu ernähren."

Spekulationskunst

Es ist richtig, dass man an der Börse sehr viel Geld verdienen kann, aber es ist auch richtig, dass an der Börse hohe Verlustrisiken lauern. Die Spekulation an der Börse ist weder eine Einbahnstraße für Gewinne noch Garant für Vermögenszuwächse. Der erfolgreiche Spekulant muss ein Gespür für die Chancen und Gelegenheiten der oftmals irrationalen Bewegungen der Kursverläufe haben und bei der Aktienauswahl sehr selektiv vorgehen können. Ein guter Spekulant platziert seine Orders nach seinen persönlichen Erfahrungen und individuellen Einschätzungen. Er besitzt ein gezügeltes Temperament und behält auch einen ruhigen Kopf, wenn es am Markt mit neuen Trends und Aufsehen erregenden Ereignissen heiß hergeht. Sind Sie sich immer dessen bewusst, dass die Spekulation ein Abenteuer ist, bei dem Sie sehr viel gewinnen, aber auch sehr viel verlieren können, wenn Sie zu unvorsichtig werden, dass heißt die Risiken nicht mehr in einem kalkulierbaren Rahmen halten.

Die hohe Kunst des Spekulierens beherrschen

> **Erfolgs-Tipp:**
> Investieren Sie als Spekulationsanfänger maximal die Hälfte Ihres Geldvermögens in Aktien, besonders wenn Sie noch keine Baissesituation durchlebt haben.

Beachten Sie noch eines: Sprechen Sie nie über Eventualgewinne oder entgangene Gewinne. Dies ist müßig und macht Sie mental schwach. Alles, was war, gehört der Vergangenheit an und ist somit gelaufen. Neue Chancen und Möglichkeiten zum Geldverdienen haben Sie nur für zukünftige Geschäfte.

Der Spekulant Joseph von Ägypten

Spekulation hat eine alte Tradition

Einer der bedeutendsten Spekulanten aus der Historie war Joseph von Ägypten. Er war als Finanzberater des Pharao wohl der erste Spekulant, der die langfristigen Schwankungen von Hausse und Baisse ertragreich ausnutzte. Aus seinem Traum über die sieben fetten und sieben schlechten Erntejahre zog er den Schluss, dass in den reicheren Jahren ein Vorrat für die weniger ergiebigeren Jahre aufgebaut werden sollte, um dann mit relativ hohen Preisen die erzielten Überschüsse am Markt abzusetzen. Der Grundgedanke war, in fetten Jahren Positionen aufzubauen und sie in schlechten Jahren auf Grund der höheren Nachfrage mit guten Preisen wieder abzustoßen.

Der Spekulant Cicero

Im Alten Rom spekulierte man hauptsächlich in den verschiedenen Kornarten. Hier erwies sich Cicero als einer der erfolgreichsten Spekulanten seiner Zeit. Er hatte auch mit Handelswaren und Grundstücken spekuliert. Besonders zweckdienlich waren ihm hierbei die Insider-Informationen über die römische Stadtplanung.

Achtung: Wie Sie sehen, hat die Spekulation eine alte Tradition und ist immer dann besonders erfolgreich, wenn man Informationsquellen anzapfen kann, die qualitativ herausragende Inhalte liefern. Wenn Sie sich der Kunst des Spekulierens zuwenden wollen, müssen Sie demnach eine effiziente Informations-Infrastruktur aufbauen. Manchmal brauchen Sie nur sehr wenige Kanäle anzuzapfen, um eine Anlageentscheidung zu treffen, weil Sie sie vielleicht schon intuitiv im Kopf entwickelt haben und jetzt eine Bestätigung dafür bekamen.

Effiziente Informations-Infrastruktur

Anfängerglück und Gefahrenmomente

Unerwartete Einstiegserfolge und viel Anfängerglück können der weiteren Börsenkarriere sehr schaden. Überdurchschnittliche Gewinne am Anfang lassen die meisten Spekulanten schnell leichtsinnig und unvorsichtig werden. Dieses paradoxe Phänomen konnte ich bei einem Traineekollegen einmal sehr gut beobachten. Er erzielte innerhalb von drei Monaten mit kanadischen Ölaktien eine hervorragende Performance. Berauscht von diesem Anfangserfolg ging er mit immer höheren Beträgen in die Spekulation. Es folgten Deals in Goldminenaktien, Penny Stocks (sehr risikoreiche Aktien meist kleinster und kleiner Gesellschaften) und Junk Bonds (sehr risikoreiche festverzinsliche Wertpapiere). Auch hier hatte er bei den meisten Investments große Erfolge. In seiner Anfangszeit als Spekulant befand er sich in einer relativ lang anhaltenden Hausse. Er konnte fast alles kaufen, die Kurse stiegen und stiegen. Doch eines Tages kippte dieser Aufwärtstrend. Die Kurse gingen sprunghaft zurück, und er glaubte durch Nachkäufe noch verbilligen zu können. Doch dies war ein großer Irrtum. Nach dem Motto: „Wie gewonnen, so zerronnen", hatte er nicht nur sein gesamtes Kurspotenzial verspielt, sondern darüber hinaus einen Teil seines eingesetzten Kapitals, das dem Wert eines Kleinwagens entsprach. Er hatte gelernt, so banal es auch klingen mag, dass der Börsenverlauf zum einen oftmals sehr irrational ist und zum anderen nicht nur aus Hausse- und Seitwärtszeiten, sondern auch aus Baisseperioden besteht.

Anfängerglück kann schnell zur Fahrlässigkeit führen

Sein Risikobewusstsein wurde durch diese wertvolle Erfahrung mehr als geschärft. Er benötigte über drei Jahre, um den Verlust durch weniger risikoreiche Geschäfte wieder wettzumachen. Hierbei halfen ihm Engagements in Neuemissionen und in Blue Chips (erstklassige Aktien meist weltweit bedeutender Konzerne) sowie Anlagen in DM-Auslandsanleihen. Er hatte schmerzhafte Erfahrungen machen müssen, um die Begriffe Baisse, Hausse und Schaukelbörse richtig verstehen zu lernen. Ihm wurde klar, dass die Börse durch irgendwelche unbedachten Äußerungen von Politikern, Börsengurus und Zentralbankern schnell „verschnupft" und sehr launisch werden kann und dass sie nicht zwangsläufig der Wirtschaftsentwicklung vorauseilen muss, sondern auch hinterherhinken oder im Gleichschritt mit ihr verlaufen kann.

Faustregeln beachten

Faustregeln sind zu differenzieren

Lehrsätze wie „Die Börse läuft der Wirtschaftsentwicklung in der Regel ein Jahr voraus" können richtig, manchmal aber auch total verkehrt sein. Kostolany hatte hierzu ein anschauliches Gleichnis mit dem Hundehalter als Stellvertreter für die Wirtschaft und dem Hund als Stellvertreter für die Börse kreiert: „Der Hund eilt seinem Herrchen oft voraus, manchmal, wenn er etwas Interessantes entdeckt, bleibt er auch zurück, und manchmal gibt es auch Zeiten, in denen der Hund im Gleichschritt mit seinem Herrchen voranschreitet. Manchmal hört der Hund auf die Kommandos seines Herrchens, manchmal sind ihm andere Dinge wichtiger."

Faustregeln – eine kleine Auswahl

Das Spekulieren wäre recht einfach, wenn man nur Lehrsätze zusammentragen und sich nach ihnen richten würde. Aber so einfach ist das Spekulieren eben nicht. Oft gelten Faustregeln, wie „Sell in May and go away" („Verkaufe im Mai und verlasse dann die Börsenszene"), „Buy on bad news" („Kaufe, nachdem schlechte Nachrichten veröffentlicht wurden und im Kurs bereits eingepreist sind"), „Sell on good news" („Verkaufe, nachdem die guten Nachrichten im Kurs bereits berücksichtigt wurden"), „Buy the rumor, sell the fact" („Vorweggenommene Preisanstiege durch Verkäufe frühzeitig realisieren"). Es gibt Zeiten, in denen sich bestimmte Rahmenbedingungen wiederholen, dann wiederum

www.metropolitan.de

kommen Zeiten, in denen völlig neue Epochen eingeleitet werden und sich damit ganz andere Grundstrukturen etablieren. Nur eines lässt sich mit Sicherheit sagen: Entweder neigt sich der Börsenverlauf abwärts, oder er bewegt sich aufwärts, oder er läuft seitwärts.

Bear- und Bull-Market

Diese zwei Termini kommen aus dem Englischen und stellen die Entwicklungen sehr bildhaft dar. Wenn der Bär gestört wird, neigt er dazu, sich im Dickicht zu verflüchtigen. Wird er allerdings angegriffen oder stellt er sich einem Kampf, schlägt er mit seinen Tatzen von oben nach unten. Der Bulle stößt im Gegensatz mit seinen Hörnern von unten nach oben und greift sehr schnell nach vorne an, wenn man ihn reizt oder provoziert. Die Insider sprechen auch gerne von einem Markt, der „bullish" bzw. „bearish" ist. Denjenigen, der mit fallenden Kursen rechnet, das heißt auf Baisse spekuliert, bezeichnet man als „Bear". Er zögert mit seiner Kauforder, weil er davon ausgeht, dass der Kaufkurs, den er später bezahlen muss, günstiger sein wird als der derzeit gültige.

Bär steht für fallende Kurse, Stier für steigende

Derjenige, der von steigenden Kursen ausgeht und heute bereits ordert, nennt man „Bull" bzw. bezeichnet ihn als „bullish". Der Stier strotzt vor Kraft und bahnt sich seinen eigenen Weg, indem er mit seinen Hörnern alles himmelwärts schleudert, was ihm in die Quere kommt. Der „bullish orientierte" Anleger spekuliert auf eine Hausse.

Eine Seitwärtsbewegung an der Börse könnte so interpretiert werden, dass sich der Stier und der Bär gegenseitig bekämpfen und kurzfristig der Stier und kurzfristig der Bär die Oberhand gewinnt. Der Stier versucht, den Bären mit aufwärts gerichteten Kopfhieben und mit seinen Hörnern aufzuschlitzen; der Bär seinerseits wartet auf einen günstigen Augenblick, um mit seinen Krallen von oben nach unten schlagend den Stier zu Boden zu drücken. Die Feindschaft dieser zwei Tiere steht sinnbildlich für die Entwicklungen an der Börse.

Seitwärtsbewegung an der Börse

Börsenlogik: Die reinste Illusion

*Rationale Logik
nicht Erfolg
versprechend*

Die Börse entwickelt sich oftmals erst über Umwege zu einem gewünschten Ziel. Angebot und Nachfrage, das Preis bildende Moment für Wertpapiere, offenbaren nicht selten große Überraschungen – je nachdem, wer den Großteil einer Aktiengattung in Händen hält. Eine rationale Logik ist schon allein deshalb kaum Erfolg versprechend. Halten beispielsweise die Großinvestoren (Versicherungen, Investmenthäuser, Banken, Bausparkassen, Fondsgesellschaften, private Großanleger etc.) die Mehrheit der Aktien eines Unternehmens, so kann das völlig andere Anlageentscheidungen über das Halten oder Verkaufen nach sich ziehen, als wenn die Mehrheit einer Aktiengattung von vielen Mittel- und Kleinanlegern gehalten wird.

In einem überkauften bzw. überverkauften Markt können Motivation und Strategie völlig anders gelagert sein. Wenn beispielsweise eine Hausse zu Ende geht, befinden sich nicht selten relativ viele Aktien eines Unternehmens in der Hand von kleineren Anlegern, die beim ersten Anzeichen von bröckelnden Kursen sofort „Kasse machen" und einen starken Kursrückgang auslösen können. Manche Großinvestoren hingegen haben oftmals andere Anlagekonzepte und halten ihre Werte eventuell mittel- oder langfristig. Andere Großanleger, beispielsweise Fondsgesellschaften, die zu den Quartalsenden unter Performancedruck stehen, lösen bei bestimmten Börsenkonstellationen durch ihre hektischen Umschichtungen nicht selten fundamental unerklärliche Kursverläufe aus. Und wer weiß schon, wie die Gesamtheit einer Aktiengattung gerade auf die verschiedenen Anlegergruppen aufgeteilt ist!

Exogene Schocks voraussehen

*Sonderereig-
nisse können
jederzeit
eintreten*

Weitere Variablen sind politische Großereignisse, wie Krieg, Friedensabkommen, Regierungswechsel, Putsch, sowie Naturereignisse wie Überflutungen, Erdbeben, Vulkanausbrüche, Hurrikans und Sturmfluten. Ein guter Spekulant ist also gut beraten, wenn er sich flexibel hält, weil schwer wiegende Ereignisse jederzeit eintreten können. Kommt es zu einem exogenen Schock, so kann er entweder seine Papiere abstoßen, veroptionieren oder sich etwas zeitverzögert engagieren. Ferner zeichnet sich ein erfolgreicher Spekulant dadurch aus, dass er den Massenhysterien immer einen Schritt voraus ist.

Massenhysterien immer einen Schritt voraus

Stellen Sie sich gleichnishaft vor, in einem Kino bricht ein Feuer aus, und alle stürmen gleichzeitig zum Ausgang. Die Panik und Hysterie wird sehr wahrscheinlich so groß sein, dass nicht alle rechtzeitig auf die sichere Straße kommen werden. – Ein guter Spekulant muss schnell und mit Übersicht entscheiden sowie Börsenphasen richtig einschätzen können, wenn er eine gute Performance erzielen will. Hierzu zählt auch, dass er Konsolidierungsphasen von Hausse-Baisse-Umschwüngen unterscheiden kann. Geht eine Hausse zu Ende und ein Aktienspekulant möchte vielleicht in fünf bis sieben Jahren für die Pension das Aktienkapital sukzessive aufbrauchen, kann es ratsam sein, rechtzeitig „Kasse zu machen" und in Rentenwerte umzuschichten.

Immer einen Schritt voraus sein

Stellen Sie sich vor, Sie wären auf einer Insel, die laut Mitteilung der meteorologischen Dienste in 30 Minuten von einer Flutwelle überrollt wird. Es steht nur ein Flugzeug zur Verfügung, das lediglich 200 Passagiere befördern kann. Auf der Insel sind derzeit aber 20 000 Menschen. Die Überlebenskünstler werden frühzeitig ihre Chance wahrnehmen und schnell den Weg zum Flughafen suchen, um einen Platz im Flugzeug zu ergattern. Die Cleveren und Schnellen werden rechtzeitig die überflutungsgefährdete Insel verlassen können und auf das sichere Festland gelangen. – Visionsvermögen und Fingerspitzengefühl für die zukünftige Börsenentwicklung sollte ein Spekulant haben, um relativ ungeschoren davonzukommen.

„Safety Harbour"

Wichtig: Versuchen Sie deshalb, Ihren individuellen Weg zu gehen, und rennen Sie nicht wie ein Herdentier der großen Masse hinterher.

Vorsicht vor Tradings!

Nur mit viel Glück können Sie mit Tradings reich werden

Wenn Sie an die Börse gehen und erfolgreich spekulieren wollen, distanzieren Sie sich zumindest anfänglich von der Versuchung, über Tradings reich zu werden. Vorwiegend in Schaukelbörsen-Perioden können Sie mit Tradings – wenn Sie Glück haben – gutes Geld verdienen. Doch hierzu brauchen Sie sehr, sehr viel Erfahrung, eine gute Informationstechnologie und viel Zeit, um den täglichen Börsenverlauf zeitnah verfolgen zu können. Die sicherere Strategie ist ein mittel- bis langfristiges Engagement in ausgewählten Wachstumswerten. Treffen Sie eine Entscheidung, ordern Sie die Papiere und versuchen Sie, sich dann nicht weiter von den Tagesgeschehnissen beeinflussen zu lassen.

Halten Sie an Ihrer einmal gefassten Strategie fest, es sei denn, dass einschneidende Großereignisse völlig neue Entwicklungen einleiten. Die größten Nutznießer von Tradinggeschäften sind in erster Linie die Brokerhäuser und Bankinstitute, die durch die relativ hohe Anzahl an Geschäften gut verdienen. Die Kauf- und Verkaufsprovisionen von insgesamt einem Prozent muss der Tradingspekulant auch erst einmal kursmäßig verdient haben. Broker und Banken beurteilen Börsenzeiten mit geringen Umsätzen als uninteressant. Den größten Profit können diese Häuser natürlich in bewegten Zeiten machen, wenn klare Aufwärts- und Abwärtstrends von reichhaltigen Umsätzen begleitet werden.

Entscheidungs-sicherheit

Wenn Sie bei einer getroffenen Anlageentscheidung im Nachhinein sehr unruhig sind und Sie des Schlafes beraubt werden, dann haben Sie sehr wahrscheinlich nicht genügend Überlegungen angestellt oder Sie haben einen Denkfehler begangen. Trennen Sie sich dann lieber von Ihren Wertpapieren und überlegen Sie sich einen neuen Deal. Manchmal ist es auch gut, wenn Sie etwas mehr Liquidität halten, damit Sie in schwachen Börsenphasen aktionsfähig sind. Hüten Sie sich auch davor, mit Gewalt realisierte Verluste wieder hereinholen zu wollen. Haken Sie das Negativgeschäft ein für alle Mal ab und konzentrieren Sie sich in entspannter und konstruktiver Atmosphäre auf Ihr neues Vorhaben.

Erfolgs-Tipp:

■ Überprüfen Sie Ihr Wertpapierdepot mindestens viermal jährlich, ob die darin enthaltenen Einzeltitel zu Ihrer Grundstrategie noch passen. Dieser routinemäßige Check sollte nicht dazu dienen, ständig Ihr Konzept über den Haufen zu schmeißen, sondern vielmehr eine ständige Zielanpassung bzw. laufende Fortschrittskontrolle darstellen. Denn exogene Schocks durch politische und wirtschaftliche Sonderereignisse sowie durch Naturkatastrophen können eine Anpassung notwendig machen.

■ Eine ständige Überprüfung Ihrer ursprünglichen Grundsatzüberlegungen und ein eventuelles Anpassen wegen einschneidender Ereignisse ist eine prophylaktische Pflichtübung für den mittel- bis langfristigen Portfolioschutz.

Wie vertrauenswürdig sind „heiße Insidertipps"?

Auf einen weiteren Punkt möchte ich noch eingehen, nämlich auf die „heißen Tipps" und Insiderinformationen. Seien Sie bei Informationen, die Ihnen „brandheiß" und „top secret" zugetragen werden, äußerst kritisch. Nicht selten stecken hinter solchen Hinweisen egoistische Eigeninteressen von denjenigen, die sie verbreiten. Ich selbst habe in der Praxis schon viele Reinfälle erlebt. Nur diejenigen sind durch die Gerüchte und „News" reich geworden, die sie unter die Leute gebracht haben. Auch die Börsenaufsichtsgremien und Kontrollinstitutionen haben diesbezüglich schon einiges aufdecken können. In einem Fall hatte die Staatsanwaltschaft nachweisen können, dass eine Börsenzeitschrift den Kauf einer Aktie empfohlen hatte und die Initiatoren des Blattes, die bereits reichhaltig mit dieser Aktie eingedeckt waren, sukzessive das Papier abstießen, just in dem Moment, als die Leserschaft ihren Banken Kauforders erteilte. Manche Börsenprofis lassen sogar sehr geschickt Gerüchte in das Börsenparkett einfließen, um sich an dem beabsichtigten kurzfristigen Kurseffekt zu bereichern.

Aktien- bzw. Investment-clubs

Achtung: Seien Sie stets auf der Hut, äußerst kritisch und vorsichtig, wenn Sie auf Grund von zwielichtigen Ratschlägen einen Deal machen wollen. Insbesondere wenn Sie aus Zeitungen, Börsendiensten und sonstigen schriftlichen Informationsblättern Anlagetipps entnehmen, müssen Sie davon ausgehen, dass bereits eine Menge Vorinformanten diesen Tipp antizipiert haben und eventuell schon wieder auf der Verkäuferseite stehen, wenn Sie zeitverzögert Ihre Order in Auftrag geben. Sie sollten Ihre Informationslieferanten als umsichtige, seriöse und vertrauenswürdige Persönlichkeiten beurteilen können. Vielleicht haben Sie einen guten Freund, der bei einer Bank arbeitet, und gerne bereit ist, über seine neuesten Anlagepläne zu sprechen. Eventuell kennen Sie auch jemanden, der bei einer börsennotierten Aktiengesellschaft arbeitet und zeitnah über den wirtschaftlichen Entwicklungsgang informiert ist. Vielleicht haben Sie auch in Ihrem Verwandten-, Bekannten- oder Freundeskreis jemand, der sich ebenfalls als Spekulant betätigt und sich gerne über seine Strategien austauschen würde. Viele Interessierte schließen sich auch einem Aktien- bzw. Investmentclub an, in dem Sie adäquate Gesprächspartner finden. Sie sollten mindestens zwei dauerhafte Diskussionspartner haben, mit denen Sie über Ihre Anlagepläne sprechen und von denen Sie Impulse erhalten können.

Anlageempfehlungen prüfen

Realisieren Sie Anlageemp-fehlungen nie prüfungslos

Wie vorsichtig man als Banker bezüglich der Aussprache von Anlagetipps sein muss, habe ich beispielsweise im Frühjahr 1997 erfahren. In der Eigenschaft als Firmenkundenbetreuer hielt ich bei Gruppenunternehmen Vorträge über die Chancen sowie Risiken des Euros und der Europäischen Wirtschafts- und Währungsunion. In den Vorträgen waren überwiegend die kaufmännische Führungsriege, Vertreter aus der Logistik, der EDV, dem Finanz- und Rechnungswesen und dem Vertrieb vertreten. Zum einen war ich sehr überrascht bezüglich der regen Diskussionsteilnahme am

Ende der Vorträge und zum anderen über das Verlangen nach Anlagetipps sowie der Preisgabe von Anlagestrategien. Obwohl ich meine Informationen nur sehr zögerlich und behutsam herausrückte, realisierten einige am gleichen Tag noch meine konkreten Anlageempfehlungen. Ich war ein weiteres Mal überrascht, als ich im Frühjahr 1998 mehrere Anrufe von Vortragshörern bekam, die sich sehr für meine Tipps bedankten und wissen wollten, ob Sie jetzt verkaufen oder die Werte weiter halten sollten. Ich habe bei den Aktien für Gewinnmitnahmen plädiert und erklärt, dass das, was stark steigt, auch stark fallen kann und an Gewinnmitnahmen noch niemand gestorben ist. Wenn meine Empfehlungen nicht gegriffen hätten, dann hätte ich sicherlich ein böses Echo erhalten.

Mit dem zuvor geschilderten Erlebnis wurde mir erst richtig bewusst, welche Außenwirkung man als Banker bei Veranstaltungen und öffentlichen Auftritten haben kann. Manche betrachten einen, nur weil man Banker ist, wie ein Orakel und befolgen fast blind Anlagevorschläge, ohne selbst stärker in die Unternehmensanalytik einzusteigen und den momentanen Status des Börsenzyklus auszumachen.

Erfolgs-Tipp:

Eine kritiklose Befolgung von Anlagetipps aus Börsensendungen, Börsenbriefen und Empfehlungen kann unter Umständen böse Folgen haben. Als Aktienanleger sollten Sie deshalb unter anderem den zyklischen Börsenverlauf und die einzelnen Verlaufsphasen kennen.

Anlagetipps genau unter die Lupe nehmen

Börsenverlaufsphasen kennen

Sämtliche Börsen, egal, ob Sie an der Terminbörse, der Zinsbörse, der Edelmetallbörse, der Wertpapierbörse oder der Warenbörse spekulieren, haben gemeinsam, dass sich der Börsenverlauf zyklisch wiederholt. Diese Zyklen könnte man abgesehen von der Schaukelbörse wie folgt einteilen:

Zyklischer Verlauf an der Börse

- Die Konsolidierungsphase
- Die Erhitzungs- bzw. Unterkühlungsphase
- Die Übertreibungsphase nach oben bzw. nach unten

Diese Phasen beschreiben den ewigen zyklischen Verlauf an der Börse und scheinen auch viele Parallelitäten zu der Natur zu haben, wie beispielsweise Ebbe und Flut, Tag und Nacht, Missernten und Überproduktionen, Monsun und Dürre etc.

Zyklusablauf richtig interpretieren

Der Börsenzyklus kann wie folgt verstanden werden:

- Ausgehend von einer abgeschlossenen Baisse pendeln sich die Kurse wieder auf ein realistisches Niveau ein. Die Notierungen haben jetzt einen Boden gefunden und entwickeln sich vordergründig entsprechend den fundamentalen Rahmendaten in einer relativ engen Volatilität. Diesen Vorgang bezeichnet man als Konsolidierung.

- Wenn es zu steigenden Notierungen kommt, wird in der Regel ein Punkt überschritten, der zu selbst verstärkenden Effekten führt. Der aufwärts gerichtete Kursverlauf tendiert nun dazu, überzuschäumen. Dieser Prozess bekommt seine Dynamik hauptsächlich aus irrationalen Einflüssen. Die Erhitzungszone wird damit eingeleitet.

- Der Übergang von der Erhitzungszone zu der Übertreibungszone kann fließend, er kann aber auch sprunghaft sein. In der Übertreibungsphase selbst wird ein großes Heer von Börsenneulingen angezogen, die noch auf den „fahrenden Zug" aufspringen wollen. Gerade die „Frischlinge" gewinnen zunehmend Vertrauen und Mut, sich zu engagieren, wenn die Kurse nahezu stündlich steigen. Die Notierungen und Stimmungen heizen sich gegenseitig an.

Dies ähnelt der Entwicklung eines Luftballons, der aufgeblasen wird und sich sukzessive vergrößert. Der zunehmende Druck bringt immer mehr Gefahren mit sich, bis das „Kursfeuerwerk" bzw. der Ballon kurz vor dem Platzen ist. Angestachelt von dem allgemeinen Gewinnrausch, schmeißen viele Aktionäre ihre rationalen Überlegungen über Bord und lassen sich eher von ihren Emotionen und der Massenhysterie leiten. Der „Bulle" regiert nun die Szene und sorgt für eine sich zuspitzende Hausse. In der Folge erlischt plötzlich das „Kursfeuerwerk", der Ballon ist zerplatzt, der Himmel hat sich verdunkelt, und Pessimismus macht sich wieder breit.

Vom Kursfeuerwerk zur Ernüchterung

Achtung: Je überzogener die Aufwärtsbewegungen waren, desto gravierender sind in der Regel die Rückschläge. Die zyklische Gegenbewegung nimmt ihren Lauf. Das überteuerte Kursniveau konsolidiert sich mehr oder weniger schnell und läuft durch Irrationalitäten wiederum Gefahr, sich in eine Unterkühlungszone zu manövrieren. Aus dieser wiederum folgt die Übertreibungsphase nach unten, die mit überzogenen Negativstimmungen und pessimistischen Erwartungen an Dynamik gewinnt. Die Negativentwicklung nimmt ihren Lauf, bis sich wiederum eine Konsolidierung einstellt und der Zyklus von vorne beginnt.

Problematik der Phasenzeiträume

Leider ist es für die Börsianer sehr schwierig, die Zeiträume der entsprechenden Börsenphasen, und noch viel schwieriger, die Zeitpunkte für ideale Ein- und Ausstiege vorherzusehen. Man kann bestenfalls gute Zeitpunkte umreißen, aber nie genau kalkulieren bzw. bestimmen. Wer dies könnte, wäre als Spekulant innerhalb kürzester Zeit steinreich. Den Absprung und Aufsprung auf einen fahrenden Börsenzug rechtzeitig bzw. optimal zu vollziehen hat auch mit viel Glück zu tun. Man kann mit den unterschiedlichsten Instrumenten Annäherungsversuche machen, doch es wird niemandem gelingen, stets die Tief- und Hochpunkte von Aktienkursen transaktionsmäßig zu erwischen. Die vielen Variablen sind in den wenigsten Fällen kalkulierbar und bleiben Überraschungsfak-

Der Reiz der Börsenspekulation

toren. Und gerade diese Unsicherheiten machen den Reiz der Spekulation aus.

Problematik bei der kurzfristigen Kursprognose

Die Psychologien der Aktionäre sind in den seltensten Fällen kalkulierbar. Die charttechnische und fundamentale Aktienanalyse kann
deshalb auch nur eingeschränkte Hilfsdienste zur Kursprognose
liefern. Es spielt beispielsweise eine große Rolle, welche Psychologie im Moment bei den wichtigsten Aktionären vorherrscht. Es
gibt unterschiedliche Aktionärskreise, die über sehr differenzierte
Psychologien verfügen. Diese können durch Wetterlagen, jahres-
zeitliche Veränderungen, politische und wirtschaftliche Erwar-
tungshaltungen, Hoffnungen, Wünsche etc. sehr unterschiedlich
und unberechenbar ausfallen. Die dominante Psychologie der Anleger kann einen bedeutenden Einfluss auf die Börsenentwicklung
ausüben und stellt somit immer eine Zufallsvariable dar.

Trendstörungen beachten

Sekundärzyklen um den Haupttrend

Wie bereits erwähnt, hat der Börsenzyklus viel mit den Gezeiten
gemeinsam. Der Vollzug von Ebbe und Flut kann durch größere
und kleinere gegenläufige Wellen gestört werden. Übertragen in
die Börsenwelt bedeutet dies, dass sich Störungen von einem Tag
bis zu mehreren Monaten ausdehnen können. Der Turnus von einer Aktien-Anhäufung (Kursanstieg) und einer Aktien-Wiederab-
gabe (Kursrückgang) mit den entsprechenden Zwischenperioden
ist ein immer wiederkehrendes Börsenverlaufsmuster. In der An-
häufung oder Akkumulation herrscht voller Optimismus vor, der
den „Bullen" aus der Reserve lockt und in Erwartung weiterer
Kurserhöhungen die Aktiensammlung weiter verstärkt. Dieser
Vorgang kann sich bei Haupttrends über mehrere Jahre hinziehen.
Kurzfristige Zyklen um diesen Haupttrend herum können sich über
Wochen oder gar Monate erstrecken. Die Aktienabgabe wiederum
ist das Gegenstück zu vorgenanntem Ablauf. Der Abgabedruck

wird durch die Erwartungen des Anlegerkreises auf fallende Kurse ausgelöst. Die Höhe der Kursvolatilität (Schwankungsbreite) wird im Allgemeinen von den Periodenlängen der Aktienansammlung bzw. -abgabe abhängen. Die „Trader" versuchen, die Kursschwankungen der kleineren Zyklen, die um den Haupttrend zirkulieren, auszunutzen.

Haupttrendorientierung versus kurzfristige Schwankungsorientierung

Der langfristig orientierte Spekulant ordert in der Regel dann Papiere, wenn er einen Haupttrend zu erkennen glaubt, und bleibt im Markt, bis sich dieser langfristige Trend wieder dreht. Wirkliche Profis schenken den täglichen Kursschwankungen keine große Aufmerksamkeit, wenn sie nicht auf ganz einschneidenden Sonderereignissen beruhen.

Beginnen Sie mit kleineren Beträgen!

Erfolgs-Tipp:

Wenn Sie sich erst zu einem Profi entwickeln müssen, der das Fingerspitzengefühl für richtige Augenblicke erst noch entwickeln muss, sollten Sie zunächst mit kleineren Beträgen Ihre Erfahrungen machen. Andererseits gehört es fast zum Alltag eines jeden Profis dazu, dass er hin und wieder den richtigen Zeitpunkt zum Ausstieg bzw. zum Einsteigen verpasst. In solchen Situationen Ruhe zu bewahren macht den souveränen Börsianer aus.

Verpasster Ein- und Ausstieg: Was tun?

Insbesondere bei verpassten Ausstiegen sollten Sie die Nerven behalten und nicht in einer Baisse „Kasse machen". Und wenn Sie den Einstieg verpasst haben, bleiben Sie geduldig und rennen Sie nicht den Kursen mit stetig höheren Kauflimits hinterher. Wenn Sie

Geduld – Zauberwort beim Spekulieren

Versuchen Sie nicht, den letzten marginalen Gewinn mitzunehmen

Ihre selbst gesteckten Zielmarken erreicht haben, realisieren Sie Ihre Gewinne. Versuchen Sie nie, den letzten marginalen Gewinn mitzunehmen. Es könnte sein, dass Sie den rechtzeitigen Absprung verpassen und den nächsten Haupttrend abwarten müssen, bis Sie Ihr Kursziel wieder erreichen. Und abwarten können Sie nur, wenn Sie das investierte Geld nicht brauchen und Ihre Papiere Blue Chips darstellen, die ihre Wertbeständigkeit bereits unter Beweis gestellt haben, sowie den entsprechenden Unternehmen auch weiterhin sehr gute Zukunftsperspektiven zugeschrieben werden können.

Stopp-Loss-Orders bringen die Börse durcheinander

So wie die vorherrschende Psychologie der Anleger irrational auf die Kursentwicklung durchschlagen kann, so können auch computergestützte Handelsaktivitäten gravierende Auswirkungen haben. Einschneidende Kursentwicklungen sind durch die weltweit angewendete Computer-Handelstechnik schon mehrfach herbeigeführt worden. Wenn sich eine Vielzahl von Börsenteilnehmern beispielsweise an „Stopp-Loss-Signalen" (Verlustrealisierung, um charttechnisch vorhersehbare weitere Verluste zu vermeiden) orientiert, kann dies einen beschleunigten Kursrückgang einleiten. Oder bei Erreichen eines charttechnischen Kaufsignals kann der Kurstrend nach oben vehement verstärkt werden. Solche computergestützten Handelsaktivitäten können innerhalb kürzester Zeit enorme Kurssprünge nach oben und unten auslösen. Dadurch wurde auch der Kurscrash vom 19. Oktober 1987 ausgelöst; an diesem Tag mussten die wichtigsten Weltbörsen den höchsten Kursrückgang an einem Handelstag hinnehmen.

Trittbrettfahrer-Effekte

Achtung: Ferner können Presseveröffentlichungen, Börsenbriefe und sonstige Informationsmedien Trittbrettfahrer-Effekte und Multiplikatorwirkungen initiieren. Eine Vielzahl von Börsenaktivisten wird sich von diesen Meinungsmachern stark beeinflussen lassen.

Leitbörse: New York Stock Exchange

Bezeichnend ist die seit Jahren anhaltende Leitfunktion der amerikanischen Börse: Je nachdem, welche Richtung der Dow Jones vorgibt, so folgen in der Regel in ähnlicher Form die meisten europäischen Börsen, unter anderen auch die deutsche. Der DAX bildet in der Regel den gleichen Verlauf wie der Dow Jones nach. Man kann derzeit dem Dow Jones deshalb eine Art Orientierungs- und Leitfunktion zuschreiben. Viele Spekulanten verfolgen vor diesem Hintergrund die Veröffentlichungen der amerikanischen Wirtschaftsdaten mit größerer Aufmerksamkeit als diejenigen des europäischen Heimatlandes.

„Wenn Wall Street niest, bekommt Europa einen Schnupfen"

Anlegererwartungen spielen eine Rolle!

Die kurzfristige Börsenentwicklung wird maßgeblich von den Erwartungen der Anleger bestimmt. Die Erwartungen können rational, emotional oder völlig irrational sein. Egal, welche Erwartungsart vorherrschend ist, sie bestimmt auf alle Fälle den Kursverlauf. Als beispielsweise im Januar 1998 gegen den amerikanischen Präsidenten Bill Clinton neue Sex-Vorwürfe erhoben wurden, schwächte sich der Dollar unmittelbar ab. Die Marktteilnehmer hegten die Erwartung, dass er eventuell sein Präsidentenamt verlieren könnte. Auch die amerikanische Börse und in der Folge die europäischen reagierten auf diese Nachricht mit kurzfristigen Abschlägen. Langfristig betrachtet folgt die Börse bzw. der einzelne Aktienkurs jedoch meistens den volkswirtschaftlichen bzw. unternehmensspezifischen Entwicklungen.

Indexentwicklungen genau beobachten

Ausgehend vom 25. Oktober 1929, als der Dow-Jones-Index unter die Marke von 200 fiel und sogar in den Folgejahren Werte unter 50 einnahm (absolutes Tief am 8. Juli 1932 mit 41,22 Punkten), durchstieß er erst 1972 die Grenze von 1 000 Punkten. Mitte 1985 erklomm er ein Hoch von über 1 300. Im September 1987 erreich-

Gestaffelter Einstieg bei Tiefpunkten

te der historische Höchstpunkt knapp 2 700 Punkte. In den weiteren Jahren fielen die 4 000er-, 5 000er-, 6 000er- und 7 000er-Marken. 1997 wurde die 8 000er-Grenze, 1998 die 9 000er-Grenze, 1999 die 10 000er- und 11 000er-Marke und sogar die 12 000er-Marke durchbrochen. Wenn die Leitfunktion der US-Börse weiter existiert, wird der DAX im „Schlepptau" des Dow Jones sicherlich auch zu historischen Höchstformen auflaufen und in den nächsten Jahren Werte zwischen 8 500 und 10 500 einnehmen (zum Vergleich: am 28. Januar 1988 stand der DAX gerade einmal bei 931,18 Punkten). Doch bis dahin ist es sehr wahrscheinlich noch ein weiter Weg mit vielen Rückschlägen, Kurskorrekturen und Konsolidierungsphasen.

Kaufen Sie nicht bei historischen Höchstständen und nie zum Ende einer Boomphase

Erfolgs-Tipp:

Nutzen Sie solche Tiefpunkte zum gestaffelten Einstieg, wenn die Stimmungen nicht euphorisch sind, und achten Sie bei Ihren Neuinvestments stets auf die vorherrschenden Irrationalitäten und den historischen Indexstand. Kaufen Sie nie bei historischen Höchstständen und nie zum Ende einer Boomphase. Gerade wenn die Presse von sagenhaften Aktiengewinnen berichtet, sollten Sie sich zurückhalten und in Geduld üben. Nach jeder Rallye folgte bisher eine massive Korrektur. Es gibt Phasen, in denen es gut ist, nicht engagiert zu sein und sein zur Verfügung stehendes Spekulationskapital eine Zeit lang in Geldmarktfonds investiert zu lassen. Geduld und Übersicht zahlen sich bei Neuinvestments immer aus. Sie können sich dadurch viele Nerven aufreibende Situationen ersparen!

Zinssensitive Werte und Großfusionen setzen den Zinszyklus außer Kraft

Zu der zinssensitiven Aktiengruppe gehören mehrheitlich die Banken und Versicherungsgesellschaften. Die derzeitige Fusions- und Übernahmeschlacht, die Neuorientierung auf ertragreichere Geschäftsfelder, der Wertpapiereigenhandel, umfangreiche Industrie-beteiligungen und Rationalisierungseffekte durch den Einsatz moderner Informationstechnologien haben die klassische Abhängigkeit vom Zinszyklus außer Kraft gesetzt. Dies ist der Grund, warum aktuell die Bankwerte „laufen", obwohl die Zinsen steigen. Wirtschaftlich bedeutende Ereignisse, wie Großfusionen und Übernahmen, können entsprechend den Marktteilnehmer-Interpretationen Effekte auf die Kursverläufe haben.

Wirtschaftliche Großereignisse wirken sich auf Kursverläufe aus

Als die Bayerische Vereinsbank AG mit der Bayerischen Hypotheken- und Wechselbank AG im ersten Halbjahr 1997 fusionierte, waren hohe Kurssteigerungen bei den Banktiteln zu verzeichnen. Die Übernahmephantasie bezüglich verschiedener Banken wurde durch diese Großfusion beflügelt. Die Fusionsgerüchte und Spekulationen auf Zusammenschlüsse hatten die Bankwerte in ungeahnte Höhen getrieben. Auch die Commerzbank-Aktie hatte in diesem Zusammenhang die 75,00-Mark-Grenze überschritten. Der Markt war „bullish", und der DAX hatte einen historischen Höchststand von über 4 400 Punkten erreicht. Durch die Großfusion der Schweizerischen Bankgesellschaft und des Schweizerischen Bankvereins zur United Bank of Switzerland im vierten Quartal 1997 wurde der Spekulationsrausch bei den Bankaktien weiter angeheizt.

Wichtig: Versuchen Sie stets, gegen die Massenmeinungen zu agieren, auch wenn es Ihnen noch so schwer fällt. In Überhitzungsphasen glauben die meisten Anleger, dass der „Glücksgott" sich nicht plötzlich abwendet. Viele haben sich an die euphorischen Kursentwicklungen so gewöhnt, dass sie ein nachhaltiges Zurückfallen kaum mehr in Betracht ziehen können. Engagieren Sie sich, wenn das Gros der Anleger ausgestiegen ist. Steigen Sie aus, wenn die Börse vor dem Überschäumen ist, und engagieren Sie sich, wenn der Markt „bearish" ist. Beachten Sie, dass es kein Lehrbuch, keine sichere Methodik, keine Lehrsätze zum richtigen „Timing" gibt.

Engagement und Rückzug

Ob Ihnen diese Methode zum Erfolg verhilft, müssen Sie selbst ausprobieren. Orientieren Sie sich unbedingt auch an den langfristigen Trends bzw. Haupttrends. Die meisten der Börsenteilnehmer, die ihre Engagements nicht mittel- bis langfristig eingegangen sind und einen schlechten Einstiegszeitpunkt gewählt haben, sind bekanntlich die Verlierer. Hartgesottene Profis steigen nach starken Börsenrückschlägen ein, wenn die wirtschaftliche Stimmung, das Vertrauen in das Finanzsystem und in die Finanzmärkte und die Medienberichterstattungen übertrieben negativ sind. Nicht selten liest man in solchen Phasen Wörter wie Weltrezession, Deflation, Inflation, Weltwirtschaftskrise, drohender weltweiter Wirtschaftseinbruch etc. Engagieren Sie sich jedoch nicht, wenn das Weltwirtschaftswachstum tatsächlich ein negatives Vorzeichen bekommen könnte und sich die Krisenherde schnell zu einem Flächenbrand ausbreiten könnten. Denken Sie hierbei an die Schwarzen Freitage:

Schwarze
Freitage

- Der erste Schwarze Freitag ereignete sich am 9. Mai 1873.

- Es folgte der 13. Mai 1927, der einen Börsencrash in Deutschland brachte und eine lang anhaltende Baisse einleitete.

- Ferner ging Freitag, der 10. Juli 1931 in die Annalen ein. Dieser zog eine Bankenkrise in Deutschland nach sich, die ihren Ursprung in den USA hatte. Am 25. Oktober 1929 war der „Schwarze Freitag" an der New York Stock Exchange; die zweijährige Börsenhausse fand ein jähes Ende, als nahezu alle Amerikaner mit Lombardkrediten an der Aktienbörse spekulierten. Vorgenanntes Datum war auch gleichzeitig der Beginn der Weltwirtschaftskrise der dreißiger Jahre. Erst 1934, als der US-Dollar um ca. 40 Prozent abgewertet wurde, waren die Verluste des Schwarzen Freitags wieder kompensiert.

Nutzen Sie
günstige Ein-
stiegsmomente

Die Kunst besteht darin, ernsthafte weltwirtschaftliche Einbruchgefahren von kurzen Korrektur- oder Konsolidierungsphasen zu unterscheiden. Nutzen Sie günstige Einstiegsmomente und bleiben Sie dann mittel- bis langfristig engagiert; es sei denn, Sie kommen in eine überschäumende Haussephase. Dann kann es unter

Umständen ratsam sein, Kursgewinne zu realisieren. Vermeiden Sie jedoch Tradings, wenn Sie nicht die nötige Zeit, das nötige Spezial-Know-how und die technischen Voraussetzungen zur zeitnahen Informationsbeschaffung haben. Die Spekulation ist kein leichtes Unterfangen. Man muss schon einiges investieren, um als Spekulant ein Vermögen aufzubauen.

Checkliste: Ihre Eignung als Spekulant

Fragen Sie sich, ob Sie zum Spekulanten Neigung, Motivation und Berufung verspüren:

- Verfügen Sie über ausreichendes Erkenntnisinteresse für dieses relativ schwierige Metier?

- Verlieren Sie nicht die Nerven, wenn Sie eventuell für Ihre ersten Spekulationserfahrungen „Schmerzensgeld" bezahlen müssen oder einmal längere Zeit mit Buchverlusten ausharren müssen?

- Besitzen Sie genügend Mut, Durchhaltevermögen und Zivilcourage, gegen den Strom zu schwimmen – auch wenn die ganze Welt um Sie herum eine andere Richtung einschlägt?

- Gehören Sie eher zu den Mitläufertypen, oder gehen Sie normalerweise Ihren eigenen Weg?

- Gehen Sie in Ihrem Leben planvoll vor, oder überlassen Sie vieles dem „Väterchen" Zufall?

- Haben Sie genügend Zeit und Muße, das internationale Börsengeschehen am Fernsehen und über andere Medien zeitnah zu verfolgen?

- Würde es Ihnen Freude und Spaß machen, sich in die Fachsprache der Börsen- und Bankenwelt einzuarbeiten?

- Glauben Sie, dass Sie in der Lage sind, eine Informationsinfrastruktur aufzubauen?

- Haben Sie mindestens einen guten Gesprächspartner, mit dem Sie sich über Ihre Spekulationen austauschen könnten?

Prüfen Sie sich, bevor Sie als Spekulant tätig werden

*Prüfen Sie sich,
bevor Sie
als Spekulant
tätig werden*

noch: Checkliste: Ihre Eignung als Spekulant

- Sind Sie dazu bereit, anfänglich 20 000,00 bis 30 000,00 Deutsche Mark als Spekulationskapital langfristig zu entbehren?
- Könnten Sie mit Leib und Seele, Leidenschaft und Begeisterung an das Abenteuer Spekulation herangehen?
- Fühlen Sie sich wirklich aktienreif?

*Spekulieren ist
nicht jeder-
manns Sache!*

Wenn Sie diese Fragen positiv beantworten können, haben Sie gute Voraussetzungen zum Spekulieren. Wenn Sie jedoch bei vielen Fragen passen mussten, lassen Sie besser die Finger vom Spekulieren. Eine überdurchschnittliche Risikobereitschaft ist nicht jedermanns Sache. Dies ist keineswegs eine Schande, sondern schlicht eine Mentalitätsfrage. Bleiben Sie Ihrer Natur treu, wenn Sie risikoaversiv sind. Veranlagen Sie dann lieber Ihr Geld auf einem Festgeldkonto oder legen Sie es in erstklassigen festverzinslichen Schuldverschreibungen, oder in Bundesschatzbriefen an. Hierbei können Sie sicher immer gut schlafen!

Wichtig: Man kann nicht auf allen Gebieten erfolgreich sein. Suchen Sie sich ein Feld, auf dem Sie sich sicherer und besser aufgehoben fühlen und auf dem Sie Ihre Neigungen und Begabungen voll ausleben können. Investieren Sie Ihre Zeit auf keinen Fall in die Spekulation, wenn Sie sich nicht nachhaltig und mit Passion diesem Gebiet annehmen wollen. Sie verlieren nur Ihre kostbare Zeit und vergeuden Ihre Ressourcen, die auf einem anderen Gebiet vielleicht überdurchschnittliche Einkünfte einbringen könnten. Lassen Sie sich nicht auf „waghalsige Abenteuer" ein, die Sie womöglich ins Verderben locken. Gehen Sie aber mit Enthusiasmus und Interesse an Börsengeschäfte heran, wenn Sie sich zum Spekulanten berufen fühlen und genügend Muße und Nervenstärke dafür aufbringen können.

*Super-
spekulanten*

Sie müssen ja nicht gleich zu einem George Soros avancieren, dem derzeit wohl weltweit bekanntesten Erfolgsspekulanten, der durch

„Superdeals" Millionen machte. Für Furore sorgt momentan auch der „wundersame Geldvermehrer" Martin Ebner aus der Schweiz. Er ist derzeit der erfolgreichste Schweizer Aktionär. Erst 1985 hat Martin Ebner mit einem Kredit über 7 Millionen Schweizer Franken seine BZ-Bank gegründet und kontrolliert heute bereits ein Sechs-Milliarden-Imperium.

Ein anderer Spekulant, der durch Aktienengagements den großen Durchbruch schaffte und zu seiner Zeit sogar zum reichsten Mann der Welt avancierte, war John Paul Getty. Mit dem Kauf unterbewerteter Ölaktien baute er ein riesiges Vermögen auf. Oder denken Sie an Friedrich Flick, der vom angehenden Buchhalter zum reichsten Mann Deutschlands emporstieg. Seine Anlagefavoriten waren damals unter anderen Daimler, Feldmühle und Dynamit Nobel. Mit Investitionen in diese Aktien konnte er ein ansehnliches Kapital aufbauen.

John Paul Getty, Friedrich Flick – erfolgreiche Aktionäre

Einer der erfolgreichsten Anleger unserer Zeit ist Warren E. Buffet. Bereits als 19-Jähriger startete er seine Börsenkarriere mit rund 10 000,00 US-Dollar. Aktuell soll sein Aktiendepot einen Wert von mehr als 4 Milliarden US-Dollar haben, und sein Gesamtvermögen wird mittlerweile auf über 23 Milliarden US-Dollar geschätzt. Über seine Berkshire-Hathaway-Gruppe kontrolliert er ein Aktienportefeuille, dessen Wert seit 1956 um das 8 000-Fache gesteigert wurde.

Sie sehen, es können aus kleinen Anfängen in Ausnahmefällen sogar Milliardenimperien entstehen. Wenn Ihnen das Anlegerglück die meiste Zeit hold ist und Sie sich keine groben Schnitzer erlauben, werden Sie Ihr Vermögen stetig mehren können.

2. Reichtumskarriere als Freiberufler

Einen Weg, den einige einschlagen, um selbstständig und reich zu werden, ist der Weg als Freiberufler. Denken Sie an die vielen Modeberufe, in denen die Erfolgreichen sagenhafte Einkommen erzielen. Es gibt Starfotografen, die mehrere Millionen US-Dollar im

Abenteuerjobs

Jahr verdienen. Selbst unter den Sensationsfotografen, den so genannten Paparazzi, gibt es Leute, die durch einen Schnappschuss mit einem Bild 500 000 Mark bekommen haben. Paparazzi sind Fotografen, die Stars, Adlige und Prominente beobachten, um ein begehrtes Bild zu schießen. Spektakuläre Fotos können bis zu einer Million Mark Honorar einbringen.

Traumberuf Model

Aussehen, Ausstrahlung und Persönlichkeit müssen stimmen

Auch als Model kann man, wenn man zur Spitzenklasse zählt, Schwindel erregende Gagen bekommen. Es muss ja nicht gleich das Top-Model Claudia Schiffer sein, das man anstreben sollte, sondern zwei bis drei Stufen darunter sind die Honorare immer noch so hoch, dass man relativ schnell zum Millionär bzw. zur Millionärin werden kann. Der Hamburger Modedesigner Wolfgang Joop hatte Claudia Schiffer für die Frühjahrs- und Sommerkollektion 1998 engagiert. Über die Gage, die sie hierfür erhalten hat, kann man nur spekulieren. Es dürfte sicherlich allein aus diesem Kontrakt eine siebenstellige Zahl sein. Insgesamt soll Claudia Schiffer aus ihren Werbeverträgen nach Schätzung von Branchenkennern einen zweistelligen Millionenbetrag pro Jahr erzielen. An Fotomodelle, Mannequins und Dressmen werden umfangreiche Anforderungen gestellt. Nur wer diese in hohem Maße erfüllt und an die lukrativen Werbeverträge herankommt, kann in diesem Metier Spitzenverdienerin bzw. Spitzenverdiener werden.

Modellagentur richtig auswählen

Wenn Sie von der Natur so bevorzugt worden sind, dass Sie als Fotomodell eine gute Chance haben, sich zu dieser Aufgabe hingezogen fühlen und über gute Branchenkontakte verfügen, dann sollten Sie diese Möglichkeit nutzen. Nur sind Sie sich dessen bewusst, dass Sie in diesem Job sehr viel reisen müssen und auch eine gute Portion Intelligenz brauchen, um nicht über den Tisch gezogen zu werden. Auf dem Sektor der Modellagenturen tummeln sich leider immer mehr schwarze Schafe, die sich an den aufstiegswilligen Models nur bereichern wollen. Wenn Sie sich für den Job als Model berufen fühlen, vergewissern Sie sich also immer, ob die

Modellagentur, mit der Sie zusammenarbeiten, eine Lizenz zur Fotomodell-Vermittlung besitzt.

Unterhaltungsbranche

Auch Kabarettisten, Unterhaltungskünstler, Musiker, Moderatoren … – Berufe, die auf ein breites Publikumsfeld ausgerichtet sind, garantieren bei erfolgreicher Publikumsakzeptanz Einkommen in höchsten Dimensionen. Wer schnell viel Geld verdienen will, muss in die Unterhaltungsbranche als freischaffender Künstler gehen. Wenn Sie mit der wunderbaren Gabe eines Showmasters, Redners oder Unterhalters ausgestattet wurden und in der Unterhaltungsbranche über entsprechende Kontakte verfügen, haben Sie gute Chancen, sich millionenschwer zu vermarkten. Wichtig ist, dass Sie die Masse ansprechen. Wenn Sie nur eine kleine Zielgruppe haben, werden Sie weniger bekannt werden und auch weniger verdienen. Nur wenn Sie ein Massenpublikum in den Bann ziehen können, werden Sie Ihr Einkommen exponentiell steigern können.

Je breiter das Publikum, desto höher die Einkommenschancen

Denken Sie an Thomas Gottschalk, Karl Moik und andere Moderatoren sowie Talkshowmaster, die in ihren Glanzzeiten Garanten für hohe Einschaltquoten sind. Sie alle verdienen so viel Geld, weil sie Massen unterhalten können. Die US-Talkshow-Moderatorin Ophra Winfrey hat mittlerweile bereits ein Vermögen von rund 550 Millionen US-Dollar. DJ Bo Bo, der erst 29-jährige Musiker, verkaufte bis dato über acht Millionen Tonträger. Er regiert heute zusammen mit vier Freunden über ein eigenes Popimperium. Innerhalb von vier Jahren avancierte der „Newcomer" zum cleveren Eurodance-Star und dürfte nunmehr Millionen verdienen.

Siegfried und Roy aus Las Vegas mit ihrer Raubtierschau haben Millionen von Zuschauern begeistert und mehrere Millionen US-Dollar dafür „eingespielt". Sie sind Spitzenverdiener, weil sie ein breites Publikum haben und mit ihrer Darbietung Atemberaubendes und Sensationelles zeigen. Das Interesse an der Zauberei wurde bei Siegfried über ein Buch, das er als Zehnjähriger geschenkt bekommen hatte, geweckt. Nach dem Besuch einer Vorführung von Magier Kalanag in München stand für Siegfried bereits als Junge fest, dass er Zauberkünstler werden wollte. Als junger Mann arbeitete er auf verschiedenen Passagierschiffen, unter anderem auf der MS Bremen, und unterhielt die Kreuzfahrttouristen mit seinen Zaubertricks. Und wie es das Schicksal wollte, traf Siegfried auf einer seiner Schiffstourneen den Steward Roy. Sie freundeten sich an und traten vor allem in Hamburg und Berlin gemeinsam mit einer Show auf. Um die Karriere zu forcieren, entschlossen sie sich, in den 60er Jahren nach Las Vegas auszuwandern. Mit ihren weißen Tigern avancierten sie schnell zu Publikumslieblingen. Auch in Asien waren sie mit großem Erfolg auf Tournee. Heute sind Siegfried und Roy mit ihrer Tiger- und Löwenshow das bestbezahlte deutsche Unterhaltungsduo.

Juristen, Architekten und Ärzte

Renommee und Einkommenshöhe korrespondieren miteinander

Es gibt Rechtsanwälte, die relativ unbekannt sind und eine „klägliche" Kanzlei führen. Aber es gibt auch Rechtsanwälte, so genannte Staranwälte, die durch spektakuläre Fälle oder durch die Mandatschaft einer im öffentlichen Leben stehenden Persönlichkeit bekannt und damit nachgefragt werden. So ähnlich wie bei den Rechtsanwälten verhält es sich bei den Architekten. Ein Architekt, der durch die Medien bekannt ist und über entsprechende Publicity verfügt, wird ein anderes Einkommen erzielen als ein Architekt, der an keinem Wettbewerb und an keiner Großausschreibung teilnimmt und mit seinen Kleinaufträgen zufrieden ist. Genauso gibt es unter den Ärzten ganz normale Durchschnittsmediziner und herausragende Experten, die durch spektakuläre Operationen, neue Operationstechniken oder besondere Heilerfolge in die Schlagzeilen kommen und so ihren Marktwert enorm erhöhen.

Ein berühmtes Beispiel hierfür ist Professor Dr. Barnard, der die ersten Herztransplantationen vorgenommen hat. Ich kenne Ärzte, die auf Grund ihrer guten Reputation, ihrer herausragenden Leistung und ihrer persönlichen Ausstrahlung so viel Nachfrage haben, dass sie in keinem Telefonbuch mehr verzeichnet werden wollen, weil sie sich schon so kaum vor Terminbitten retten können. Ein neuer Zweig, der viel versprechende Einkommenschancen bietet, ist die Schönheitschirurgie.

Unternehmensberater

Auch unter den Unternehmensberatern muss man erst ein bestimmtes Renommee haben, um sechsstellige Honorare aushandeln zu können. Außerdem verlangt dieser Job einen hohen Ausbildungsgrad und Spezialistenwissen, wenn man nicht gerade zu den Wald- und Wiesenberatern zählen will. Wer überdurchschnittlich verdienen will, tut gut daran, über seine Möglichkeiten nachzudenken, wie er am besten und effizientesten Massenwirkung erzielen kann. Eine gute Reputation in einer breiten Publikumsschicht erhöht Ihre Einkommenschancen um ein Vielfaches.

Gute Reputation ist wichtig

Handelsvertreter

Auch als Handelsvertreter können Sie überdurchschnittlich verdienen, wenn Sie in der richtigen Sparte tätig sind. Ich kenne freie Handelsvertreter, die zuvor als Maler oder Metzger arbeiteten und heute mit gebrauchten Spezialmaschinen handeln oder neue Maschinen absetzen. Manche sind so versiert, dass sie ältere Maschinen kaufen, aufrüsten und wieder verkaufen. Meistens werden solche Maschinen in Drittländer verkauft. Unter diesen Handelsvertretern gibt es welche, die jährlich über eine Million Mark verdienen. Auch wenn zukünftig das Internet die eine oder andere Handelsbeziehung überflüssig macht, so werden doch in vielen Branchen Handelsnischen bestehen bleiben, in denen weiterhin persönliche Kontakte für den Erfolg entscheidend sind.

Persönliche Kontakte für den Erfolg entscheidend

Aber nicht nur als Freiberufler können Sie unter bestimmten Voraussetzungen weit überdurchschnittlich verdienen, sondern auch als Arbeitnehmer – so unglaublich dies auch klingen mag.

3. Reichtumskarriere als Arbeitnehmer

*Manager, die
sich eine
„goldene Nase"
verdienen*

Es gibt angestellte Manager bzw. Managerinnen und angestellte Außendienstleute, die ein Jahreseinkommen im guten sechsstelligen Bereich, manche Spitzenkräfte sogar im siebenstelligen Bereich haben. Steve Ballmer startete beispielsweise seine Karriere bei Procter & Gamble als Produktmanager und wechselte 1980 zu Microsoft. Erst kürzlich, als sich Bill Gates aus der Geschäftsführung zurückzog, hat er ihm das Ruder für Microsoft übergeben. Sein Aktienpaket wird derzeit auf über 7 Milliarden US-Dollar geschätzt. Doch verlassen wir nun die superlative Szene und kehren wieder zur Normalität zurück.

Außendienstangestellter

Wenn Sie das Risiko eines selbstständigen Handelsvertreters scheuen, dann können Sie vielleicht als angestellter Außendienstmitarbeiter Ihren finanziellen Durchbruch schaffen. Im Verkauf sind die Gehälter in der Regel am höchsten. Dem Absatz folgt der Umsatz und dem Umsatz der Rabattsatz für den Verkäufer. Jedes Unternehmen kann eine noch so gute Produktion, Administration, Logistik und noch so gute Artikel im Bestand haben, wenn die Güter, die bereitgestellt werden, nicht erfolgreich am Markt abgesetzt werden können, nützen die ganzen Vorstufen nichts. Der erfolgreiche, margenträchtige Verkauf entscheidet über Gedeih und Verderb eines Unternehmens. Das Bindeglied zum Markt bzw. zu den Kunden stellen die Verkäufer dar. Diese Machtposition wird relativ gut honoriert und wirft dementsprechend ein relativ hohes Fixum und je nach Leistungsfähigkeit variable Einkommensanteile ab.

Es ist nicht unbedingt gesagt, dass Sie als Selbstständiger oder Unternehmer mehr Geld in kürzerer Zeit verdienen, als wenn Sie angestellte Spitzenkraft sind. Ihre steuerlichen Möglichkeiten sind zwar dann eingeschränkter, aber Sie haben einen Partner, der Ihnen 50 Prozent Ihrer Sozialbeiträge Monat für Monat bezahlt.

Wenn Sie also risikoaversiv sind und trotzdem mit der göttlichen Gabe der erfolgreichen Verkaufskunst ausgestattet wurden, sollten Sie diesen Weg präferieren.

Wenn Sie ein hohes Einfühlungsvermögen, Egodrive (gesunder Egoismus und Vorwärtsdrang) und Charisma haben sowie die Fähigkeit besitzen, schnell ein Bedürfnis- und Lösungsbewusstsein bei potenziellen Käufern herzustellen, verfügen Sie über ein ausgezeichnetes verkäuferisches Talent. Sie sollten diese Begabung nicht brach liegen lassen, sondern für sich persönlich nutzen. Wenn Sie Bedenken haben oder risikoscheu sind, fangen Sie nebenberuflich als Verkäufer an und bauen Sie so Ihre verkäuferische Selbstsicherheit auf. Meiden Sie allerdings Außendiensttätigkeiten in konsumnahen Branchen (Nahrungs- und Genussmittel, Leder, Textil, Bekleidung, Getränke etc.). In diesem Segment sind die Verkaufsprovisionen normalerweise am geringsten.

Verkaufen hat viel mit erfolgreichem Menschenumgang zu tun

Aus der Versicherungsbranche kommt der Scherz, dass „Bestandspfleger Anfang Januar aufwachen und auf ihrem Provisionskonto sehen, dass sie bereits 75 000,00 Mark Bestandsprovisionen vereinnahmt haben, um sich dann auf die andere Seite zu legen und bis zum Frühjahr den Schlaf fortsetzen". Dieser Standardwitz soll deutlich machen, dass es Branchen gibt, in denen man mit wesentlich geringerem Einsatz Geld verdienen kann. Allerdings muss man hervorheben, dass eine ertragreiche Stammkundschaft erst einmal aufgebaut sein will, um Umsätze bzw. Provisionen automatisch in die Bücher zu bekommen.

Investmentbanker

Auch als angestellter Experte bzw. angestellte Expertin für Firmenübernahmen, Unternehmensfinanzierungen, Wertpapieranalysen, Risikomanagement ... – als Investmentbanker können Sie Spitzengehälter erzielen. Die besten Investmentbanker betrachten Jahreseinkünfte von 1 Million US-Dollar sogar als einen Kündigungsgrund. Neben dem Grundgehalt erhalten die Investmentbanker

Spitzenverdienste möglich!

Was zeichnen Spitzenverdiener aus?

jedes Jahr einen Bonus, der bei den guten Bankern rund 3 Millionen Mark ausmacht. Die Top-Leute erhalten zwischen 6 und 9 Millionen Mark. Ein Wertpapierhändler bei Salomon Brothers in New York bekam 1997 angeblich den höchsten Bonus von sage und schreibe 45 Millionen Mark. Was zeichnet diese Spitzenverdiener aus? Sie haben eine ausgeprägte unternehmerische Veranlagung und betrachten ihren Job gleichzeitig als Hobby; sie reisen überdurchschnittlich viel, sprechen mehrere Sprachen, sind sehr risikofreudig, arbeiten wöchentlich zwischen 60 bis 70 Stunden und nehmen maximal zehn bis 20 Tage Urlaub im Jahr. Kündigungsschutz gibt es für die Investmentbanker so gut wie keinen. Einzig und allein zählt der Erfolg, an dem die Vergütungen festgemacht werden. Auf die Frage nach Kündigungsfristen antworten die meisten makaber: „Fünf Minuten." Hier heißt die Devise genauso wie bei der Spekulation, ein höheres Einkommen, sprich eine höhere Rendite, muss mit einem höheren Risiko „erkauft" werden.

Star-Wertpapierhändler Andre Lee

Risikobewusstsein muss vorhanden sein

Der knapp über 30 Jahre alte Star-Wertpapierhändler Andre Lee, Leiter der Peregrine-Fixed-Income-Abteilung mit über 250 Mitarbeitern erhielt von seinem Arbeitgeber angeblich ein Jahresfixgehalt von nahezu 3 Millionen US-Dollar zuzüglich einer Erfolgsprämie. So wie Leeson mit waghalsigen Spekulationen die Baring Bank ins Verderben manövrierte, so machte es ihm Andre Lee mit seinen riskanten Junk-Bonds-Deals nach. Die größte Investmentbank Südostasiens, die Peregrine Investment Holding, musste im Januar 1998 Konkurs anmelden und löste damit im Zuge der asiatischen Bankpleiten einen Kursrutsch an den Aktienbörsen aus. Peregrine galt seit dem Sommer 1997 als asiatisches „Warenlager" für Junk Bonds. Entlastend für Lee gilt, dass er seine riskanten Finanztransaktionen in Abstimmung mit dem Vorstandschef von Peregrine ausführte.

Der Halbkoreaner Lee studierte Philosophie und Religion und begann seine berufliche Laufbahn als Nähmaschinenverkäufer während der Junk-Bond-Börsenjahre in den USA. Bereits als Auszubildender bei Shearson Lehman Hutton Incorporation fiel er mit großen Verkaufserfolgen auf. Er setzte Wertpapiere durch Familienbeziehungen an südkoreanische Käufer ab. Sein verkäuferisches Talent war ihm teilweise schon in die Wiege gelegt worden; nur das Risikobewusstsein war etwas zu kurz gekommen.

Wenn Sie Neigungen und Interesse für den Verkauf haben, versuchen Sie in diesem Gebiet Ihr Glück. Vielleicht landen Sie damit einen durchschlagenden Erfolg. Eine weitere Möglichkeit, zu Wohlstand und Reichtum zu kommen, besteht darin, sich als Unternehmer zu engagieren.

4. Unternehmerlaufbahn – erfolgreich und millionenschwer

Die herausragende Unternehmerpersönlichkeit Bill Gates machte sein unglaubliches Vermögen als Unternehmer und Visionär. Angefangen hatte er mit einem Freund zusammen in einer Garage; sie bastelten an Programmen, aus denen später Weltmarktprodukte wurden. Bill Gates hatte anfänglich die Vision, dass in nahezu allen Haushalten und Betrieben der Industriestaaten ein Personal Computer (PC) stehen sollte. Und schauen Sie sich die Haushalte derzeit an: Fast in jedem zweiten steht heute ein PC, ob genutzt oder nicht, ob als Basis für PC-Spiele für die Kinder oder als Arbeitsgerät für die Erwachsenen, und fast kein Unternehmen kann heute noch auf die PC-Welt verzichten. Gates prophezeite bereits als Student seinen Studienkolleginnen und -kollegen, dass in naher Zukunft auf fast allen Schreibtischen dieser Welt ein Tischcomputer stehen würde, für die er die notwendigen Programme entwickeln und schreiben würde. Mit seiner Vision erntete er fast nur Hohn. Doch schließlich sollte er Recht behalten.

Bill Gates – Erfolgsstory von Microsoft

Bill Gates – Erfolgsstory von Microsoft

Der heutige Software-Multimilliardär gab als 20-jähriger Harvard-Student 1975 sein Studium auf. Zusammen mit seinem Kommilitonen Paul Allen gründete er ein Unternehmen namens MITS im Bundesstaat New Mexico. Dieses brachte den ersten kommerziell vermarkteten Kleincomputer „Altair" heraus. Gates und Allen kreierten in der sagenhaften Zeit von nur sechs Wochen das Programm Basic. Erst ein paar Jahre danach brachte IBM einen Tischcomputer auf den Markt, der Personal Computer genannt wurde. Da man bei IBM für den PC damals keine großartigen Vermarktungschancen erkannte, beauftragte man die Firma von Gates und Allen, für diesen neuen Artikel ein Betriebssystem und die Software dafür zu entwickeln. Gleichzeitig gab IBM die Lizenzen für das System an Microsoft frei. Ein verhängnisvoller Fehler, wie sich später herausstellen sollte. Bereits nach zwei Jahren wurden von Microsoft über 200 Lizenzen für den MS-DOS-Standard abgesetzt. Die Erfolgsstory von Microsoft nahm ihren Lauf, und der Großcomputer-Produzent IBM hatte das Nachsehen.

Die Rothschild-Dynastie

Rothschild – Erfolgsstory einer Bankiersfamilie

Ein älteres Beispiel, wie aus kleinen Anfängen ein Milliardenimperium entstehen kann, zeigt die Geschichte der Bankiersfamilie Rothschild. Um 1850 begann die Erfolgsgeschichte der Rothschild-Dynastie in Frankfurt. Maurice de Rothschild baute das ansehnliche Unternehmensimperium maßgeblich auf und hinterließ seinem Sohn ein Erbe von ca. 1 Milliarde Mark. Edmond de Rothschild führte die nach ihm benannte Bank sowie die in Genf gegründete Holding und baute seinen Reichtum sukzessive weiter aus. Der Jurist sagte einmal: „Ein Rothschild, der nicht reich ist, der nicht Jude, nicht Philanthrop (Menschenfreund), nicht Bankier, nicht Arbeiter ist und der nicht einen gewissen Lebensstil führt, der ist kein Rothschild." Diesen Grundsatz befolgte er bis zu seinem Lebensende. Er verstarb 71-jährig 1997 in Paris. Er war der reichste Rothschild innerhalb der verzweigten Unternehmer- und Bankiersfamilie. An der Royal-Dutch-Shell-Gruppe war er genauso beteiligt wie an dem Weltmarkt führenden Diamantenkonzern De Beers. Er hielt Aktienpakete an Unternehmen aus der Versicherungs-, Immobilien-, Bau-, und Medienbranche und war Eigentümer einer eigenen Pferdezucht und einer bedeutenden Kunstsammlung, zudem besaß er Schlösser in Frankreich und der Schweiz. Sein unternehmerisches Talent war einzigartig. Trotz seiner vielfältigen Verpflichtungen fand er noch Zeit für das Segeln, Reiten und Jagen.

Schlüsselidee ist entscheidend!

Was zeichnet Unternehmer bzw. Unternehmensgründer ganz besonders aus? Wo liegen ihre Geheimnisse? Was muss man haben, um als Unternehmerpersönlichkeit Millionenwerte erwirtschaften zu können? – Zunächst zeigen viele Beispiele aus der Praxis, dass Unternehmensgründer mit durchschlagendem Erfolg nicht primär auf das Geldscheffeln ausgerichtet, sondern von einer Schlüsselidee begeistert waren. Das nachhaltige Festhalten an ihren „Leitsternen" lässt bei ihnen Orientierungslosigkeit, mangelnde Perspektive und Motivationslosigkeit erst gar nicht aufkommen. Firmengründer, die ihr Unternehmen vom Nichts aus dem Boden stampfen und zu großen bedeutenden Betrieben, manchmal gar zu weltweiten Marktführern ausbauen, sind allesamt von einer großen Lebensidee oder, besser ausgedrückt, von einer Vision durchdrungen. Sie lassen weder in schwierigen noch in turbulenten Zeiten von ihren Plänen und Zielvorstellungen ab und hegen und pflegen sie wie ein neugeborenes Baby.

Zuerst kommt die große Idee, dann das große Geld

„The power of vision"

Die Vision ist für den Unternehmer Motivationsmotor und Sinnspender in einem. Solche Visionen geben Antworten auf die Fragen:

- Was kann das Unternehmen für eine bessere Zukunft leisten bzw. beitragen?

- Welche Zukunft soll mit dem Unternehmen mitgestaltet werden?

Visionen können ein Motivations-feuerwerk zünden

- Was ist der Sinn des unternehmerischen Unterfangens?

- Welchen Nutzen stiftet das Unternehmen für Abnehmer, Eigentümer und Mitarbeiter?

Die Seele einer Vision

Die Vision zeichnet die Zukunft des Unternehmens. Das „Wozu betreiben wir das Unternehmen?" ist die Seele der Vision. Die Frage, was zu tun ist, um die Vision zu realisieren, gibt die Strategien vor. Die Antworten auf die Fragen, wie die Vision tatsächlich verwirklicht werden soll, müssen die Aktivitätspläne liefern.

Ein Unternehmer, der von einer großen Idee durchdrungen ist und diese zu einer viel versprechenden Vision generieren kann, übt eine magnetische Anziehungskraft auf seine Mitarbeiter und Geschäftspartner aus. Eine solche Vision kann nicht nur die emotionalen Kräfte der Führungsmannschaft mobilisieren, sondern vermittelt allen Beteiligten auch einen Sinn für ihr Tun. Ob im Einzelnen eine Marktführerschaft und/oder ein technischer Fortschritt zur Nutzensteigerung für die Menschen oder die Umwelt und/oder eine neue Problemlösung für Kunden und/oder ein Ertrag für die Firma insgesamt bzw. für die Belegschaft angestrebt wird, spielt keine Rolle. Wichtig ist, dass in den Zielformulierungen der Vision etwas Einzigartiges, etwas „Großes" enthalten ist, dass Sinn vermitteln kann und damit intrinsische (aus sich selbst herauskommende) Motivation auslösen kann. Natürlich muss die Vision auch eine gewisse Herausforderung für alle darstellen, dennoch realisierbar und innerhalb eines erlebbaren Zeitraumes umsetzbar sein. Eine Vision, die einen Realisierungszeitraum von 50 bis 75 Jahren benötigt, wird bei der Belegschaft wenig Motivation und Begeisterung auslösen können!

Firma Siemens als Visionärin

Als die Firma Siemens ihren Mitarbeitern die Vision verkündete, dass „in jedem Haushalt eine Steckdose sein sollte", bedeutete dies für die Belegschaftsmitglieder und Bürger eine Nutzen- und Wohlstandssteigerung durch die Nutzbarmachung von Energie in den Haushalten. Wenn eine Vision zu Fortschritten und Nutzensteigerungen für die Abnehmer, zu mehr Sicherheit und Wohlstand für die Belegschaft sowie zu einer verbesserten wirtschaftlichen und finanziellen Lage und eventuell sogar zu einer Marktführerschaft führt, dann hat sie die wichtigsten Erfolgsmomente in sich vereinigt.

> **Erfolgs-Tipp:**
>
> Die Basisidee zum Unternehmerdasein muss vor allen Dingen tiefe Befriedigung beim Existenzgründer bewirken, wann immer er daran denkt. Sie muss begeistern und motivierend sein. Die Realisierung dieser Leitidee muss zum Hobby, zur „Leibspeise", zum besten Zeitvertreib, zur Passion werden. Die Verwirklichung muss aber auch Spannung erzeugen und Herausforderungen bieten können.

Idee-begeisterung

Ich habe so viele Existenzgründer während meiner Bankerlaufbahn scheitern sehen, weil sie von ihrer Idee, ihrem Vorhaben nicht wirklich durchdrungen waren. Sie standen nicht mit all ihren Gedanken und Möglichkeiten voll hinter ihrem Unternehmenskonzept. Oftmals waren es Ideen von Dritten oder „alte Kamellen", die man aus eigener Ideenlosigkeit und mangelnder Kreativität umzusetzen versuchte. Vielfach fehlten die Begeisterungsfähigkeit, die Motivation, das Durchhaltevermögen, die Belastbarkeit, das Basisvertrauen für den Erfolg und die entscheidende Vision. Es fehlte der unbändige Wille, am Ball zu bleiben, und an der Bereitschaft, Probleme richtig managen zu lernen. Es mangelte oft an Krisenresistenz und Frustrationstoleranz.

Wichtig: Der geborene Unternehmertyp bringt volles Engagement für seine unternehmerischen Ideen, auch wenn dies „Seelenschweiß" abverlangt. Ein erfolgreicher Geschäftsmann muss von seiner Schlüsselidee vollkommen „beseelt" sein.

„Seelenschweiß" ist gefordert

Nachstehende Beispiele von Unternehmerpersönlichkeiten zeigen Ihnen, wie aus einer Schlüsselidee ein Erfolgsunternehmen entstanden ist.

Aristoteles Onassis

Aristoteles Onassis war bereits in jungen Jahren vom Handel fasziniert. Als Schüler erwarb er beispielsweise zu einem Spottpreis
beschädigte Bleistifte, die aus den Lagerüberresten eines Laden-
brandes stammten. Nachdem er sie neu angespitzt und gereinigt
hatte, verkaufte er sie zu Normalpreisen an seine Mitschüler. Diese
Handelserfahrung war für ihn wegweisend. Später erwarb er mit
Bankkrediten überholungsbedürftige Transportschiffe, machte sie
wieder seetüchtig und veräußerte sie mit entsprechenden Gewinn-
margen weiter. Den Profit steigerte er damit so lange, bis er es zu
einer eigenen Schiffsflotte brachte. Doch damit nicht genug: Er
sicherte sich auch Transport-Exklusivrechte für Öl, die ihm zu uner-
messlichem Reichtum verhalfen.

Henry Ford

Henry Ford war berauscht von dem Gedanken, einmal eine „Fahr-
maschine" zu konstruieren, als er zum ersten Mal in seinem Leben
als Zwölfjähriger eine Straßenbahnlokomotive in Detroit sah. Er
fuhr damals mit seinem Vater mit der Pferdekutsche durch die
Stadt und war begeistert, als er ein Gefährt wahrnahm, das nicht
von einem Tier gezogen werden musste.

Steven Spielberg

Steven Spielberg war besessen von der Idee, einen eigenen Film zu
drehen, als er von seinem Vater damals noch als Schüler die
Familienkamera überantwortet bekam. Der Vater hatte einfach
kein Geschick zur Bedienung dieser Kamera und übergab kurzer-
hand diesen Job seinem Sohn, der fortan das Filmen als Passion be-
trachtete.

Thomas Alva Edison

Thomas Alva Edison, ein amerikanischer Ingenieur, war berauscht von der Idee, künstliches Licht herzustellen. In Tausenden von Versuchen sammelte er Erfahrung um Erfahrung, bis ihm der große Durchbruch gelang. 1879 erfand er die Kohlenfadenlampe und 1882 die erste elektrische Beleuchtungsanlage. 1883 entdeckte er die Glühemission. Die heute noch gebräuchlichen Fassungen für elektrische Glühlampen gehen auf Edison zurück. Durch das Einschrauben der Glühbirne in ein Gewinde werden bei der Edison-Fassung die Kontakte mit den Zuleitungen hergestellt. Bereits 1876 entwickelte er ein Kohlekörnermikrofon, 1877 den Phonographen und 1881 den ersten Generator, der von einer Dampfmaschine angetrieben wurde und elektrischen Strom erzeugte. 1899 entwickelte er den Kinetographen, einen Filmaufnahmeapparat, und in den Jahren 1895 und 1896 das Vitaskop, ein Laufbildprojektionsgerät.

Interessante Unternehmerpersönlichkeiten

Dorothy Gerber

Dorothy Gerber, Begründerin der bekannten Gerber Kindernahrung, baute ihr Imperium auf, nachdem sie für ihr erkranktes Kind Fruchtsaftrezepte zusammengestellt und durch die Herstellung von selbst gemachten Säften ihr Kind wieder gesund gemacht hatte. Aus dieser Erfahrung erwuchs die Schlüsselidee, Säfte und Kindernahrungsmittel serienmäßig zu produzieren.

Carl Lehnkering

1872 gründete der damals 21-jährige Carl Lehnkering sein Reederei- und Speditionsunternehmen. Fasziniert von Schiffen und den Transportmöglichkeiten auf Flüssen und Binnengewässern schaffte er sich als Erstes einen hölzernen Rheinsegler namens „Vlyt en hoop" („Fleiß und Hoffnung") an. Die Geschäfte liefen so gut, dass er sich kurz darauf einen eisernen Schleppkahn, der auf den Namen „Vorwärts" getauft wurde, zulegte. Doch nicht nur für die

Interessante Unternehmer- persönlich- keiten

Logistik konnte sich Herr Lehnkering begeistern, sondern auch für den Handel mit Eisen- und Manganerzen, Industriesalzen, Kohle, Getreide und anderen Rohstoffen. Heute gehört die Aktiengesellschaft zu 66 Prozent der Preussag AG und macht rund 1,1 Milliarden Mark Umsatz im Jahr, hat ein Eigenkapital von rund 131 Millionen Mark und beschäftigt über 2 200 Mitarbeiter an 63 Standorten im In- und Ausland. Eindrücklich zeigt diese Entwicklung, was aus kleinen Anfängen durch Beharrlichkeit, Begeisterung, Ideenkraft und Visionsvermögen entstehen kann.

James Landy

Der Erfinder der modernen Feuerzeuge, James Landy, war von Kindheit an von der Idee begeistert, auch bei Regen und Sturm Feuer entzünden zu können. Nach langem Experimentieren machte er einmal einen Versuch mit Rohrzuckerabschnitten. Er erkannte, dass dieser Stoff leicht brennbar war und gleichzeitig eine gewisse Brenndauer besaß. Diese Erfindung ließ er patentieren. Bereits im Alter von 21 Jahren meldete er ein kleines Gewerbe an, und mit 26 war er bereits Millionär.

David Curtin

Der Erfinder des Pappbechers, David Curtin, wurde ebenfalls im Schnellzugtempo Millionär. Als er 1910 als Handelsvertreter in einem Hotel übernachtete und das Trinkglas verschmutzt war, bastelte er sich aus Pappe ein Trinkgefäß. Diese Erfahrung ließ ihn nicht mehr los, und er vermarktete diese Idee so lukrativ, dass er Millionen daraus machen konnte.

Der Gang an die Börse

„Going Public"

Viele aufstrebende Unternehmer der jüngeren Zeit, die ihre Unternehmen bereits über die schwierigen Starthürden gebracht haben, nutzen den Gang an die Börse, um mit größeren Eigenmitteln dynamischer durchstarten zu können und um sich selbst finanziell zu verbessern. Einige wurden innerhalb kürzester Zeit zu Millionären und sogar zu Milliardären, indem sie den Börsengang am Neuen Markt der Frankfurter Wertpapierbörse vollzogen. Allein 1998 haben ca. 40 Unternehmen das „Going Public" durchgeführt. Die Eigentümer vieler Unternehmen möchten die derzeit günstige Börsensituation nutzen, um mit größeren Kapitalien lukrativere Investitionen tätigen zu können. Die Aktienkurse vieler junger innovativer Unternehmen, wie beispielsweise von EM.TV, SER oder Mobilcom, sind seit Börseneinführung regelrecht explodiert.

Aktienkurse vieler junger innovativer Unternehmen sind regelrecht explodiert

Die Erfolgsstory von EM.TV & Merchandising AG

Die Firma EM.TV & Merchandising wurde von Thomas Haffa und seinem Bruder Florian Haffa 1989 gegründet. Beide sind sich darin einig, wenn sie sagen: „Das Wichtigste ist, dass wir Spaß an unserer Arbeit haben." Sie halten 70 Prozent der Anteile am Grundkapital von 10 Millionen Mark. Im Oktober 1997 ging das Unternehmen mit einem Emissionskurs von 34,50 Mark an die Börse. Dies ist kein Wunder, denn die AG handelt mit TV-Rechten, produziert Kinderserien und ist im Merchandising tätig. Die Brüder Haffa haben sich von Anfang an auf die Vermarktung von Zeichentrickfiguren spezialisiert, die im Gegensatz zu Filmen mit realen Schauspielern nicht veralten und somit eine nachhaltige Werthaltigkeit bei den Fernsehrechten besitzen. Das Medienunternehmen dürfte heute einen Marktwert von über 350 Millionen Mark haben. Über den Börsengang dürften die beiden Starunternehmer ihr Privatvermögen von rund 48 Millionen auf rund 265 Millionen Mark gesteigert haben. Die vom Bodensee stammenden Brüder sind sich in ihrer Vision einig, dass sie nicht nur mit Lizenzen handeln, sondern auch strategische Zusammenarbeiten mit Firmen aus dem Einzelhandel, dem Verlagswesen und dem Fernsehen anstreben. Ferner achten sie darauf, dass in ihren Filmen nicht nur Unterhaltendes, sondern auch sinnvolles Wissen für Kinder und Botschaften vermittelt wird.

Handel mit Filmrechten

Das Musterbeispiel SER-Systeme AG

Auch Gert J. Reinhardt, Gründer und Vorstand der SER Systeme AG, hat einen großartigen Erfolgsweg wie Gerhard Schmid hingelegt. 1984 wurde die Firma gegründet, und im Juli 1997 wurde bereits am Neuen Markt der Börsengang vollzogen. Seither ist die Aktie um fast 650 Prozent gestiegen. Der Marktwert von SER liegt bei rund 750 Millionen Mark. Mit anderen Poolaktionären hält Gert Reinhardt mehr als 50 Prozent der SER-Aktien, die alleine einen Wert von rund 402 Millionen Mark verkörpern.

Der Raketenstart der Mobilcom AG

Eins-zwei-drei-vier-Philosophie

Ein weiterer Unternehmer, der am Neuen Markt ebenfalls für Furore sorgte, ist Gerhard Schmid, Vorstandsvorsitzender der Mobilcom AG. Während seines Studiums in Nürnberg lernte er als Eishockey-Profi schnell das Einstecken und das Sich-Durchsetzen. 1991 gründete Gerhard Schmid die Firma Mobilcom, die im hart umkämpften Telefonmarkt tätig ist. Das Unternehmen hat derzeit einen Marktwert von rund 2 Milliarden Mark. Der Emissionskurs lag bei 100,00 Mark und war im März 1998 auf über 810,00 Mark geklettert. Sein Erfolgsrezept stellt die Eins-zwei-drei-vier-Philosophie dar, die er wie folgt definiert: „Unser Ziel ist es, die Nummer Eins im Kundenservice zu sein, unseren Umsatz zu verdoppeln, um den Gewinn zu verdreifachen – und zwar jedes vierte Jahr."

Profitieren Sie direkt oder indirekt vom Kapitalismus

Erfolgs-Tipp:

Ausgehend von einer Idee bzw. einem unternehmerischen Schlüsselgedanken kann man zu Wohlstand und Reichtum gelangen, wenn man mit Beharrlichkeit, Nutzenorientiertheit und kaufmännischem Geschick vorgeht. Als Unternehmer kommen Sie nie zu Reichtum, wenn Sie primär nur viel Geld verdienen wollen. Zu Geld kommen Sie nur, wenn Sie Ihre ureigenste Idee zu einer Vision und zu konkreten Umsetzungsplänen transformieren können.

Wer dies nicht wahrhaben will, läuft ewig einer Fata Morgana hinterher. Wer das direkte Unternehmerdasein aus irgendwelchen Gründen scheut bzw. die Anlagen und Berufungen dazu nicht verspürt, muss eben indirekt Sachinvestitionen, wie dem Besitz von Aktienpaketen, den Vorzug geben. Mit dem Besitz von Aktien bestimmter Gesellschaften sind Sie automatisch auch Teilhaber an diesen Firmen. Allerdings haben Sie kein Mitspracherecht in der Geschäftsführung.

Wichtig: Fast jeder erfolgreiche Unternehmer ist auch gleichzeitig ein ausgeklügelter Finanzier, ein cleverer Kreditgeber. Viele sind zwar durch Kreditaufnahmen erst richtig reich geworden, entscheidend war jedoch eine wegweisende Schlüsselidee. Zu einem späteren Zeitpunkt, nachdem die Anfangshürden genommen worden sind und der Wertschöpfungsfaktor des Unternehmens eine gewisse Eigendynamik angenommen hat, verkehrt sich nicht selten die Gläubigerrolle. Der Kreditnehmer wird zum Gläubiger. Die Existenzgründungsdarlehen sind in aller Regel dann längst getilgt, und der erfolgreiche Geschäftsmann agiert zunehmend auf der Anlageseite mit Engagements in Aktien, Fonds, Anleihen und anderen Anlagemedien.

Rollentausch vom Schuldner zum Anleger

Kreditwürdigkeits-Management: Der Rubel rollt …

Mit der Kreditaufnahme-Geschicklichkeit entscheidet sich vielfach der durchschlagende Unternehmenserfolg. Denn zur Expansion, zur Akquisition von Unternehmen, für Rationalisierungs- und Erweiterungsinvestitionen, bei Umsatzausweitungen etc. sind fast immer zusätzliche Finanzmittel notwendig.

Bankbeziehungen können außerordentlich wichtig werden

Achtung: Wenn Sie als junger Geschäftsmann ein Unternehmen gründen bzw. aufbauen, überwerfen Sie sich nie mit Ihrem Vertrauensbanker. Haben Sie Verständnis für den administrativen Aufwand, den Sie in kaufmännischer Hinsicht leisten müssen, um die Vorschriften des Kreditwesengesetzes und die bankinternen Satzungen und Vorschriften zu erfüllen. Lassen Sie sich nicht anstecken von dem Stammtischgerede mit den riesigen Palästen der Banken und der Machtkonzentration der Banken über die Stimmrechtsausübungen etc. Ihr persönlicher Bankbetreuer ist auch nur ein Angestellter, ein Rad im Gesamtgetriebe eines Bankunternehmens, der sich den bürokratischen Vorgaben unbedingt beugen muss, wenn er sich langfristig halten will.

Wichtig: Gutes Verhältnis zu Ihrem Banker

Versuchen Sie, ein partnerschaftliches Verhältnis – und wenn dies möglich ist, sogar ein freundschaftliches Verhältnis – mit Ihrem Banker aufzubauen. Sie werden es nie bereuen. Denn er ist es, der Ihr Unternehmen, Ihre Managementfähigkeiten, Ihre Zukunftsperspektiven und Ihre wirtschaftliche sowie finanzielle Lage votiert. Er zeichnet ein Bild von Ihnen und Ihrem Unternehmen und setzt somit die Voraussetzungen für ein positives oder negatives Kredit-Genehmigungsprozedere innerhalb seines Interpretationsspielraums. Bei größeren Krediten, beispielsweise bei Dimensionen, die in den zweistelligen Millionenbetrag gehen, müssen in den meisten Fällen vorgeordnete Stellen ihre Kreditgenehmigung erteilen. Wenn schon an der Basis keine optimistische und Partei ergreifende Position für Sie besteht, haben Sie nur geringe Aussichten auf Erfolg. Lassen Sie sich deshalb nie von den Vorurteilen bezüglich Banken und Bankern, die in weiten Teilen der Bevölkerung vorherrschen, anstecken. Sie schaden sich nur selbst. Bauen Sie zwischen sich und Ihrem Banker keine Mauern auf, sondern eine Partnerschaft.

Schulden-machen: Suchen Sie den „goldenen" Mittelweg

Erfolgs-Tipp:

Jeder erfolgreiche Unternehmer musste in seiner Laufbahn bereits einmal oder mehrere Male auf zusätzliche Bankkredite zurückgreifen. Seien Sie mutig und greifen Sie zu, wenn Ihre Investition sinnvoll und notwendig ist. Verschenken Sie nie eine Chance oder eine besondere Gelegenheit wegen falschen Stolzes oder zu geringer Wagnisbereitschaft. Seien Sie weder zu zaghaft noch zu forsch beim Schuldenmachen; suchen Sie den idealen Mittelweg.

Sparfähigkeit unter Beweis stellen

Wer es versteht, seinen Banker persönlich nachhaltig zu überzeugen und dies auch mit entsprechenden „ehrlichen Zahlen" dokumentieren kann, wird bei seinen Finanzierungsangelegenheiten kaum Probleme bekommen. Wenn Sie bei Ihrem Banker Eindruck schinden wollen, stellen Sie Ihre Sparfähigkeit ganz besonders heraus. Gerade wenn Sie ein Unternehmen gründen oder gerade im Aufbau sind, ist es gut, wenn Sie mit Kreditinanspruchnahmen eher zurückhaltend sind. Viele Jungunternehmer bzw. Existenzgründer machen den Fehler, gleich zu Anfang aus ihren Betriebsmittelkrediten Geld für ihre Luxusgüter zu ziehen. Ich selbst habe schon einmal persönlich erlebt, wie ein Jungunternehmer sich als Erstes nach der Kreditgenehmigung einen Porsche kaufte und eine Segeljacht orderte. Wie vorhersehbar, überlebte dieser Unternehmer nicht einmal neun Monate, weil er mehr beim Spazierenfahren und beim Segeln war als im Geschäft. Verluste, die durch unverhältnismäßig hohe Luxusanschaffungen oder statusbezogene Investitionen entstanden, die keinen „Return on Investment" (keine Erträge und keine Wertschöpfungen) abwerfen, werden sicherlich nicht finanziert.

Sparsamkeit wird hoch bewertet

Wichtig: Es geht darum, eine gewisse Sparfähigkeit zu dokumentieren, um Rückzahlungsvertrauen beim Banker zu haben. Die meisten erfolgreichen Unternehmer, die ich kenne, sind ökonomisch veranlagt. Sie verzichten nicht auf die Annehmlichkeiten des täglichen Lebens oder auf bestimmten Luxus, wenn sie sich ihn leisten können. Aber sie haben in der Regel eine Abneigung gegen Verschwendung und ein hohes Kosten-Nutzen-Bewusstsein.

Diese Unternehmereigenschaften sollten Sie mitbringen!

Experimentierfreude, hoher Erkenntnisdrang, ausgeprägter Optimismus, konstruktive Geisteshaltung, krisenresistente Grundhaltung, positives und konstruktives Denken, starke Zielfokussierung, hohe Anpackermentalität, herausragende Durchsetzungsfähigkeit, hohe

Unternehmer sind Machertypen

Begeisterungs- und Motivationsfähigkeit, außerordentliche Willensstärke, unbändiger Aufgabenerfüllungsdrang, ausgeprägtes Interesse an Zusammenhängen und Innovationen, überdurchschnittliche Risikobereitschaft ... – nur um einige typische Unternehmereigenschaften zu nennen. Sie lassen sich zudem nicht vom Gram der Zeit, dem Leiden der Weltverbesserer, anstecken. Sie sind Machertypen; Menschen, die gerne ausprobieren und mit einer ausgeprägten „Das-geht-Mentalität" gerne Verhältnisse nach ihren Vorstellungen verändern und hierfür volle Verantwortung übernehmen.

Der Unternehmer als Spieler und Entscheider

Der Unternehmertyp ist gerade deswegen so kreativ, weil er finanziell vollkommen unabhängig ist. Für ihn ist der Schaffensdrang, das Mitgestalten können und das Mächtigsein im Wettbewerbskonzert ein hoch interessantes und faszinierendes Spiel, eine Art von Berufung. Sie wollen nie Spielball sein, sondern immer nur Spieler und Entscheider. Das „In-Bewegung-Setzen", das „Resultate-Erzielen", der Lebenshunger nach „Nutzenstiftung" und „Fortentwicklung" ist diesen Menschen besonders zu Eigen. Sie sind nicht glücklich, wenn sie sich zurückziehen und nur noch passiv in der „Highsociety" ihr Jetset-Leben führen. Sie werden unglücklich, unzufrieden und schließlich krank, wenn sie nicht gestalterisch tätig sein können und ihre Visionen, Vorhaben sowie Ideen in die Tat umsetzen können. Dies scheint auch ein wichtiges Unterscheidungsmerkmal zu den Nicht-Erfolgreichen zu sein. Die Nicht-Erfolgreichen haben ebenfalls Ideen und Visionen, aber sie sind nicht in der Lage, diese zu realisieren. Für Unternehmer bedeutet das Umsetzen, Anpacken, Entscheiden und Gestalten echtes, wahrhaftes, sinnerfülltes Leben.

Ion Tiriac, Sport- und Eventmanager

Bei einem Interview 1997 wurde der 58-jährige Sport- und Eventmanager Ion Tiriac einmal gefragt, was ihn Tag für Tag bei seinem finanziellen Hintergrund noch antreibt, unternehmerisch tätig zu sein und rastlos durch die Welt zu „jetten". Er antwortete darauf: „Zunächst mal: Ich bin ja ein glücklicher Mensch, denn ich kann das tun, was ich möchte. Es gibt niemand, der mich zu etwas zwingt, und das war immer so. Wenn ich Pensionär wäre und mich in den Sonnenstuhl legen würde, dann würde ich das genau einen Tag aushalten, und am nächsten Tag würden Sie vermutlich meine Todesanzeige in der Zeitung sehen. Gestorben vor Langeweile."

Spenden und wohltätige Stiftungen

Nicht wenige erfolgreiche Unternehmer entschließen sich, einen bestimmten Teil ihres Vermögens in eine wohltätige Stiftung zu geben oder an allgemein nützige Organisationen zu spenden. Ted Turner, Gründer des Nachrichtensenders CNN, beschloss im September 1997 den Vereinten Nationen 1 Milliarde US-Dollar zu schenken. Der Betrag ist humanitären Zwecken zugute gekommen. Auf diese außergewöhnlich hohe Spende befragt, antwortete Ted Turner: „Was für einen Sinn hat Reichtum, wenn er nur auf der Bank liegt?" und „Es ist ja nur ein Teil meines Vermögens". Die Vereinten Nationen hatten schon einmal eine herausragende Spende von John D. Rockefeller erhalten. Das Grundstück im Herzen von New York, auf dem die Verwaltung der Vereinten Nationen steht, wurde von ihm eingebracht. Auch ein japanischer Unternehmer machte von sich reden, als er eine Million US-Dollar gestiftet hatte. Viele andere Unternehmer-Millionäre sind sich darin einig, dass das Geld eine investive bzw. humanitäre Funktion ausüben und nicht bloß als Festgeld vor sich hergeschoben werden sollte. Mit anderen Worten: Superlative Unternehmer-Millionäre sehen ihr Kapital meistens lieber in irgendeiner Form investiert als passiv nur Zinsertrag bringend angelegt.

Private Geld-konzentrationen kommen der Allgemeinheit zu Gute

Checken Sie Ihre Unternehmervoraussetzungen

Wenn Sie sich in irgendeiner Form in den vorgenannten Ausführungen widergespiegelt sehen, dann sollten Sie unbedingt die nächste Gelegenheit am Schopfe packen und die Laufbahn als Unternehmer einschlagen. Hinterfragen Sie nochmals die besonderen Voraussetzungen und zuvor beschriebenen Eigenschaften, um auch innere Sicherheit zu erlangen. Wenn Ihre primäre Motivation darin besteht, etwas Neues auszuprobieren, wenn Sie ein ausge-

Prüfen Sie sich auf Herz und Nieren!

prägtes Visionsvermögen besitzen und die Fähigkeit haben, anzupacken und umzusetzen, dann sind Sie die richtige Person für diesen Weg. Prüfen Sie sich, ob Sie zum Existenzgründer und Unternehmer geeignet sind. Haben Sie die nötigen Begabungen, Gesundheitsressourcen und unternehmerischen Konzepte? Verfügen Sie über die nötigen persönlichen Voraussetzungen? Sie brauchen nicht nur gute Fachkenntnisse, sondern auch eine resistente geistige und körperliche Grundnatur. Sie sollten belastbar, flexibel, motivierend und kontaktfreudig sein. Ihre Familie sollte Ihnen genügend Spielraum, im Bedarfsfalle auch Rückendeckung sowie Unterstützung geben können. Vor allem Ihr Partner bzw. Ihre Partnerin sollte voll hinter den unternehmerischen Plänen stehen und Sie mental in Ihren Aufgaben bestärken können.

Existenzgründung muss gut vorbereitet sein

Überlegen Sie auch, ob Sie sich ausreichend für den Schritt in die Selbstständigkeit vorbereitet haben. Viele Existenzgründer scheitern an zu geringen kaufmännischen Kenntnissen, einem zu geringen Startkapital, einer falschen Finanzierungsstruktur, an unzureichender strategischer und taktischer Planung, an zu großen Privatentnahmen sowie an einem schlechten Marketing. Einige haben schon große Probleme, wenn sie von ihrem Banker nach ihren Marktchancen befragt werden. Um erfolgreich Produkte und/oder Dienstleistungen am Markt absetzen zu können, bedarf es einer genauen Marktanalyse. Wenn der Absatz, der Vertrieb der Güter und Dienstleistungen nicht funktioniert, ist alles andere Makulatur. Oftmals sind Existenzgründer hervorragende Tüftler, Erfinder und technisch hochversierte Leute, aber dies allein reicht für eine erfolgreiche Unternehmensgründung nicht aus. Das kaufmännische und absatzpolitische Know-how ist eben mindestens genauso wichtig.

Wichtig: Sie sollten bei entsprechend großen Mängeln in diesem Bereich an einen Teilhaber denken, der Ihnen als Spezialist diese Lücke wieder schließen kann. Kein Steuerberater und Unternehmensberater wird Ihnen auf Dauer die vorgenannten Gebiete abdecken können. Wenn irgendmöglich, eignen Sie sich auch hierüber gute Fachkenntnisse an, damit Sie qualifizierte Entscheidungen selbst treffen können.

Checkliste: Ihre Eignung als Unternehmer

Machen Sie diesen Eignungstest!

- Fühlen Sie sich Situationen gewachsen, wenn Sie aus mehreren Geschäftsbereichen gleichzeitig mit Problemen konfrontiert werden? Können Sie trotz starker Belastungen den Überblick behalten?

- Sind Sie ein Mensch, der sich gerne fortbildet und das Lernen als einen lebenslangen Prozess betrachtet?

- Verfügen Sie über eine hohe Sozialkompetenz?

- Können Sie mit vielen verschiedenartigen Menschen problembewältigend umgehen?

- Können Sie Mitarbeiter und Abnehmer begeistern?

- Haben Sie genügend Durchsetzungswillen und Selbstbewusstsein, um in schwierigen Lagen Entscheidungen zu treffen?

- Können Sie auch Rückschläge gut wegstecken, ohne dabei die Nerven zu verlieren?

- Haben Sie für die ersten zwölf Monate so vorgesorgt, dass Sie auch ohne Einkommen aus Ihrer neuen Existenz gut über die Runden kommen?

- Ist Ihr Produkt bzw. Ihre Dienstleistung konkurrenzfähig?

- In welchen Bereichen sind Sie den Mitwettbewerbern überlegen?

- Haben Sie genügend Fingerspitzengefühl und Innovationsvermögen, um neue Chancen entdecken zu können?

- Treffen Sie gerne Entscheidungen, und sind Sie risikofreudig?

Ihre Eignung als Unternehmer testen

Solche und ähnliche Fragen sollten Sie sich vor einer Existenzgründung auf alle Fälle stellen. Sie sollten sich selbst prüfen und mit sich selbst ins Gericht gehen. Erst wenn Sie die meisten Fragen mit „Ja" beantworten können und den Weg als Unternehmer gleichzeitig auch als Berufung verstehen, sollten Sie den Schritt in die Selbstständigkeit wagen.

Erfolgsgeheimnis Nr. 13 des Reichwerdens

Suchen Sie eine auf Ihr Naturell zugeschnittene Job-Strategie des Reichwerdens. Berücksichtigen Sie bei dieser Herausforderung unbedingt Ihre Leidenschaften, Hauptinteressen, Hobbys und Ihre Ideenkartei.

Berufungsglück steht über Luxusglück

Geld allein macht nicht glücklich!

Denken Sie stets daran, dass Geld allein nicht glücklich macht. Sie können in „Saus und Braus", bequem und luxuriös leben; dies allein macht Sie auf Dauer jedoch nicht glücklich und zufrieden. In diesem Sinne formulierte Immanuel Kant den Satz: „Der Mensch wird mehr froh durch das, was er tut, als durch das, was er genießt." Finden Sie zu sich selbst, zu Ihrer Bestimmung und Berufung. Wählen Sie nur den Weg, der Ihnen von Ihrer Natur zugedacht wurde. Wenn Sie Ihre Veranlagung, Ihre Werteordnung, Ihre Berufung und Ihre Ziele erkannt haben, dann gehen Sie unbeirrt Ihren Weg. Sie werden reich werden, wenn Sie konsequent genug und beharrlich Ihre Bestimmungsaufgaben umsetzen. Halten Sie sich an das Gedicht von Goethe, der zur Wegvollendung Folgendes schrieb: „Dein Los ist gefallen, verfolge die Weise, der Weg ist begonnen, vollende die Reise: Denn Kummer und Ärger verändern es nicht, sie schleudern dich ewig aus gleichem Gewicht."

Checkliste: Strategisch reich werden

- Welche Strategien des Reichwerdens entsprechen Ihrem Naturell, Ihren Interessen und Begabungen?

- Welches Gespür, welche Talente und welche Interessen sollte ein Spekulant haben?

- Welche Großereignisse können einen Kursrutsch an der Börse auslösen?

- Welche potenziellen Gefahren beinhalten „heiße Tipps"?

- Können Sie die Phasen eines Aktienkursverlaufs beschreiben?

- Warum ist es wichtig, gegen die Massenmeinungen zu agieren?

- Können Sie sich eine Karriere als Freiberufler oder Arbeitnehmer vorstellen?

- Haben Sie verkäuferische Neigungen, und können Sie sich selbst gut „verkaufen"?

- Haben Sie eine großartige Vision, die Sie in einer Unternehmerlaufbahn umsetzen könnten?

Sehnsucht nach Lebensglück – materiell und immateriell

Geld macht nicht unbedingt glücklich, aber es beruhigt und macht ökonomisch unabhängig. Mit Geld schaffen Sie Voraussetzungen und Gelegenheiten, die Ihnen Glückszustände bieten können.

Wenn Sie beispielsweise ein großes Schauspieltalent besitzen und können wegen Geldmangels keine Schauspielschule besuchen, dann nützt Ihnen Ihr herausragendes Talent nicht allzu viel. Wenn Sie sich zum Mediziner berufen fühlen und können kein Medizinstudium finanzieren, dann laufen Ihre Neigungen ins Leere.

Auch der Besuch von interessanten Seminaren, Workshops, die Anschaffung von Büchern und anderen Medien sowie die Möglichkeit, durch Auslandsreisen Sprachen zu lernen, hängen stark von Ihren monetären Möglichkeiten ab. – Ich könnte die Beispiele noch beliebig fortsetzen, doch ich denke, dass damit deutlich geworden ist, auf was ich abziele: Der materielle Reichtum ist für die Entfaltung von Talenten und Begabungen nicht zu unterschätzen.

Doch neben dem materiellen Reichtum gibt es auch noch den ganz persönlichen, sozialen und gesundheitlichen Reichtum. Persönliches Wohlergehen hängt nicht nur vom materiellen Wohlstand ab. Selbstverständlich sollten Sie die materiellen Annehmlichkeiten genießen und sich die schönen Dinge des Lebens leisten, doch eines sollten Sie nie aus den Augen verlieren: Ihre soziale Integration und Ihr gesundheitliches Wohlbefinden. Ihr Vermögen relativiert sich sofort, wenn Sie sozial arm und/oder gesundheitlich angeschlagen sind.

Glücklich reich

Ihr Ziel sollte sein, ein glücklicher reicher Mensch zu werden und bei all Ihren Vermögensakkumulationen niemals das soziale Engagement und das Bewusstsein um Ihre Gesundheit zu vergessen. Zwischen diesen Bereichen kursieren Wechselwirkungen, die man nicht unterschätzen sollte. Ein Dasein mit großer Schuldenlast und vielen finanziellen Abhängigkeiten kann genauso krank machen, wie eine schwere Krankheit – verbunden mit Arbeitsunfähigkeit – jemanden einkommensmäßig zurückwerfen kann. Stimmt es im Privatleben eines Menschen nicht oder hat jemand große partnerschaftliche oder familiäre Probleme, so kann dies ebenfalls zu gesundheitlichen Beeinträchtigungen und Einkommenseinbußen führen.

Glück haben und glücklich sein

Das Glück, das jemand hat, indem er bzw. sie eine große Erbschaft gemacht hat, durch glückliche Umstände in eine gut bezahlte Position gerutscht ist oder in einem Glücksspiel den Hauptgewinn gezogen hat etc. ist nicht mit dem Glück gleichzusetzen, das durch das Ausleben von Berufung und Passion erfahren wird. Dieses Glück, das man über die Erfüllung seines Lebensaufträge erfährt, enttäuscht nie. Dagegen birgt extern verursachtes Glück die Gefahr der Enttäuschung in sich, weil spontane Ereignisse einen Menschen, der für bestimmte Situationen noch nicht reif genug war, schnell ins Unglück stürzen können; dies kann besonders bei Menschen beobachtet werden, die große Erbschaften machen und das geerbte Vermögen innerhalb kürzester Zeit „durchbringen". Diese Form von Glück kann manchmal sogar sehr unglücklich machen.

Die zweite Glücksart führt in der Regel zu Lebensweisen, die nachhaltig und intensiv froh sowie zufrieden stimmen. Das eine ist Glück haben, das andere Glückseligkeit oder Lebensglück. Dieser „innere" Reichtum ist ein Reichtum, den niemand nehmen kann, solange man seinen Lebensaufgaben und Schlüsselzielen nachgehen kann.

Sinnfindung bedeutet Glücksfindung

Sehr intensive Glückszustände können Sie durch die Erfüllung Ihrer persönlichkeitsgerechten Lebensaufgaben erleben. Viele Menschen unterliegen dem Irrglauben, dass sie durch Nichtstun, Bequemlichkeit, Ziellosigkeit und Passivität eher zu Glückszuständen kommen, als wenn sie sich selbstgesteckten Lebensaufgaben widmen, berufliche und private Herausforderungen suchen und ihren Neigungen, Interessen und Talenten durch entsprechende Tätigkeiten die Möglichkeit geben, sich voll zu entfalten und entwickeln.

Viele Menschen suchen ihr Lebensglück in der Außenwelt, in Oberflächlichkeiten; sie wissen nicht, was sie wahrhaftig wollen – geschweige denn, was sie ihrer Bestimmung nach machen sollen, weil sie ihren eigenen „Kern", ihre eigene Natur noch nie erforscht haben. Aber wonach sollen sie suchen und welche Aufgaben sollen sie sich stellen, wenn sie ihr eigenes Naturell, ihre Grundbestimmung noch nie hinreichend reflektiert haben? Manche reisen mit der trügerischen Intention bzw. Illusion um die ganze Welt, irgendwo Glückseligkeit zu finden und kommen erst nach langen Odysseefahrten darauf, dass man diese Form von Glück nur über die wahren Lebensaufträge erfahren kann. – Erkunden Sie Ihre Werte, entdecken Sie Ihre wahre Natur und Anlagen, erarbeiten Sie sich Schlüsselideen und machen Sie sich dann ans Werk, Ihre Ziele umzusetzen.

Literaturhinweise

Barnhart, Tod: Die fünf Schritte zum Reichtum, Econ

Carnegie, Dale: Freu dich des Lebens, dtv

Hill, Napoleon: Denke nach und werde reich, Ariston

Jürgens, Karin: Geldstrategie Aktien-Club, Walhalla

Kostolany, André: Wunderland von Geld und Börse, Ullstein

Kostolany, André: Kostolanys Börsenseminar, Econ

Lasko, Wolf W.: Charisma, Gabler

Livermore, Jesse: Mein Schlüssel zu Börsengewinnen, Thomas Müller Börsenverlag

Merten, Hans-Lothar: Schneller reich mit Aktien, Metropolitan

Merten, Hans-Lothar: Spare und investiere richtig – werde Millionär!, Metropolitan

Murphy, Joseph: Werde reich und glücklich, Heyne

Nitsch, Rolf: Praxis des Firmenkreditgeschäfts, Gabler

Nitsch, Rolf/Niebel, Franz: Praxis des Cash Managements, Gabler

Peale, Norman Vincent: Lebe positiv, Gustav Lübbe

Priermeier, Thomas/Körner, Andreas: Geld verdienen mit Börsenkrisen, mi

Rapf, Franz: Börsenfieber: Strategie der Profis, Walhalla

Rapf, Franz: Aktien: Wann kaufen – Wann verkaufen?, Walhalla

Rapf, Franz: Aktien-Strategien, Walhalla

Rittberg, Bernd: Aktienanleihen, Index-Zertifikate, Discount-Zertifikate, Walhalla

Robbins, Anthony: Grenzenlose Energie – Das Power-Prinzip, Rentrop

Schäfer, Bodo: Die 15 Geld-Tipps, Birkenbihl-media

Schwartz, Daniel: Internet-Börse, Walhalla

Soros, George: Soros über Soros – Börsenguru und Mäzen, Eichborn

Soros, George: Die Alchemie der Finanzen, Börsenbuch-Verlag

Stelzer-O'Neill, Barbara: Aktien statt Sparbuch, Walhalla

Stuttgarter Aktien-Club: Alles über Aktien, Ullstein

Wattles, Wallace D.: The Science of Getting Rich, CSA Press

Winkler, Dennis: Schnellkurs Aktien, Walhalla

Stichwortverzeichnis

Stichwortverzeichnis

Stichwortverzeichnis

www.metropolitan.de